中公新書 2834

山口　航著

日米首脳会談

政治指導者たちと同盟の70年

中央公論新社刊

まえがき

近衛文麿《このえふみまろ》首相には秘策があった。日本とアメリカ合衆国との戦争を回避する秘策である。一九四一年半ば、両国は破局の瀬戸際にあった。そこで事態を収束させるべく、近衛はフランクリン・ローズヴェルト米大統領と直談判をしようとする。もしこの史上初の日米首脳会談が実現していれば、あるいは、歴史が大きく変わったかもしれない。だが、これは幻に終わり、両国は太平洋戦争へと向かっていく。

直接目を見て話せばわかり合えると考えるのは人間の性だろう。今日の社会でも、メールや電話で埒《らち》があかなければ、一度会おうという話になる。部下同士でまとまらない話をトップ会談に懸けることもある。

外交でも、官僚レベルで結論が出ない懸案について、首相や大統領といった政治指導者同士の会談がしばしば行われる。

たとえば、一九六〇年代末の沖縄返還交渉で、現地に配備されている核兵器の存在が争点となった。米国は撤去しても有事の際に再び持ち込むことを求めたが、日本は認めず、議論は平行線をたどる。最終的には佐藤栄作首相とリチャード・ニクソン大統領が対面し、核再持ち込みの「密約」を結んで、まがりなりにも決着する。

二〇一七年二月には、安倍晋三首相が、日米同盟への不満を隠さないドナルド・トランプ大統領と会談を行った。最終的に発表された共同声明には、日本の防衛に対する米国のコミットメントや日米安全保障条約の尖閣諸島への適用などが明記され、基本的に日本の意向に沿うものとなった。

だが、トップ会談での決着は諸刃《もろは》の剣でもある。一九九四年二月の細川護熙首相とビル・クリントン大統領の会談は交渉が決裂する。日本の市場開放をめぐり米国が数値目標を求めたのに対し、日本政府は拒否したからだ。日本が「ノー」と言えたことに溜飲《りゅういん》を下げる向きもあったが、その後、日米政府の高官の接触が一時的に停止するなど両政府の関係は悪化した。

もっとも、首脳会談でこのような丁々発止の交渉が行われることは、むしろ少ない。日米首脳会談は、一九五一年に吉田茂首相とハリー・トルーマン大統領がサンフランシスコで顔を合わせたのが最初である。これ以降、鳩山一郎、石橋湛山《たんざん》、羽田孜《はたつとむ》の三人を除き、すべての首相と大統領が日米首脳会談を経験している。その合計は約一五〇回に及ぶ。たとえば、第二次安倍政権（二〇一二～二〇年）の対面の二国間会談に限っても、安倍首相はバラク・オバマ、トランプ両大統領と二三回の首脳会談を行っていた。これは、習近平中国国家主席との九回、朴槿恵《パククネ》・文在寅《ムンジェイン》両韓国大統領との九回を大きく上回っている。

これだけ多くの前例があれば、型にはまった会談となるのも無理はない。しばしば「首脳会談に失敗なし」と言われる。政治家が主役に見える首脳会談も、実は外交当局によって双方が満足するシナリオができており、基本的には成功するとの意味だ。無難に話し合いが終わることを期待し、具体的な内容はともかく、関係者は「成功」だったと強調するのがつねである。首脳が直接細かい交渉をすることはほとんどない。

交渉をしないのだとすれば、首脳会談には意味がないとのシニカルな見方があるのも当然だろう。

以上のように、首脳会談に対する見方は大きく二つに割れている。一方には、トップがリーダーシップを発揮し懸案をすべて解決してくれる、と過大な期待が寄せられることがある。他方では、官僚たちが何から何まで決めているのだから首脳会談はセレモニーにすぎない、とシニカルに過小評価する向きもある。

さらに、日米の首脳会談の場合、戦後、敗戦国と戦勝国で出発したため、日本が米国に従属し、日本の首相が一方的に米大統領の要求を吞む場と映る。あるいは、米国が日本を支配する筋書きを作り、首相がそのシナリオに沿って踊らされている。このように考える人たちがいる。

だが、それらは実態と懸け離れた幻想である。

本書で明らかにしていくように、両国の政治家と外交官をはじめとする官僚が協同し、時に両国がせめぎ合うのが日米首脳会談なのだ。

本書は約一五〇回を数える首脳会談を描くことで、七〇年以上にわたる日米同盟の変遷を論じる。日米同盟を論じた書籍は数あるが、意外なことに首脳会談を主題としたものはほとんどない。今日、両国政府ですら首脳会談の通算回数をカウントしていないのが実情である。だが、外交には過去の経緯に拘束される側面がある。したがって、首脳会談の前例を知ることは、今日の首脳会談を読み解くうえで重要だ。

戦後、日本と米国は被占領国と占領国から、責任分担の問題や経済摩擦を抱える関係へ、そして、グローバルに協力するパートナーへと変化してきた。こうしたなか、日米首脳は、両国の「対等性」を意識しながら、そのときどきの関心事を議論し、信頼を培おうとしてきた。本書では政治指導者の目を通じて、日米関係をめぐる中心的な議論を明らかにしていきたい。

その際には、筆者が収集した日米両政府の機密解除文書などを用いる。一定の期間を経た首脳会談については、公文書の機密指定が解除され、当時報道されなかった実際のやりとりや言葉遣いが明らかにされつつある。

だが、とくに一九九〇年代以降については、機密資料の開示が進んでいないため、当事者の証言やメディアの報道を中心に追っていく。もちろん、証言には記憶違いなどが含まれることもある。それでも、本書が基礎的な資料となることも期待して、近年の日米首脳会談も概観しておきたい。

もとより、本書は会談で扱われた議題を網羅し関係者全員を描くことはできない。そもそも、日米首脳会談のみで日米関係のすべての側面を論じ切ることも不可能だ。山の頂を見るだけでは、山を語ることができないのと同じである。いみじくも首脳会談は、英語で今日「山頂《サミット》」と表現する。日米同盟という大きな山も、その裾野は広い。

しかし、両国政府の会談の最高峰である首脳会談抜きに、日米関係は語れない。とくに「日本が米国に従属している」との議論は、多くの場合、そこに人間の顔が見えない。より具体的に言うと、米国の誰に日本は支配されているのかが不明確である。米国の政治的な「分断」を冷ややかに見ながら、同時に、一致団結して日本を支配し続けようとする、「一枚岩」の米国を想定していないだろうか。重要な出来事の裏で一般人に見えない力がうごめいているとする議論は、反証可能性のない陰謀論の色彩を強く帯びてくる。

トップ同士の会談が何を生み、何を創ってきたのか。本書は、顔の見える首相と大統領、その周辺に着目し、日米関係を捉える試みである。

目次

日米首脳会談
――政治指導者たちと同盟の70年

凡例

・日本語の引用文献中、英語表現が併記されている場合、英語表現は基本的に省略した。
・外務省の公電などでは拗促音が通常の大きさの仮名で表記されるが、本書では読みやすさを考慮して小さな仮名に直した。
・引用文献中、アラビア数字は漢数字に、コンマは読点にし、「中曾根」は「中曽根」に統一するなど、邦文の一部表記に修正をくわえた。
・引用文献中、断りのないかぎり、〔 〕は引用者による補足、〔……〕は引用者による省略、傍点は引用者による強調である。
・年表記は西暦とし、とくに言及がないかぎり日時は当該の現地時間である。
・紙幅の都合により、新聞記事・政府ウェブサイトからの引用は基本的に出典を省略した。
・敬称は省略した。

序章　首脳会談とは何か——重層的な拡がり

ビエルケの秘密会談

一九〇五年のことである。フィンランドのビエルケで、ドイツ皇帝ヴィルヘルム2世は、いとこのロシア皇帝ニコライ2世と秘密会談に臨んだ。両国の摩擦が顕在化するなか話がまとまって両皇帝は大変喜び、独露間の同盟条約に彼らの判断で調印した。

だが、彼らが帰国したとき、大臣たちは皇帝が勝手に結んだ条約を拒否し、同条約は無効と、独露それぞれが宣告した。そして、この九年後、両国は第一次世界大戦で戦火を交えることとなる。

——これは、英国外交官ハロルド・ニコルソンが著書『外交』で紹介したエピソードだ。ニコルソンは、首脳会談を「素人《しろうと》」による外交と断じた。ニコルソン曰く、「儀礼は、彼の身体を疲れさせ、彼の虚栄心を刺戟し、あるいは彼の判断を惑わせるかもしれない」。相手を傷つけまいという願いが「論争の核心に関し、彼をして口当りの悪い質問を発することを避けしめたり、あるいは曖昧にさせたり」するかもしれない、とニコルソンは手厳しい。

ニコルソンは、「外交とは、交渉による国際関係の処理であり、大公使によってこれらの関係が調整され処理される方法であり、外交官の職務あるいは技術である」と定義した。すなわち、「玄人《くろうと》」の職業外交官の手によるものを外交と呼んだのである。したがって、首脳会談といった「素人」たる政治家同士の話し合いは、ニコルソンの定義では外交の名に値しない（ニコルソン、斎藤・深谷訳『外交』）。

拡大していく会談

だが、ニコルソンの批判にもかかわらず、今日では首脳会談が頻繁に開かれるようになっている。

まず技術的な要因がある。とくに航空技術の発達により、各国の首脳や官僚が直接相手国に赴くことが容易になったからだ（細谷『外交』）。さらに、情報通信技術の向上も、首脳会談の発展と密接に関連している。いまや首脳は電話などで他国の政治指導者とコミュニケーションをとることができるようになった。それゆえ、官僚による通常の外交チャンネルに頼るよりも、懸案を解決すべく政治指導者同士が直接会うことを厭《いと》わなくなった（"What is Summitry?"）。

そのため、主要国首脳会議《サミット》などの多国間の国際会議が増えた。その前後に二国間会談が開かれるようになり、首脳会談の増加に寄与している。この背景には、経済や気候問題など多国間で議論すべき課題が増えていることや、地域機構の活動が活発化していることも挙げられよう。

以上にくわえて、世界的な民主主義の広がりや脱植民地化の流れもある。かつて権威主義が主流だった世界では、外交の詳細を国民に説明する必要はなかった。だが、説明責任を負った政府が担う民主主義の時代はそうではない。

とくにインターネットの急速な普及がこの流れを加速させた。ソーシャル・ネットワーキング・サービス（SNS）などで容易に個人の意見表明ができ、また、他国の情報にもすぐにアクセスできるようになった。言語の壁さえ人工知能による翻訳が低くしつつある。

インターネット上で情報が残り続けることも重要だ。ポジティブな世論を形成できれば残り香は漂い続けるだろうし、逆に国家のイメージを損なう情報が拡散し「炎上」すれば、その傷痕を完全に消し去ることはできない。

典型的な会談の流れとは

さて、個別の日米二国間の首脳会談を見ていく前に、首脳会談の典型的な流れを押さえておこう。

国際会議とは別に、日米いずれかで首脳会談を開催する場合、開催が決まれば、まず具体的な形式や日程・時間・場所・座席の配置・贈呈品・随員からメディアへの対応・配車・警備・会計などまで、調整が必要なことは多岐にわたる。こうしたことは首脳が直接こなすわけではない。事務方である両国の官僚が担う。これは成功して当然とされ、担当者には大きな重圧がかかる。

もちろん、実質的な会談の内容を打ち合わせる必要もある。議題の設定から議論の方向性、両首脳に言及してもらいたいことから、してもらいたくないことまで、両国の官僚の間で必要に応じて擦り合わせが行われる。首脳と官僚の勉強会も開催される。

つまり、首脳会談は事前に綿密に準備される。両首脳が顔を合わせる前から、首脳会談の駆け引きは始まっているのだ。

同時に、開催にあたっては国内環境の制約も受ける。たとえば日本の閣僚が国会開会中に外国に出張する場合、衆参の議院運営委員会の理事会に事前に了承を得る慣例がある。そのため日程の調整の段階でも、国内事情から自由ではいられない。

準備が整い、いよいよ会談が開催される。だが、それでも官僚の手を離れるわけではない。たしかに会談自体には、首相と大統領同士が一対一のサシで話す、「テタテート（tête-à-tête：もともとは「内密の話」という意味）」あるいは「テタテ」と呼ばれる形式がある。ただし、テタテと言っても、通常は二人だけで行われるわけではない。通訳も入り、少人数の官僚などが参加することもある。なお、近年のテタテは基本的に通訳のみであり、外相や国務長官、通訳以外の官僚などがくわわった会談は「少人数会合」などと言う。

さらに、「全体会合」・「拡大会合」などと呼ばれる、参加者がより多い会合もあわせて行われるのが通例である。外相や国務長官にくわえ、財務相や経産相など同行している閣僚・官僚が出席する。技術的なことや首脳同士で言いにくいことは、外相会談や官僚機構の会談に委ねることも多い。

会談終了後には、共同声明などと呼ばれる文書が発表されることもある。さらに、首脳会談の議論や約束には、当然、フォローアップが必要となる。

ここでも重要になるのが国内の事情である。会談終了後に発表される共同声明なども、両国の関係各省庁の決裁を得る必要があり、首脳会談が開催される前に日米の擦り合わせは基本的に終了している。

首脳会談の際に条約に署名するのであれば、その前に両国の関係省庁の決裁を得るとともに所定の国内手続を済ませておく必要がある。国会承認条約の場合は日米の国会や議会で承認されなければならない。条約でなくとも、両国の国内からの反発が強い事柄については、両首脳だけで合意することは至難の業だ。先のビエルケの秘密会談を想起してほしい。首脳が「国内の事情」を持ち出して相手の理解を得ようとすることも、本書で述べていくが少なくない。

くわえて、会議室で向かい合って着席して行う議論だけが首脳会談ではない。会談前後には、晩餐会や午餐会などの食事会やゴルフなどのレクリエーション、配偶者や家族を交えた、あるいは配偶者だけのイベントが催されることもある。

食事での会話も、通常は官僚が記録に残す。「プライベート」な懇談もしかりである。さらに、レクリエーションですら、ただの娯楽と片付けられない。あえて設定されている以上、そこには何らかの意図や演出があると考えてしかるべきだろう。

すなわち、首脳会談は文字どおり首脳だけの話し合いにとどまるのではない。官僚同士の下準備から、外相会談、食事・レクリエーションに至るまで、重層的な拡がりを持つ。国内政治や世論もここに含まれると言っていい。

たしかに、日米首脳会談は「素人」の外交の典型に見える。だが、これは「素人」だけの外交を意味しない。陰に陽に「玄人」の外交官たちがその舞台を作り上げているからだ。

実質的機能――個人的な信頼関係の構築や交渉

以上を踏まえて、首脳会談の役割を整理しておく。本書では二つの機能を提起したい。

第一に、首脳会談には、日米政府間および両政府内の「実質的機能」がある。

まず、個人的信頼関係の構築が首脳会談の大きな目的である。リップサービスの域を出ないと思われるかもしれないが、首脳とて人間であり、気が合うか否かも重要な要素である。

ただし、多忙ななか時間を割くのであるから、世間話だけでは済まされない。実質的な交渉は事務レベルで終わっていることが多いが、官僚同士の話し合いでは決着がつかなかったことについて、いかにして相手の首脳を動かすかにも注目が集まる。

ほかにも首脳間という最もハイレベルで合意することにより、相手国にその事項について約束させることが重要だ。たとえば、対日防衛義務を定めた日米安保条約第五条の尖閣諸島への適用は、首脳レベルで約束させることに大きな意義がある。

だが、それだけではない。首脳会談の開催日が締め切りとなり、それまでに懸案を解決しておきたいというインセンティブも生まれる。

日米首脳会談での「国際公約」を梃子《てこ》として、自国内の政治家や各省庁を協力させ、政治的な道筋をつけようとする力も働く。首脳会談の発言を武器にすれば、「総理に恥をかかせたら、後がこわい」と国内の利害調整が進みやすい（『新・外交官の仕事』）。こうした事情は日米共通である。

象徴的機能――望ましいイメージの発信

第二に、政府内外への「象徴的機能」もある。実質的機能にとどまらず、会談の様子が人びとの目に触れることや、会談が開催された事実自体にも意義がある。

イメージしやすいのは、政権の支持率を浮揚させようとする役割だろう。自国にとって有利な取引を勝ち取ったとアピールできれば、国民の支持を得られる可能性がある。このことを考慮して、国内政治で苦境にある相手の首脳に手を差し伸べることもできる。とくに日本では、米大統領に伍して振る舞えば、その映像が国内でたびたび報道される。

こうした狭い意味での即効性のある効果だけでなく、より長期的なイメージの形成も重要な機能だ。首脳会談の成果としては、意見の一致を再確認したなどとよく発表される。だが、一致していることはある程度明らかである。わざわざ繰り返す必要はない。それでもあえて言及するのは、一致している事実を内外に発信する象徴的機能を意識しているからにほかならない。すなわち、政府・議会関係者を含む両国民やほかの国々に、望ましいイメージを発信することが、今日の政治では重要なのだ。

象徴的機能は実質的機能を補完し、外交政策の遂行を容易にする。首脳自身が「国の顔」となり、理念や政策のみならず、態度や物腰など、あらゆる側面が内外への「メッセージ」となるからだ(『首脳外交力』)。国際政治学者のE・H・カーが述べたように、「意見を支配する力」も、軍事力や経済力と並んで、国際政治の重要な要素なのである(カー、原訳『危機の二十年』)。

したがって、日米首脳会談を論じるにあたっては、それがどのように見られたのか、またどう見せようとしてきたのかという象徴的機能も考慮する必要がある。

往々にして、首脳会談の過大評価は実質的機能の役割を強調しすぎ、過小評価は象徴的機能の意味を軽視しすぎているものだ。

では、実質的機能と象徴的機能の両面に着目して、これから日米首脳会談を見ていこう。

第1章　「参勤交代」の時代――日米安保体制の成立

1　幕開け――吉田とトルーマン、アイゼンハワー

吉田茂とハリー・トルーマン

一九五一年九月、日米首脳が初めて対面した。サンフランシスコ講和会議の場でだ。近衛文麿とフランクリン・ローズヴェルトの首脳会談が幻と終わってから、ちょうど一〇年。この間、両国は戦火を交え、敗れた日本は米国などに占領され、この会議を経てついに独立を果たす。

日本の首相は吉田茂、七二歳である。吉田は一八七八年九月二二日、のちに衆院議員となる竹内綱の五男として東京に生まれた。父が反政府の陰謀に関わったとして逮捕されたため、吉田は、父の友人である実業家の吉田健三の養子となる。

東京帝国大学法科大学卒業後、外務省に入り、中国を中心に在外勤務経験を積む。当時の

中国は、交渉相手の主権国家というよりは、複数のアクターが入り乱れる場だった。そうした舞台で、吉田が外交感覚と政治感覚を養ったことは想像に難くない（『吉田茂と安全保障政策の形成』）。その後外務次官、駐イタリア、駐英各大使を歴任し、一九三九年に退官した。

吉田は元外交官であり、外交の「素人」ではない。日米首脳会談を経験した唯一の外交官出身の首相である。日米首脳会談の歴史はイレギュラーな人物から始まることになった。

戦後、日本自由党総裁となり一九四六年五月に首相に就任した。一度首相の座を退いたものの、一九四八年一〇月、第二次内閣を組閣し外相を兼務した。実父の選挙区があった高知県から出馬し、衆院議員にも当選している。

のちに外務省が作成した吉田のプロフィールでは、「時としてかれの肝癪《かんしゃく》が新聞記者の執《しつ》拗《よう》さに向って爆発することがあって逸話を作るが、個人的な座談には非常な才能があり、対談者を魅惑する」とユニークに表現されている（「吉田総理略歴送付に関する件」）。

対する米大統領は、ハリー・トルーマン、六七歳である。トルーマンは、一八八四年五月八日にミズーリ州ラマーで三人きょうだいの長男として生まれた。インディペンデンスで育ち、家業の農業や紳士服店を営んだ。教派はバプテストだったが、信仰については多くを語っていない（米国では信仰が公に重視されがちな社会的背景があるため、米大統領の信仰についてもこれから確認していく）。同州選出の民主党上院議員を経て一九四五年一月、副大統領に就任する。その約三ヵ月後に大統領のローズヴェルトが死去したため、トルーマンが大統領に昇格していた。

初の対面へ

日本独立の道筋をつけた吉田は、講和会議に参加するべく、一九五一年八月三一日に日本を発ち、ハワイ経由で米国サンフランシスコに到着した。のちに首相となる、全権委員の池田勇人《はやと》蔵相や、その秘書官の宮澤喜一も一行のなかにいた。

九月四日、講和会議の開会式が始まり、トルーマンは開会にあたって演説を行った。開会式が午後八時に終わると、パレスホテル一階の食堂で、米全権団が主催し各国全権団を招待したレセプションが開かれた。

吉田茂, 1951年8月31日, 羽田空港　対日講和条約と日米安保条約調印のため全権団を率いサンフランシスコに向かった

ハリー・トルーマン　サンフランシスコ講和会議の際に、初の日米首脳会談に臨む

吉田はそこでトルーマンと握手を交わし、約五分間なごやかに歓談した。吉田が「対日講和会議を公式に開幕させた大統領の演説を喜んでいる」ことを告げ、それに対してトルーマンは、「再び日本は自由国家の仲間に入れられるべきであり、合衆国は講和会議が速かに成功裏に終ることを期待している」旨を繰り返した。さらに、トルーマンは「いまや水に流し忘れ、太平洋に平和を再建する骨の折れる任務を開始する時期である」と語った（『読売新聞』一九五一年九月六日）。この場には吉田の三女麻生和子もいた。

これが史上初の日米首脳の対面である。今日の感覚では、レセプションでの五分間の会話は「立ち話」や「懇談」と表現されるだろうが、外務省が一九七二年に作成した資料では、「歴代総理訪米・首脳会談一覧」の最初に吉田とトルーマンの名が記載されている（「昭四七・八総理訪米資料」）。この五分間を指しているのだろう。したがって、本書でもこの会談を首脳会談の最初と見なしたい。

ただし、この会談でどこまで実質的なことが話し合われたのかはわからない。管見の限り、内容に関する政府の機密解除文書がないからだ。くわえて、吉田が残した講和会議についての昭和天皇への内奏資料や吉田の回想録にも、トルーマンとの会談についての記述はない（『日本外交文書デジタルコレクション　サンフランシスコ平和条約　調印・発効』、『回想十年』）。他方でトルーマンの回顧録に至っては、サンフランシスコ講和会議の項目すらない（トルーマン、堀江訳『トルーマン回顧録』）。初の日米首脳の出会いは、当事者が記録に残すほど感慨深い出来事ではなかったようである。

これも無理はなかろう。当時の日米関係で重要な役割を担ったのは、大統領よりもディーン・アチソン国務長官や、その顧問ジョン・ダレスだったからだ。

そのアチソンと吉田が、九月四日の首脳会談の二日前に会談した際、吉田はアチソンの宿舎パレスホテルを訪れている。実はこのことは注目に値する。現在の日米関係では考えられないシチュエーションだからだ。こうした場合は、米国閣僚が格上である首相の宿舎を訪問するのが通例だ。外相兼務とはいえ吉田は首相で、アチソンは格下の国務長官である（「首相は米国務長官の同格者？」）。当時、敗戦国の日本は占領され、戦勝国をリードする米国は占領国だった。この時点で日本の主権は回復していない。形式的にも、日本の首相と米大統領の差は歴然としていた。

初の日米首脳会談の四日後の九月八日、日本政府はサンフランシスコ講和条約に調印し、翌年日本は沖縄や小笠原諸島などを除き主権を回復することになる。この条約の調印から数時間後、吉田は日米安全保障（安保）条約に署名した。冷戦の只中にあって、日米首脳会談と独立後の日本は、ともに歩み始める。

もっとも、この日米安保条約が日本で広く支持されたわけではない。条約の文面上、日本は米国に基地を提供するものの、米国は日本を防衛する義務がない片務的なものだったからだ。同条約は対等ではないと批判され、その後の日米の懸案となっていく。

ドワイト・アイゼンハワー

サンフランシスコ講和会議から三年が経った一九五四年、七六歳となった吉田は再び渡米した。米国の首都ワシントンに、日本の首相が初めて足を踏み入れることになった。気軽にシャトル外交を実施できる時代ではない。このとき吉田は九月二六日から一一月一七日まで足かけ五三日間、欧米諸国をまとめて訪問していた。なお、この首相の最長外遊記録は、今日に至るまで破られていない。

一一月二日午前八時、吉田はクィーン・メリー号で英国からニューヨーク港に到着した。ダグ・ハマーショルド国連事務総長や、連合国軍最高司令官だったダグラス・マッカーサーなどとも会談している。七日午後、吉田はラガーディア空港からワシントンへと向かった。

当時の大統領は、民主党のトルーマンの後を襲った共和党のドワイト・アイゼンハワー、六三歳である。アイゼンハワーは、一八九〇年一一月一四日にテキサス州デニソンで七人きょうだいの三男として生まれ、カンザス州アビリーンで育った。父はチーズ・バター製造工場の技師であり、経済的に裕福な家庭ではなかった。その後、ウェストポイントの陸軍士官学校に入学し軍人の道を歩む。第二次世界大戦では連合国軍でヨーロッパ総司令官を務め、ノルマンディー上陸作戦で名声を高めた。戦後はコロンビア大学学長や北大西洋条約機構(NATO)軍司令官を歴任し、一九五三年一月に大統領に就任した。

アイゼンハワーの親は、洗礼を成人後に自らの意思で受けるリバー・ブレザレンに属し、のちにエホバの証人の信徒となった。そのため、アイゼンハワーは幼児洗礼を経験していない。さらに、当時の米国人としては珍しく六三歳になるまで受洗していなかったが、大統領就任を機に洗礼を受けた。マッカーサーなど周囲の高級軍人には聖公会が多かったなか、教派は長老派を選んだ。長老派は中道であり、穏健で寛容、シンプルで堅実と言われる。典型的な穏健な共和党の精神を持つとされた、アイゼンハワーらしい選択である（*The Faiths of the Postwar Presidents*）。

アイゼンハワーは大統領就任後、ホワイトハウスの映写室で週二、三回映画を楽しんだ。フレッド・ジンネマン監督『真昼の決闘』には、とくに夢中になりゲイリー・クーパー演じる主人公に声援を送った（「アイゼンハウアー大統領の略歴とその家庭」）。半世紀後、同じくこの映画を愛好する小泉純一郎が日米首脳会談に臨むことになる。

「総理大統領会談」と吉田・ダレス会談

一九五四年一一月九日、ホワイトハウスで日米首脳会談が開かれた。この会談については、外務省の記録が残っている。ただし、それには「総理大統領会談」と記載され、そもそも「日米首脳会談」という名称やカテゴリーはまだ確立されていなかった。

たしかに当時の新聞には「日米首脳会談」という表記もある。だが今日とは用法が異なる。

吉田・アイゼンハワー会談，1954年11月9日，ホワイトハウス　左からドワイト・アイゼンハワー，ウォルター・ロバートソン国務次官補，ジョン・アリソン駐日大使，吉田茂，（その後方）井口貞夫駐米大使

たとえば『朝日新聞』（一九五三年九月二四日）は、岡崎勝男外相、木村篤太郎保安庁長官、ジョン・アリソン駐日大使、マーク・クラーク大将の会談を「日米首脳会談」と呼んでいる。首相と大統領の会談のことではない。それほど両者の会談がまだ珍しかったと言える。

さて、この会談で吉田は、日本、米国、英国などによる国際的な対共産主義機関の設置を提案している。アイゼンハワーは「一応面白き考案にて、米国側としても出来る丈《だけ》協力方考慮するに吝《やぶさか》ならずと思うが、国務長官にもお話ありたし」と応じている（「吉田総理、アイゼンハウアー大統領会談要旨」）。その後、吉田とアイゼンハワーは昼食をともにした。

翌一一月一〇日、初の共同声明が発表された。この特徴は、「従来防衛第一主義の態度で臨んだ米国が、アジアの自由と繁栄のためには、何よりもアジアの経済発展が必要であるという点を認識し、〔日本の〕防衛問題には特に触れなかったこと」であると、吉田は自著で誇っている（『回想十年』上）。

米国が日本の防衛努力を強く求めなかった背景には、米国の政策転換があった。一九五三年に朝鮮戦争の休戦協定が成立したこともあり、共産主義勢力の脅威は低下していた。そのため、米国が日本に求めるべき防衛力増強の規模は、戦後復興の途上にある日本経済に見合ったものでよいとの方針をアイゼンハワー政権は打ち出した。この方針には、日本の中立化への懸念も作用していた(『沖縄米軍基地と日米安保』)。

ただし、実質的な議論は吉田と国務長官ダレスとの会談で行われた。軍人出身のアイゼンハワーは、経験豊かなダレスに多くを頼っていた。

会談の前日、ワシントン駐在記者を前に吉田は演説し、中華人民共和国が東南アジアに脅威となっていることを説き、米国資本四〇億ドルを東南アジアの経済開発に投入する、アジア版「マーシャル・プラン」構想の希望を発表していた。当時世界銀行などが東南アジアに供給していた資金は年間四億ドル、六年半の日本占領を通じて提供されたのも二〇億ドルに過ぎず、これは破格の構想である。

だが、吉田と会談したダレスは、このアジア版「マーシャル・プラン」構想について「米国としてはかかる巨額を融通することできざるのみならず」、「遺憾ながら、東南ア諸国の実状が四十億ドルに上る融投資に適格なりとは申難《もうしがた》し」と却下した。対共産主義機関についても、ダレスは実現に否定的だった(「吉田総理、ダレス国務長官第二回会談要旨」)。

なぜダレスはつれなかったのか。実は、少数与党政権で国内政治の基盤が揺らいでいた吉田政権を米国は冷ややかに見ていた。明確な「お土産」を渡してまで、吉田政権の延命を図る考えはなかったのである（『日米同盟の政治史』）。なお、この時代の「お土産」は、日本から持参するものでなく、米国からもらうものを意味している。

外遊が政権浮揚に結びつくことはなく、吉田は帰国後、一九五四年一二月に退陣を発表する。

鳩山一郎と石橋湛山

吉田に続き一九五四年一二月に首相に就任した鳩山一郎は、日米首脳会談を経験していない。ソ連との関係改善に邁進する姿勢に、米政府が懸念を隠さなかったことも大きい。

翌一九五五年八月に重光葵《しげみつまもる》外相が訪米し、日米安保条約を改定し相互防衛条約とすることを持ち掛けた際も、米国は批判的だった。米国は、もし日米相互防衛条約が成立すれば在日米軍は日米両国の防衛のみの運用となり、東アジア全般の地域活動に使えなくなると懸念していた。鳩山内閣下、こうして日米安保条約の改定の話は進まなかった。

重光訪米に同行した岸信介は、日米安保体制を合理的に改める必要があるが、「その前提として日本自身の防衛という立場を強化するとともに、日米安保条約を対等のものにすべきだ」と感じたという（『岸信介証言録』）。こうして岸は、対等な日米関係を目指すこととなる。

鳩山政権の次に一九五六年一二月に成立した石橋湛山内閣は石橋の病により短命に終わり、

日米首脳会談は開催されなかった。ワシントンでは一九五七年五月に石橋を訪米させる計画がアイゼンハワーの承認を得ていたが、それも水泡に帰した（『日米同盟の政治史』）。同政権期には、在日米軍兵士が日本人農婦を射殺したジラード事件も起き、日米間に隙間風が吹いていた。

2　「日米新時代」と安保改定――岸とアイゼンハワー

岸信介とマッカーサー会談

岸信介は米国との関係改善に乗り出した。岸は一八九六年一一月一三日に山口県吉敷《よしき》郡山口町（現山口市）で山口県庁官吏だった佐藤秀助を父として、三男七女の次男として生まれた。兄は海軍中将となる市郎、弟は首相となる栄作である。

中学三年生のときに父の実家、岸家の養子となった。岸は秀才の誉《ほま》れ高く、東京帝国大学法学部を卒業後、農商務省に入り商工次官に昇りつめ、東条英機内閣の商工相、衆院議員を歴任した。戦後、一九四五年九月にA級戦犯の被疑者として逮捕されたものの、不起訴となり約三年後釈放される。四八歳から五二歳という働き盛りの時期を巣鴨プリズンに収容されていたことになる。獄中では戦前・戦中の体験について詳細な手記をしたため、政治に執念を燃やしていた。

その後衆院議員に復帰し、自由民主党幹事長、石橋内閣の外相などを務めていた。そして一九五七年二月、釈放後、約八年という早さで首相の座に就く。

首相就任後ほどない三月一四日、駐日大使のダグラス・マッカーサー2世が首相官邸に赴いた。連合国軍最高司令官を務めたマッカーサーの甥である。

マッカーサー大使は、アイゼンハワーが岸を米国に招待する旨を伝えた。岸は招待を謝したうえで、事前にマッカーサーと内々に会談したいと申し入れた。マッカーサーは快諾し、岸の考えを本国に伝達することになった(「岸総理・マッカーサー米大使会談要旨」三月一四日)。

米政府からは、六〇歳と当時では比較的若い岸の政治的手腕や強固な反共主義に期待が集まっていた。岸は対米開戦時の閣僚だったが、もはやそのことを気に留めていなかった。

他方、首相訪米の決定により、日米安保条約の改定や沖縄や小笠原の返還について日本国内で期待が高まった。だが、それらの実現は戦略上、難しいと米国は考えていた。そのため日本で失望が拡がることを懸念し、米国は協定の改定交渉を目的としない旨を訪米の前に発表する(「総理訪米に対する米政府の意向」)。

岸とマッカーサーとの会談は計九回行われた。一回目は人目を忍び千代田区のホテル霞友会館で、午前八時から一時間半に及んだ(「岸総理・マッカーサー米大使会談要旨〈訪米予備会談第一回〉」)。

岸はそこで、日本国民の対米感情は批判的であり、日米安保条約と米軍の駐留が「日本の対米従属的地位」の象徴であると語った（「日米協力関係を阻害しおる諸原因の分析」）。また、「在日米軍が陸上戦闘部隊の完全撤退を含み、可能なる最大限日本より撤退することが最も望ましい」と表明する（「日米予備会談資料三」）。

さらに、岸は日米関係を「同盟関係」と表現しつつ、大きな目標を語った。まず条約を改正し、南方諸島の問題を解決してから、衆院選と二年半後の参院選に臨めば、憲法改正に必要な三分の二の議席を獲得できるだろう。憲法を改正し本格的な相互防衛条約に切りかえるための体制を整えたうえで、五年以内には日米安保条約を再改定するとした（「日米協力に対する日本政府の決意」、「安保条約改正案に関する擬問擬答」）。

つまり、岸にとって安保改定はゴールではなかった。憲法改正を行ったうえで、日米の役割が対称な相互防衛条約を結ぼうと考えていたのである。

東南アジア訪問と初の国賓待遇

岸は訪米の準備を着々と進めていた。だが、岸は米国より先に五月二〇日から六月四日まで東南アジア諸国を歴訪する。

なぜか。そこには戦略的な考慮があった。岸は「アジアの中心は日本であることを浮き彫りにさせることが、アイク〔アイゼンハワー〕に会って日米関係を対等なものに改めようと交渉する私の立場を強化することになる」と判断した（『岸信介回顧録』）。

さらに、岸は東南アジア訪問の間、その内容について米国に連絡をして意思の疎通に努めた。各国首脳との会談の主要点をまとめ、マッカーサー大使に送っていたのである。

帰国後に岸は「自分が日本政府としてもっとも望ましいと考えている共同声明の一案」を準備したとして、マッカーサーに渡した（「岸総理・マッカーサー米大使会談要旨〈訪米予備会談第九回〉」）。そこには、日米安保条約改定のための交渉を開始すること、「十年の期間が経過した後、もし事情が許せばそれ以前の時期においても」琉球や小笠原諸島の施政権を日本に返還する旨が盛り込まれていた（「日米共同声明〈案〉」）。

また、六月に設定されていた岸の訪米は、日本の首相として初の国賓待遇となった。

海外の要人をもてなす際、ランクによって待遇が異なる。今日の米国の場合、最上位の国賓訪問《ステート・ヴィジット》は元首級が対象となり、それに次ぐ公式訪問《オフィシャル・ヴィジット》は行政府の長などが想定され、公式実務訪問、実務訪問などが続く。

通例、国賓には二一発の礼砲で敬意を表し、ホワイトタイ・燕尾《えんび》服着用のホワイトハウス晩餐会が催されるが、公式訪問では礼砲は一九発、晩餐会もブラックタイ・タキシード着用とやや略式になる。滞在の費用はともに基本的に米国が負担する。通例夫婦同伴となるが、本書で触れるようにそうでない場合もある。

なお、行政府の長である日本の首相が米国を公式訪問すると、国賓待遇の訪米などと報道されている。

米国での典型的な公式訪問の流れは、次のとおりである。まず使用される空港は、メリーランド州のアンドリューズ空軍基地が多い。そこではレッドカーペットが用意され、儀仗隊が軍旗を掲げ、両国の国歌が吹奏される。それから車かヘリコプターでワシントン入りし、賓客用の宿泊施設ブレアハウスに向かう。

ホワイトハウスの南庭《サウス・ローン》で大統領夫妻臨席の歓迎式が執り行われた後、大統領が首相を西棟《ウエスト・ウイング》の大統領執務室《オーヴァル・オフィス》にエスコートし、首脳会談が開催される。その後晩餐会も開かれ、希望に応じて戦没者慰霊施設であるアーリントン国立墓地での献花や、米国議会でのスピーチも企画される。両首脳間でプレゼントの交換も行われるのが通例である（*United State Protocol*）。

これはあくまでも基本形であり、首相でも公式訪問より簡略化された訪問となることも多い。実際、一九五四年の吉田の場合は公式訪問ではなく、大統領主催の晩餐会などは開かれていない。

話の四分の三は岸

岸一行は、ホノルル経由でサンフランシスコに到着した。それから六月一九日午前一〇時、岸を乗せた大統領専用機は、予定の時刻に一分も違わず、アンドリューズ空軍基地に到着し

岸・アイゼンハワー会談，1957年6月19日，ホワイトハウス　前列右からジョン・ダレス国務長官，岸信介，ドワイト・アイゼンハワー．後列右から松本滝蔵衆院議員，一人おいて朝海浩一郎駐米大使

た（「総理訪米に関する件」一五〇四号）。

なお、岸良子《よしこ》夫人は同行していない。岸にはワシントン滞在中のみならず、米本土滞在中は大統領専用機が提供された。

ホワイトハウスに移動した岸は、アイゼンハワーと午前一一時半から一時間会談した。岸六〇歳、アイゼンハワー六六歳である。会談の約四分の三は岸の話に費やされ、米側は主として聞き手に回った（「総理訪米に関する件」一五〇五号）。

岸は「社会党が政権をとらば自由主義国家との協調の立場は崩れざるをえない、従って日米関係のためにも保守政権を永続せしめる必要あり」と主張した。社会党との比較で自民党が優れているとの理屈は、この後の日米首脳会談でも繰り返されることになる。

そして岸は「兵力の配置、使用につき日本に協議の要なき点及び条約が無期限である点を改めたい次第である」と提起した。さらに沖縄について、「施政権が無期限であるため、日本国民は米国民の意図に不安を抱かざるをえない」と指摘した。

これを聞いたアイゼンハワーは、「日本のような国に軍隊が駐屯すれば種々問題を起すことは承知しておる。それでどうしたらよいか話合いをする用意はある」と述べた(「第一回岸、アイゼンハウアー会談要旨」)。

外務省の記録には「会談後大統領が上機嫌にて総理をホワイト・ハウス内各室を案内し極めてインフォーマルな昼食をしたためた」とある(「岸総理・米大統領会談に関する件」)。

なお、日本語の発音は米国人に不慣れであり、日本の出席者の名前をどう発音するかのメモが、米国の資料には記されている。たとえば、岸信介は「No-boó-su keh Keý-shee」である("Visit of the Prime Minister of Japan Members of the Official Party")。

ゴルフの特性

この会談の一ヵ月以上前、マッカーサー大使は岸に「パーソナルな、かつ極秘のメッセージ」を伝えていた。「喜んでフォアサム〔二人一組〕のゴルフをアレンジすべし」。岸は快諾した(「岸総理・マッカーサー米大使会談要旨」五月一八日)。会談直後、岸はアイゼンハワーとゴルフをする。これは急に誘われたとの逸話もあるが、実は事前にセットされたものだっ

ゴルフをプレーする岸（右）とアイゼンハワー，1957年6月19日　時間を拘束するゴルフは密に言葉を交わす貴重な時間となる．以後，日米首脳会談ではプレーするかが事前交渉のテーマともなる

た。多忙を極める首脳に、たまたまゴルフをする時間があったとは考えがたい。

アイゼンハワーはゴルフ好きとして知られた。外務省が作成した資料には、「アイクはパットで、ホールを超えることがあってもとどかないということを嫌う。又いかに短い距離のパットでも他人からconcede〔コンシード〕されることを嫌い、必ず沈めるまでうつ」など、事細かに記されている。「アイクのハンディは十五前後」で、スコアはたまに八〇台前半だった（「アイゼンハウアー大統領の略歴とその家庭」）。

二人のゴルフは、岸訪米の準備がある程度進んでからアイゼンハワーが希望したようである。

会談直後の同日午後の国務長官などとの会談のスケジュールを変更してまで実現した。

昼食後、一行は、ワシントン郊外のゴルフ場バーニング・ツリー・クラブに移動した。アイゼンハワーは松本滝蔵衆院議員と、岸はプレスコット・ブッシュ上院議員と組んで、一八ホール回った。プレスコット・ブッシュはジョージ・H・W・ブッシュの父である。

こうしたゴルフを、ただ遊びに興じているだけとはもちろん言えないだろう。ゴルフはその性格上、相手の時間を拘束できるスポーツである。それゆえ多忙な首脳同士がごく少人数で言葉を交わす、貴重な時間を作ることもできる。

岸・ダレス会談と共同コミュニケ

翌六月二〇日、岸はアーリントン国立墓地で無名戦士の墓に供花した。そして、午前九時から二時間、国務省五階の会議室で、ダレス国務長官などと会談を行った。

ダレスと岸が向かい合い、ダレスの横にアーサー・ラドフォード統合参謀本部議長が座った。同席した海原治《かいはらおさむ》防衛庁防衛局第一課長は、このやりとりが岸訪米の「クライマックス」だったと回想する(『海原治オーラルヒストリー』)。

先述のとおり、岸は米陸上地上部隊の日本からの撤退を求めていた。そのことを踏まえラドフォードは、「今、米軍がひいたら日本は重大な危険にさらされるであろう。併《しか》しわれわれは、米軍の駐屯を希望しない国からは、いつでも撤退する用意がある」と述べた。「撤退により日本自らの防衛努力が促進されることも考えられる」と言い、「米軍としては撤退し、日本側の計画に容喙《ようかい》しているかのようにいわれない方を望む」と日本に迫ったのである。

それに対して岸は、「日本としては、国力に応じて防衛力を増強して行く方針であり、数より質に重きをおいて行く」と防衛努力を強調した。

また、日米安保条約改定についての言質《げんち》を米国は与えなかった。この点でダレスの態度も硬かった。領土問題については「自由世界と米国の防衛上に必要な現状からみて、現在沖縄の施政権を放す可能性はない」と言い切った（「第一回岸、ダレス会談要旨」）。

岸は、在日米軍の削減と沖縄の施政権返還という二つの問題を、「占領からの脱却」や「独立の完成」という問題意識から、同列の要求として米国に提示した。だが、米政府にとって、これらの問題は軍事戦略上ゼロ・サム関係にあったため、両方に応じることは到底考えられなかったのである（『米国と日米安保条約改定』）。

最後にダレスは新聞発表をどう扱うかを提起し「会談の内容が洩《も》れないようにいたしたい」と述べた。岸も賛成し、たんに「政治問題」について話し合ったと発表することになった（「岸総理訪米の件」）。象徴的機能のマイナスの作用が懸念されたわけである。

会談は翌六月二一日も続き、共同コミュニケという声明を発表することになった。朝海浩《あさかいこう》一郎《いちろう》駐米大使は、共同コミュニケ作成にはダレス国務長官の意向が強く反映されたとする。「長官は各問題の実体的細部に至るまでよく詳知〔承知〕しほとんど事務当局の補佐を得ず応酬していた」のである。

その後、一行はホワイトハウスに移動し、ダレスがアイゼンハワーに会談の様子を報告した。ダレスが「小笠原〔諸島の問題〕では若干人数の帰島と補償の問題が出たが補償については原則として考えたいが財源の見当がつかぬ」と報告したところ、アイゼンハワーは発言を遮《さえぎ》り「財源は何んとかなろうではないか」と述べた（「総理訪米に関する件」一六八四号）。その後、米政府から旧小笠原島民への補償金六〇〇万ドルが支払われることになる。

発表された共同コミュニケでは、日米の「新しい時代」が謳われた。両首脳は日米安保条約について、「本質的に暫定的なものとして作成されたものであり、そのままの形で永久に存続することを意図したものではないという了解を確認した」と表明した。つまり、日米安保条約の改正が決まったわけではないが、将来における改正の可能性を示唆したのである。

象徴的機能の活用

岸の訪米による日米首脳会談では、実質的機能にくわえて、象徴的機能の活用に余念がなかった。広く報じられたゴルフはその最たるものである。

外務省は、ほかにも事前の準備として、ゴルフや旅行をはじめとする岸の私生活の一端を、米国のテレビ局CBSなどで放送するよう手配していた。『ニューズ・ウィーク』誌では岸の特集を組み、表紙に岸の写真を掲載させている。在ニューヨーク総領事館は岸を紹介する一五頁のパンフレットを一万一〇〇〇部作成し、全米公館及びPR関係へ配布した。

また、外務省関係者が『ニューヨーク・タイムズ』、『ワシントン・ポスト』と会見し、日本駐在の米国有力記者と懇談した。さらには、元外交官で『ジャパン・タイムズ』の平澤和重とカリフォルニア州育ちの松本滝蔵議員が先行して訪米し、対米啓発を行った。活動にあたっては、米国のPR会社にも依頼している(「岸元総理及び池田前総理訪米の際の対外啓発工作の概要」)。

岸がワシントンに続いて訪れたニューヨークでは、ヤンキー・スタジアムで野球を観戦した。その際、マッカーサー大使らから、岸は第一試合終了前に球場を去るべきではなく、二時間ほどはいてほしいとの要望があった。早々に席を立つと、ゲームに興味がなかったと捉えられる恐れがあったからである(「岸総理の訪米日程に関する件」)。この要望は、この野球観戦がただの娯楽にとどまらず、多分に米国民を意識したことを表している。

岸は積極的に米国民の前に出た。当時は太平洋戦争が終結してから一〇年程度であり、戦争の記憶がまだ鮮明な時期である。そうしたなかにあって、アーリントン国立墓地やハワイの国立墓地に供花するなど、岸は顔の見える日本の首相を演じたのである。

調印——日米新時代へ

明治期の日本では、江戸幕府が結んだ「不平等条約」改正が大きな外交課題だった。歴史は繰り返す。戦後日本も、対等でないとされた一九五一年の日米安保条約の改定に尽力していく。

外相などによる実務的な交渉を経て、日米間で新日米安保条約がまとまった。一九六〇年一月一七日から二一日にかけて、岸は再び渡米し、一九日午前一〇時から一時間半ホワイト

新日米安保条約の調印，1960年1月19日，ホワイトハウス　署名する岸(左)，アイゼンハワー

ハウスで日米首脳会談が開かれた。

新日米安保条約の調印式が行われたのは、ホワイトハウス本館《レジデンス》のイーストルームだった。この部屋は、一〇〇年前の一八六〇年五月、日米修好通商条約批准書交換のために、幕臣新見《しんみ》正興《まさおき》がジェームズ・ブキャナン大統領に信任状を手渡した場所である。

ここで署名したのは、日本は岸や藤山愛一郎外相ら五人、米国はダレスの後任のクリスチャン・ハーター国務長官や、マッカーサー大使ら三人だった。当時、こうした条約は外相レベルが署名することが多かった。新日米安保条約も大統領が署名していない以上、カウンターパートたる首相がサインをする必要はなかった。だが岸は、「旧条約の場合には吉田さんが一人で調印したし、今度は私自身が自分の精力をつぎ込んでこれをやると決意したんだから、この気持ちからいってもですよ、当然全責任は私が持たなきゃいかんと思ったんです」と回想する（『岸信介証言録』）。

ここでアイゼンハワーは演説を行い、「完全な対等と相互理解に基づく日米関係を確立し、両国の間に不滅のパートナーシップを築くという目標が達成されたことを意味する」と宣言した（"Remarks at the Signing of the Treaty of Mutual Cooperation and Security Between Japan and the United States"）。

この調印を受け、『ニューヨーク・タイムズ』は「日本――新たな同盟国」との社説を翌六月二〇日に掲載し、「岸首相は昨日相互安全保障条約に署名し、これによって、日本は米国の第一級の同盟国となり、自由世界のコミュニティで対等なパートナーとなった」と記した。

この訪米中、岸はアイゼンハワーに訪日を申し入れ、アイゼンハワーは六月一九日頃から二日ほど訪日したいと具体的に述べた（「岸総理・アイゼンハワー大統領会談の件」）。

条約の構造――続く非対称

通常の二国間同盟は、互いに相手の国を防衛する対称的な権利・義務関係にあり、その構造は基本的に明快である。しかし、新日米安保条約による日米同盟は異なり、なお非対称だった。

新日米安保条約では、第五条で米国には日本防衛義務があるが、日本が米国を守る義務はない。その代わりに、第六条で米国は日本に基地を置けるとされる。「物（基地）と人（米軍）との協力」と呼ばれるゆえんである。しばしば誤解されるが、この米軍基地は日本の防衛のためだけにあるわけではない。「極東における国際の平和及び安全の維持に寄与する」こと、つまり朝鮮半島など日本国外に米軍が出ていくことも想定されていた。

この関係の問題点は、役割が非対称であるがゆえに、自国の不利益に目がいきがちなことである。日本では、米軍基地をめぐる負担や事件・事故への批判が高まる。くわえて、自国の安全保障を米国に頼らざるを得ない状況は、日本の自尊心を傷つけ、対等ではないとの認識が生じる。他方、米国は、なぜ日本を米兵が血を流してまで守らねばならないのかとの不満が残る。日本が経済的に台頭していけば、なおさらである（「日米同盟をめぐる対立軸」）。

また、新日米安保条約第六条について、日米両政府は交換公文という文書を交わし、日本が求めた事前協議という制度が盛り込まれた。これは、日本国内の米軍の配置や装備について、重要な変更がある場合などは、日本政府と事前の協議をするというものである。

事前協議の対象として想定されていたことの一つが、核兵器の日本への持ち込みである。ただし、核搭載艦船が一時寄港することが事前協議の対象となるか否かについては、あえて明確に合意しないという処理が行われた（『日米同盟の絆』）。

さらに、藤山外相とマッカーサー大使が内密に「朝鮮議事録」を交わした。朝鮮半島有事時の米軍出動については事前協議の対象外になるとしたのだ。

日米安保条約改定をめぐっては日本国内で激しい反対運動が起こっていた。燃え盛る反対運動に油を注ぐことを恐れたため、この問題は秘密裏に処理された。この「密約」は国民の目を恐れたからこそ結ばれたものであり、象徴的機能の負の側面だった。

大統領初来日への奮闘

新日米安保条約の調印を終えた岸は、現職の米大統領の初来日を実現させるべく奮闘する。これまでの日米首脳会談はすべて米国で開催されており、首脳の往来でも日米関係は非対称だった。現役の米大統領の来日はなく、ユリシーズ・グラント元大統領が一八七九年に世界一周の途中に寄ったときだけである。

もっとも、米大統領はあまり海外渡航をしてこなかった。たとえば、同時期ではトルーマンは八年弱の在任中、五回しか外遊を経験していない。アイゼンハワーは米州や欧州中心に一六回である。近年、ビル・クリントン、ジョージ・W・ブッシュ、バラク・オバマが八年間で五〇回程度外遊していることを見ると、隔世の感がある。

アイゼンハワーの訪日は、国賓として接遇されることになった。先述のように、外国の賓客にはランクが付けられる。現在の日本では、閣議決定による国賓、閣議了解による公賓などがある。国賓は元首級が対象であり、公賓は王族や首相などが想定されている。

今日、国賓の場合、歓迎行事、天皇との会見、宮中晩餐会が催され、東京を離れる際には天皇と皇后が見送る。宿泊先は、港区の迎賓館赤坂離宮となることが多く、滞在の費用は基本的に日本が負担する。なお、宮中晩餐会は国賓に対してのみ開かれる。

アイゼンハワー来日による四日間の日程案は各方面との調整により変化したが、ここにも外務省の記録から一例を紹介しよう（「アメリカ合衆国大統領の日本国公式訪問 注釈付日程及び図表 一九六〇年六月一九日～二二日」、「アイゼンハウアー・アメリカ合衆国大統領訪日日程案〈米側案〉」など）。

一九六〇年六月一九日午後三時に、アイゼンハワーは大統領機で羽田空港に到着し、昭和天皇の出迎えを受けることになっていた。約七秒間のトランペットの吹奏が終わると二一発の礼砲が発射され、その間に日米の国歌が吹奏される。そして、岸がアイゼンハワーを迎える。

その後、アイゼンハワーと昭和天皇が同乗して自動車で移動し、皇居で昭和天皇・皇后を公式訪問する。さらに、アイゼンハワーは宿舎の米国大使館へ出発し、内輪の夕食をとる。なお、迎賓館は当時まだない。

翌六月二〇日は、午前八時四五分に岸の訪問を受ける。一〇時二〇分に国会に向かい、議場歓迎会で演説をする。その後、衆参両院議長主催レセプション、尾崎咢堂《がくどう》記念館訪問、東京會舘で日米修好通商百年記念行事運営会主催午餐《ごさん》、明治神宮参拝、ソニーの工場見学、日本大学と立教大学より名誉学位贈呈、宮中晩餐会、宮中夜会、と行事は盛りだくさんだった。

なお、日本大学の名誉学位授与については、卒業生の池田正之輔《まさのすけ》衆院議員や小沢佐重喜《おざわさえき》衆院議員（息子は衆院議員となる小沢一郎）が、山田久就外務次官に申し出た記録が残っている（「アイゼンハウアー大統領に対する日大名誉学位授与に関する件」）。

他方、立教大学は、米国や岸政権との関係の深さが影響したようである。たとえば、聖公会の立教大学は、米国聖公会から原子炉を寄贈されていた。また一九五七年に英国の核実験の中止を要請すべく、首相特使として英国国教会の流れを汲む日本聖公会の主教会議長、八代斌助《やしろひんすけ》立教学院理事長に白羽の矢が立ったことがある。結局八代は固辞したが、代わりに後輩格の松下正寿《まさとし》立教大学総長が英国に派遣されている。

アイゼンハワー来日三日目は、米国大使館で東龍太郎《あずまりょうたろう》東京都知事と面会後、原宿駅から特別列車で日光へ向かい東照宮を視察する。ヘリコプターで東京に戻り、共同コミュニケを発表後、昭和天皇・皇后を宿舎に招き、アイゼンハワー主催晩餐会が開催される。四日目は羽田空港で昭和天皇の挨拶を受け、ステートメントを発表し、九時半に羽田を発つ。

興味深いことに、ここまで詳細に行事が詰め込まれているにもかかわらず、公式の「日米首脳会談」の記載はない。もちろん、二日目の午前は予定に余裕があるので、岸が宿舎を訪れた際に会談が開催された可能性はある。

それでも、日程のほとんどは各種行事だ。首脳会談を軸とする今日的な慣行はまだ確立されていなかったと言える。この来日は、交渉をするという実質的な側面よりも、象徴的な側面の方が大きかったことがわかる。

断 念――安保闘争の激化

新日米安保条約の調印も済み、アイゼンハワー訪日も決まった。だが、このことにより訪日までに条約の批准を済ませようとする政治日程に、岸は支配される。批准を急ぐ岸に、日米安保条約改定反対の「安保闘争」は激しくなった。

六月一五日には、全日本学生自治会総連合（全学連）が国会突入を図るなか、東京大学の学生樺美智子が死亡する事件が起きる。これによって岸は決断する。「反対派のデモによって盟邦の大統領に何か危害が加えられるとか、アイクを迎える天皇陛下に何かあったということになれば、総理大臣として本当に死んでも償いがつかないということで、アイク訪日の断念を決意した」と岸は証言する。このときに首相辞任もあわせて決意したという（『岸信介証言録』）。

六月一九日、アイゼンハワーは米国統治下の沖縄まで来たものの、東京に行くことはなかった。アイゼンハワーの目には、安保闘争は「共産主義者の暴徒たち」によるものと映った。日本から訪日延期の希望を聞かされて「私は失望せずにおれなかった。いかなる角度から見ても、これは共産主義者の勝利だった」と回顧している（アイゼンハワー、仲・佐々木・渡辺訳『アイゼンハワー回顧録二』）。

3 「イコール・パートナーシップ」——池田とケネディ、ジョンソン

池田勇人とジョン・ケネディ

岸の後継者になった池田勇人は、一八九九年一二月三日に広島県豊田郡吉名《よしな》村（現竹原市）で、郵便局長で酒造家の父のもとに、七人きょうだいの末子として生まれた。京都大学法学部卒業後、大蔵省に入省する。

宇都宮税務署長を務めていたとき、池田は難病の落葉状天疱瘡を発症し休職した。看病疲れから妻の直子を喪っている。その後完治し、看病をした遠縁の満江と再婚した。大蔵次官を経て政界入りし、吉田茂に重用され蔵相、通産相、自由党幹事長などを歴任した。

一九六〇年七月に首相に就いた池田は、「寛容と忍耐」をモットーとし、政治の季節から経済の季節への変化を図った。荒療治を岸が成し遂げたがゆえに、安全保障問題での大きな懸案が解決していたことも大きい。さらに、眼鏡の枠を金属製からアメ色に変え、ダブルの背広をシングルに変えて、お茶屋遊びはしない、ゴルフもやめると宣言した。テレビの時代の首相として、どのように国民の目に映るかを意識したのである。

他方、米国では、民主党のジョン・ケネディが一九六〇年の大統領選で、アイゼンハワー

政権のリチャード・ニクソン副大統領を降し勝利を収めた。

ケネディは、一九一七年五月二九日にマサチューセッツ州ブルックラインで、九人きょうだいの次男として生まれた。父はアイルランド系で実業家のジョセフ・ケネディ。のちに駐英大使となる。ハーバード大学卒業後、海軍に入隊し、同州の下院議員、上院議員を経験し、一九六一年一月に四三歳の若さで米大統領に就任した。選挙で選ばれた大統領として最年少であり、初の二〇世紀生まれの大統領だった。前任のアイゼンハワーとは二七歳の差があり、若く魅力的なケネディは、普及してきたテレビとの相性もよかった。

ケネディは、初のカトリックの大統領だったが、カトリックの学校に通ったのは一年だけである。ほとんどの同級生は聖公会などのプロテスタントやユダヤ教徒という環境で育った。カトリックへの偏見が強い時代であり、ケネディは大統領としての演説でも、カトリックが使う聖書ではなく、プロテスタントが用いる聖書から引用をしていた。

訪米へのメディア対策

ケネディ政権は、西欧や豪州と並ぶ、自由主義陣営の中核と日本を位置づけていた。だが、政権発足時には安保闘争から半年程度しか経過しておらず、日本中立化の懸念も残っていた。そこでケネディ政権は、ハーバード大学教授で知日派として知られる、エドウィン・ライシャワーを駐日大使に任命するなど、日本との信頼関係構築に尽力した。ライシャワーは長老派教会の宣教師の子どもとして、東京の明治学院内の宣教師住宅で生まれた。夫人のハルは明治の元勲・松方正義の孫だった。

ライシャワーをはじめ、ケネディ政権は日米の「イコール・パートナーシップ」を掲げた。日米関係を強化することで日本の中立化を阻止しつつ、日本の負担や責任分担を促すという、ケネディ政権の対日姿勢を象徴する言葉だった（『池田政権期の日本外交と冷戦』）。

もっとも、「イコール（対等）」がキャッチ・フレーズになったことは、裏を返せば日米は対等だと広く認識されていなかった証左でもある。両国が対等と当然視されていれば、わざわざ宣言する必要はない。

さて、池田は一九六一年六月に訪米することとなった。池田とケネディの会談は、両者にとって初の日米首脳会談である。首相の任期と大統領のそれが一致していないために、歴史的にみて多くの場合、首相か大統領のどちらかは日米首脳会談をすでに経験している。両首脳にとって初であることは、互いに直接の前例がないことを意味し、新たな関係を築く好機でもある。

外務省は今回も広報用写真を作成するなど、象徴的機能の面でも準備に抜かりはなかった。米国主要報道関係者に配布するプレスキットも三五〇部作成され、池田の写真・略歴・政策の概要などを盛り込んだ。池田の米国での演説原稿も、PRコンサルタントに検討させたうえで報道関係者に配布した。

さらに、『タイム』誌や『ワシントン・ポスト』などの東京支局長と外務省関係者が個別に会談し、米国地方紙に対しても首相訪米に関する社説案を提供している（「岸元総理及び池田前総理訪米の際の対外啓発工作の概要」）。

ただし、池田の訪米については朝海駐米大使とディーン・ラスク国務長官の最終打ち合わせで、厳しいやり取りもあった。朝海は、沖縄での日本国旗の掲揚を許可することも含め「沖縄の政府により高度の自治権を認めること」などを要望した。

それに対してラスクは、「日本側の要求が一つ達成されると、また新たに一つ加わって際限のなくなることを恐れているのが正直なところである」と不満を口にした。さらに、「一六年前に平和条約で決ったことを一歩一歩の infiltration〔侵蝕〕のためニブルして〔徐々に切り崩して〕行こうというのなら日本側は正直にそういったらよろしいし、米側は明確にこれを拒否する」と「かなり強い語調で」説明した（「池田総理訪米に関する件」）。

池田訪米

六月一九日午前九時に池田は東京を発ち、ホノルルとロサンゼルスを経由してワシントン入りした。夫人同伴による初の首相訪米でもあった。ケネディが、ジャクリーン夫人とともに池田を出迎えることになり、池田も満江夫人を同伴したという。

会談前夜、日本側の会議でさまざまな議論が出たが、最後に池田は、「おれのほうが（大

池田・ケネディ会談，1961年6月20日，ホワイトハウス大統領執務室　2つの中国問題がとくに議論に．前列ジョン・ケネディ（左），池田勇人．後列左から朝海浩一郎駐米大使，ディーン・ラスク国務長官，小坂善太郎外相，エドウィン・ライシャワー駐日大使，通訳

統領よりも）年上なんだ。山より大きい猪は出ない」と腹を括《くく》った（『戦後政治の証言』）。池田は六一歳、ケネディは四四歳だった。

六月二〇日午前一〇時半から、大統領執務室で首脳会談が行われた。ここでの難題の一つは中国問題だった。

一九四九年に中華人民共和国が大陸で成立していたが、米国は台湾に逃れた国民政府を支持していた。池田は「日本人の中国に対する気持ちは地理的、歴史的関係もあり、戦争によって迷惑をかけたことも加わって米国と異り親近感を有している六億の住民が国連に代表されていないことは非現実的と思う」と説明した。「もっとも中共〔中華人民共和国〕承認は別問題であり日本は国民政府と平和条約を結んでおり中共承認は国論が承知しない」とも付言している。

米国内では、中華人民共和国の国連加盟には反対論が強く、ケネディは「特に議会の取扱いが難しく国府〔国民政府〕が残ったまま中共を入れる方式があるとしても中共を入れるということを米国民にいうわけにはいかないところに困難がある」と述べた（「総理訪米〈中共問題〉の件」）。国連で中華人民共和国が代表されていないことは「非現実的」と考える池田と、中国の国連代表権を拒否するケネディには、ギャップも存在した（『日米関係と「二つの中国」』）。

翌六月二一日午後一時から、ホワイトハウスの大食堂でケネディ主催の昼食会が催された。そこにはアイゼンハワーの姿もあった。ケネディの考えで招待したのだという。池田夫人の満江は外務省儀典課のエチケット集で事前に勉強し、この昼食会を無事にこなした。

ヨット会談

昼食会後の午後三時頃から、大統領専用ヨット、ハニー・フィッツ号で池田とケネディが通訳のみを交えて会談した。ヨットといえども、もともとは海軍の哨戒艇《しょうかいてい》である。長さ二七メートル、約八〇トンの船だった。

ここでケネディは池田に、自由貿易の立場と貿易自由化を奨励する意図をあらためて強調した。このときケネディは、自らグラフを描き説明をしている（*FRUS, 1961-1963*, Document 336）。首脳会談では、ただ言葉を交わすだけではなく、相手の視覚に訴えるプレゼンテーションもしばしば行われるなど工夫が凝らされる。

一連の会談で池田は、米英関係並みの関係を日米関係でも築きたいとケネディに求めた。ケネディはためらうことなく了承し、ワシントンが東京との関係を十分に評価してこなかった旨を述べた。池田訪米は、「二流国家」と見なされているという日本の感情を変え、十全なパートナーシップを感じさせたと言える（*Reassessing Japan's Cold War*）。国務長官のみならず、大統領のケネディ自身も時間を割き、池田と実質的な話し合いをしたこと自体、ケネディ政権の日本重視の姿勢の表れでもあった。

その後両首脳は、ヨットの別室に待機していた閣僚たちと合流した。首脳会談と同時に、ラスク国務長官と小坂善太郎外相は、沖縄で日章旗を掲揚できないことについて話し合っていた。ラスクは「日の丸の話は、お正月だけは揚げていいということになりました」とケネディに報告した。それを池田に通訳した宮澤喜一は、「そんな馬鹿なことはないでしょう」と日本語で付けくわえたという（『聞き書 宮澤喜一回顧録』）。

それに対して池田は、「かかる問題は固苦しく考えず新年のみといわず日本の祝祭日にはすべて掲げ得ることとすれば沖縄住民も米国の思いやりを感謝するであろう」と述べた。ケネディは「国務長官と協議の上明日回答」すると答えている（「総理訪米に関する件」一六八四号）。

同日夜、ウォルター・マコノギー次官補が朝海大使に、特定の休日（憲法記念日を除く日本の休日および沖縄の休日六日間）に日章旗の掲揚を許可する方針であると伝えることになった（「総理訪米の件〈沖縄における日本国旗掲揚の件〉」）。

翌六月二二日には共同声明が発出された。そこには、日米貿易経済合同委員会の設立によって、日米安保条約の「第二条の目的達成に資することに意見の一致をみた」と盛り込まれた。この委員会は、主要閣僚が毎年相互に訪問して二国間協議を実施するものであり、対日配慮の結果だった。

第二条の経済条項に言及したのは、米国の強い希望による。米国には、経済条項という非軍事的側面を強調することにより、日米安保条約への日本国民の支持を得ようとする配慮があったからだ。日米貿易経済合同委員会設置に関する米政府の主な目的は、日米関係の緊密化によって、安保闘争によって傷ついた日米関係を修復し日本を自由陣営につなぎとめるという、きわめて政治的なものだった（『池田政権と高度成長期の日本外交』）。

そして、半年後の一一月二日から四日にかけて箱根の観光ホテルで日米貿易経済合同委員会の第一回定例会議が開催される。外相だった小坂善太郎は「米国から閣僚が大勢来るなんて当時は考えられなかった。やっと対等になったんだなあ、なんて感激しました」と振り返る（『歴代総理、側近の告白』）。閣僚級の会議は、日米首脳会談に先駆けて、日本開催が実現したのである。

ケネディの病と死

話を少し戻す。共同声明が発出された六月二二日、午後八時から池田夫妻主催晩餐会が日本大使館で開催された。ここにはケネディ夫妻も出席する予定だったが、ジャクリーン夫人のみが参加した。翌二三日午前八時四五分に池田はケネディを訪問後、九時五分にワシントンを発った。

実は、ケネディの身体は病に蝕《むしば》まれていた。池田との会談直前の外遊でも大統領機に乗り込む際にも、エンジンの整備士が使用するリフトに横たわる有様だった。

池田との会談の頃にも喉に痛みがあった。晩餐会が開かれた六月二二日には、四〇・五度を超える高熱だった。医師たちは大量のペニシリンを処方し、翌朝に熱は三八・三度に下がった。痛みに耐えながら松葉杖を使い歩き、池田に面会する前にシークレットサービスに松葉杖を手渡したという（*President Kennedy*）。

ケネディはその後、アイゼンハワーが果たせなかった現職米大統領初の訪日を一九六二年初頭に実行しようと考えた。しかしながら、ソ連の核実験再開に対抗し、米国も大気圏核実験の再開を決定したため、この時期の訪日は政治的に難しくなった。その代わりに弟ロバート・ケネディ司法長官が日本に派遣されることになる。来日したロバートは早稲田大学で講演を行った。この聴衆のなかには学生だった小渕恵三《おぶちけいぞう》がいた。

その後、あらためて一九六四年一月のケネディ大統領訪日が決まった（*Japan at the*

Crossroads)。だが、前年の一一月二二日、ケネディはテキサス州ダラスで凶弾に倒れた。ケネディは最年少で就任した大統領だったが、最年少で死去した大統領でもあった。

リンドン・ジョンソンと弔問外交

ケネディの死からわずか九八分後、ダラスからワシントンへの機内で、副大統領だったリンドン・ジョンソンが宣誓式を行い大統領に昇格した。

ジョンソンは一九〇八年八月二七日にテキサス中部ストーンウォールの貧しい農家に、五人きょうだいの長男として生まれた。ケネディより九歳年上である。以降の大統領は、広義の南部を基盤とする大統領が続く。人口と経済の重心が米国の南部へと移ったことの反映である（『大統領たちの五〇年史』）。

一四歳のときに平信徒と牧師を等しく扱う、ディサイプルス派のファースト・クリスチャン・チャーチの信徒となる。ジョンソンはさまざまな教派の礼拝に出席したが、信仰について公に語ることはなかった。のちにベトナム戦争への苦悩を深めるにつれて、礼拝への出席が増えていく。

南西テキサス州立教師大学（現テキサス州立大学サンマルコス校）を卒業し、高校の教諭となった。その後、テキサス州の民主党下院議員に当選し、第二次世界大戦では海軍で短期間勤務し南西太平洋にも配置された。下院で六期を務めた後に上院議員に選出され、上院史上最年少の少数党院内総務となり、民主党が勝利後は多数党院内総務となった。議会政治のプロと言えるジョンソンは、出自も経歴も世代もケネディとは異なる人物だった。

さて、一一月二四日に池田と大平正芳《おおひらまさよし》外相が訪米し、翌二五日、カトリックのセント・マシュー大聖堂で行われた、ケネディの葬儀に参列した。

要人の葬儀の機会に各国首脳が会談を行うことは、一九六〇年代までには国際社会で定着していた（*Diplomacy*）。このときも、世界の九二ヵ国から首脳や政府高官らが参列し、ジョンソンは各国首脳と弔問《ちょうもん》外交を展開した。

池田も例外ではない。一一月二五日午後八時、ジョンソンと国務省で約三〇分会談を行っている。池田六三歳、ジョンソン五五歳である。ジョンソンは弔問に謝意を示したうえで、「この悲劇にもかかわらず、日米の友情の絆は弱まることなく、むしろ強まるだろう」と、対日関係に変化がないことを確認した（*FRUS, 1961-1963*, Document 385）。

この約一年後、病に倒れた池田は、一九六四年一〇月の東京オリンピックの開催を見届け、閉会式翌日に退陣を表明、その翌年に彼も世を去る。

4　沖縄返還と「密約」——佐藤とジョンソン、ニクソン

佐藤栄作

佐藤栄作とリンドン・ジョンソン，1965年1月12日，ホワイトハウス　2日間にわたって首脳会談が行われた

池田の後を継ぎ一九六四年一一月に首相となった佐藤栄作は、一九〇一年三月二七日に山口県熊毛《くまげ》郡田布施《たぶせ》村（現田布施町）で、官吏を辞め酒造業を営んでいた父の三男として生まれた。岸の実弟である。東京帝国大学法学部を卒業後、鉄道省に入り運輸次官を務めた。鮮やかな経歴に見えるが、幼少期は岸に比べて影の薄い存在だった。吉田茂に引き立てられて政界入りし、四七歳で官房長官を務め、郵政相、建設相などを歴任した。

後述する一九六九年の首脳会談に際し、米国が作成した佐藤のプロフィールには、ゴルフを好み（ハンディキャップ一六）、柔道三段、茶の講師と記されている。「英会話は日常会話には十分であるが、より公式の場面では通訳の利用を好む」ともある（"Eisaku Sato"）。

佐藤は一九六五年一月一二日から米国を公式訪問した。ジョンソンは前年の大統領選で当選し、二〇日に二期目の就任式を控えていた。多忙ななかジョンソンは一月一二日午前一一時四〇分から五〇分間、ホワイトハウスで首脳会談に臨んだ。佐藤六三歳、ジョンソン五六歳である。

テタテで佐藤は、日本の核武装を否定したうえで、その代わりに米国による防衛のコミットメントを求めた。「中共の核武装にもかかわらず、日本は核武装は行なわず、米国との安全保障条約に依存するほかない。米国があくまで日本を守るとの保障をえたい」と佐藤は切り出した。するとジョンソンは「You have my assurance〔保証する〕」と明言する。

続いて午後〇時半から四五分間、ほかの閣僚も交え全体会議が開催された。ここで佐藤は「沖縄が米国の施政権の下におかれて以来すでに二〇年を経過し、施政権の返還が沖縄住民のみならず、日本国民全体の強い願望であることを理解されたい」と慎重に語った。当時米国はベトナム戦争で沖縄の戦略的重要性を再認識しており、その返還を日本が強く迫れる状況ではなかった。

それに対してジョンソンは、「沖縄住民の福祉の向上と経済発展に努力する用意」があると発言、佐藤は「満足である」と述べた(「第一回ジョンソン大統領、佐藤総理会談要旨」)。

翌一月一三日は午前一一時半から四五分間、第二回会談が開かれる。ここでは、共同声明に盛り込む内容についてなどの討議が行われた。「両国間の盟邦関係」を謳った共同声明では、「大統領は、米国が外部からのいかなる武力攻撃に対しても日本を防衛するという同条約に基づく誓約を遵守《じゅんしゅ》する決意であることを再確認した」と、米国の対日防衛が初めて共同声明に明記された。

この七ヵ月後の八月、佐藤は首相として戦後初となる沖縄訪問を実現し、那覇空港で「沖縄の祖国復帰が実現しない限り、わが国にとって戦後が終わっていない」と訴えた。

なお、佐藤・ジョンソン会談などの要旨は在外公館長に送られたが、読了後は「貴使（官）の判断において適宜焼却されたい」との注記がある。ここからは、公文書管理について当時の認識の甘さが垣間見える（「総理訪米の際の各種会談記録送付」）。

沖縄返還時期をめぐる交渉

次の日米首脳会談は約二年一〇ヵ月後に、やはりワシントンで開催された。羽田空港で新左翼が佐藤の渡米を実力行使で阻止しようとしたが、機動隊に鎮圧される一幕もあった。

一九六七年一一月一四日午前一一時三五分より一時間余り、ホワイトハウスで通訳のみを交えて佐藤とジョンソンが会談した。佐藤は東南アジア情勢について述べるなかで「真の同盟国として heart-to-heart に〔腹蔵なく〕話合うことが大切である」と、「同盟国」との表現を用いている。

この会談で注目をされていたのが、沖縄返還についてだった。佐藤は「日本国民に期待をもたす表現をコミュニケ〔声明文〕に入れられないであろうか」と提案し、「この二、三年のうちにいつ返せるかとの目途をつけられないか」と畳みかけた。その目途について、米国は事前の折衝で「数年（several years）」内を提案していた。それを「両三年（a few years）」

内に前倒しすることを佐藤は求めたのである。

これを聞いたジョンソンは、「このことはラスク、〔国防長官ロバート・〕マクナマラと話すときいているが、そうか」と尋ねると、佐藤は肯定した。そこでジョンソンは「自分は話があがってくるのをまって検討しよう」と、この場での判断は避けた。

会談の終わりに、佐藤はジョンソンに紙片を手渡して「考えてみてくれ」と要望した。そこには、共同コミュニケの案として、「in a few years に、両国の満足しうる返還の時期に合意することを目的として」とあった（「佐藤総理・ジョンソン大統領会談録〈第一回会談〉」）。

その後、佐藤、三木武夫外相らとマクナマラ国防長官らの会談が開催された。翌一一月一五日朝には、宿舎のブレアハウスで佐藤、ラスク国務長官らの会談が行われ、沖縄問題などが議題となる。

後者では、共同コミュニケが議論された。日本の提案を踏まえ、米国は沖縄について「総理大臣は、さらに、両国政府がここ両三年内に双方の満足しうる返還の時期につき合意すべきであることを強調した」などと記した案を提示した。

佐藤は考える時間がほしいとして、中座し日本の関係者と言葉を交わした。約一五分後に席に戻った佐藤は「大変結構」と承諾した（"Ryukyus and Bonins"）。

共同コミュニケと小笠原返還

当時、ベトナム戦争が混迷を深めるなかジョンソンは支持率の低下を憂慮していた。そこで、日本との領土をめぐる戦後処理問題を進める条件の一つとして、自身が推進するベトナム戦争への支持表明を佐藤に求めていた。佐藤は、一一月一五日午後〇時半からワシントン駐在記者を前に演説し、米国のベトナムにおける努力はアジア諸国に理解されていると語り、ベトナム戦争への支持を表明する。

ジョンソンの思惑どおり佐藤の発言は、アジア各国が米国の軍事的プレゼンスの維持を望んでいるという印象を米メディアに与えることに成功する。ジョンソンは、この演説に満足し、「このうえもなく上機嫌だった」（『核密約から沖縄問題へ』）。

同日午後五時一五分から佐藤とジョンソンが会談を行う。予定よりかなり長引き二時間、二人は通訳を交えテタテを行った。佐藤は「前回の訪米の際に大統領は、私に対して日本に対する any attack〔いかなる攻撃〕に対しても、日本を守ると約束された。その後中共が核開発を進めるに至った事にも鑑み先回大統領の与えられたコミットメントがわが国に対する核攻撃に対しても同じように適用されることを期待したい」と求めた。それに対してジョンソンは、「我々の間にはすでにコミットメントがある」と核の傘の提供を保証する（「佐藤総理・ジョンソン大統領第二回会談記録」）。

テタテが終わると、両国の代表団員が大統領執務室近くの閣議室に集まった。そこで、サプライズがあった。その場にいたアレクシス・ジョンソン駐日大使の回想を引こう。

まずジョンソン大統領が、「私と佐藤は小笠原と沖縄の問題について共同声明案を詳細に検討したが、自分はこれを受諾できない」と切り出した。ジョンソン大使は「愕然《がくぜん》とし」、一同は静まり返った。

すると、ジョンソン大統領は佐藤に「駐日大使は心臓発作に襲われたらしい。彼を安心させてやった方がいいようだ」と語った。実は二人はすでに声明案に合意しており、一杯食わせたのである。一同大笑いだった。「この顛末《てんまつ》は、佐藤とジョンソン大統領が二人で芝居をして、人をからかうほど個人的にもかなり親しくなったことを示していた」。ジョンソン大使はこう振り返る（ジョンソン、増田訳『ジョンソン米大使の日本回想』）。さらに、この二年後、佐藤は一世一代の芝居を打つことになる。

さて、こうして共同コミュニケで沖縄返還については「両三年内」が明記された。新日米安保条約は、締結から一〇年経過後、終了させたければ相手国への通告を経て可能と規定されていた。その節目は一九六七年から二、三年内となる一九七〇年だった。一九七〇年は日米安保条約反対運動が再燃する可能性もあり、その前に両国が沖縄返還の合意を結ぶことが重要だった。

共同コミュニケに合意した一一月一五日の日記に、佐藤はアーリントン国立墓地のケネディとダレスの墓を訪れたと記している。ダレスと吉田によって講和条約が締結され、沖縄は引き続き占領された。その沖縄返還の道が拓《ひら》かれたからである。佐藤は「その二人今やなし。

天国で何を語りおるか。今日の地上の共同コムミニケを何と見るか。誠に感無量」と感傷的に綴っている（『佐藤栄作日記』）。

もっとも、米政府は、ただちに沖縄の返還に応じることは困難だった。そこで取引の材料と考えられたのが小笠原諸島の返還だった。共同コミュニケでは小笠原諸島の「日本への早期復帰」が明言され、翌一九六八年にまず小笠原諸島の返還が実現する（『核密約から沖縄問題へ』）。

国際収支問題——ベトナム戦争の余波

だが、このときの佐藤とジョンソンの会談は順風満帆だったわけではない。一一月一五日の二回目のテタテでは激しい議論となった。国際収支の問題である。

当時、米国は日本政府に負担分担を要求するようになってきていた。ベトナム戦争への介入が深まるなかで、対外軍事支出の急増によって米国のドル防衛の重要性が高まると同時に、一九六五年から日米貿易収支が逆転し対日赤字となっていた。また、ベトナムでの戦況が悪化していくにつれ、米国社会ではアジアから手を引くべきだという孤立主義の雰囲気が徐々に強まり、その裏返しとして経済成長著しい日本や西ドイツに米国の負担分担を求める議論が出始めていた（『日米同盟の制度化』）。

会談でジョンソンは、「兵力を派遣出来ない国は、国際収支問題で援助できるはずである」と安全保障問題と経済問題をリンクさせた。「何故（日本は）五億ドル出せないのか。ドイツはすでにやってくれている」と佐藤に畳みかけた。前日一一月一四日のテタテで佐藤は、「日本としては三億ドル程度は考えている」と述べていたからである。

さらに、ジョンソンは「日本の安全は自分の責任だ」、「米国は、もし、問題が起ればちゅうちょせず日本を全面的に支持する」としつつ、「我々を助けてほしい。我々を助けるために五億ドル出してほしい」と直截《ちょくせつ》に求めた。佐藤は、「自分としてはyesという返事をすることは容易であるが、私は履行出来ない約束はしたくない。嘘をつくことになるから」と反論した。

それでもジョンソンは譲らず、押し問答の末、「自分も日本を助けるため出来るだけの事をするから、総理も私を助けるために出来るだけの事をしてほしい」と求めた。それに対して佐藤は「我々も、大統領の責任遂行を少しでも容易ならしめるために最善の努力をすることを約束する」と述べ、ひとまずこの場は収まった（「佐藤総理・ジョンソン大統領第二回会談記録」）。

なぜジョンソンはここまで強く国際収支問題での援助を求めたのか。この背景には日米間の齟齬《そご》があった。日米交渉では、沖縄返還についての外務省と国務省のルートと、国際収支問題についての大蔵省と財務省のルートが同時並行的に進んでいた。さらに、佐藤の密使たる若泉敬《わかいずみけい》京都産業大学教授と、旧知のウォルト・ロストウ大統領特別補佐官の第三のルートもあった。日本側では、こうした複線化したルート間で情報の共有がスムーズに進んでいなかったのである。

このうち、若泉・ロストウのルートでは、佐藤からジョンソンに何らかの「お土産」があることが示唆されていた。これは若泉の勇み足発言だったが、米国は佐藤により国際収支問題で何らかの政治決断が下される可能性を期待していたのである。この頃には、米国が「お土産」を渡す関係から、日本からの「お土産」を期待する時代になっていた。

沖縄・小笠原返還と国際収支問題での交換を念頭に置いてきたジョンソンにとって、前者で譲歩を示したにもかかわらず、国際収支での協力を確保できないのは、認めがたい事態だった。その後、国際収支問題は財務当局者の議論に委ねられ、三億一〇〇〇万～三億五〇〇〇万ドルを資本取引面で日本が協力することなどで決着した（『ドル防衛と日米関係』）。

リチャード・ニクソン

ベトナム戦争が泥沼化するなか、一九六八年三月、ジョンソンは大統領再選を目指さないことを表明する。ジョンソンに続いて一九六九年一月に大統領に就任したのは、共和党のリチャード・ニクソンだった。

ニクソンは一九一三年一月九日、カリフォルニア州ヨーバリンダで、五人兄弟の次男として生まれた。アイルランド系移民の子孫である。

教派はフレンド教会（クェーカー）だったが、ワシントンに移り住んでからは、会衆派やメソジストの教会に通うようになった。大統領就任後は、教会で批判されることを恐れ、ホワイトハウス内で礼拝をするようになった。聖職者の政治的立場がニクソンの政策に合致しているかが事前に精査され、耳障りな説教はニクソンに届かなくなる。

デューク大学で法学を学んだ後、カリフォルニア州で弁護士となった。第二次世界大戦では海軍将校として南太平洋戦線に従軍。戦後、カリフォルニア州の下院議員、上院議員を歴任し、四〇歳でアイゼンハワー政権の副大統領となった。史上二番目の若さである。このときに岸信介の知遇を得て、その後、弟の佐藤栄作とも何度か面会している。

一九六〇年の大統領選ではケネディに惜敗。二年後のカリフォルニア州知事選でも敗北を喫し政界引退を表明したが、一九六八年の大統領選に再挑戦し、勝利を収めていた。

ニクソンは、国際情勢への無限定な介入は米国の国益を損なうと考えていた。そのため、ヘンリー・キッシンジャー国家安全保障問題担当大統領補佐官とともに、ベトナム戦争からの「名誉ある撤退」を実現し、米国の役割を縮小しようとした。そうしたなか、「ニクソン・ドクトリン」が発出される。

ニクソン・ドクトリンとは、米国は条約上の義務を守り、核保有国が同盟国などの自由を脅かせば盾を提供するが、通常兵器による侵略の場合は、防衛に必要な人員提供の一義的責任を、直接脅威を受ける国に求めるというものだった。

当時、米国の衰退論が拡がっていた。米ソの圧倒的な優位は失われて二極体制は終わり、世界は多極時代に入ろうとしていた。軍事力で米ソが世界をリードした時代から、欧州や日本の経済的台頭で力が分散する時代に入った、と盛んに論じられていたのである（"The U.S."）。

米国の衰退論と表裏一体だったのが、日本に役割分担を求める米国の姿勢である。一九六八年にはGNPで日本は西ドイツを上回り、米国に次ぐ世界第二位となっていた。そうしたなか、対等な役割分担とは何かについて、日米間のせめぎ合いがより熾烈《しれつ》なものとなっていく。

佐藤・ニクソン会談

当時、米政府内には、ベトナム戦争で沖縄の基地は必要とする意見もあった。だが、長期的な日米関係を良好に保つという大局的な視点から、沖縄返還への道が拓かれていた。

しかしながら、核兵器については、日米の事務方で話が決着していなかった。米国は、沖縄から核兵器を撤去するとしても、有事の際には核兵器の再持ち込みを秘密裏に了解するよう求めていた。だが、日本は同意しなかった。

佐藤が一九六七年一二月に発表した非核三原則、つまり核兵器を「持たず、作らず、持ち込ませず」に抵触する恐れがあったからである。そのため佐藤自身は、外務省幹部に「非核

日米首脳会談時のホワイトハウス晩餐会，1969年11月19日
両首脳はホワイトタイ．左2人目から，佐藤栄作，リチャード・ニクソン，佐藤寛子夫人，パット・ニクソン夫人

三原則の『持込ませず』は誤りであったと反省している」と一九六九年に吐露している（「総理に対する報告〈沖縄関係〉」）。

結局、この件の落とし所が見出せなかった。外務省アメリカ局長だった東郷文彦《とうごうふみひこ》は、「本件に関する確たる見通しを摑《つか》まずして総理を訪米に出発させるのは事務当局として如何《いか》にも心苦しいところであったが、如《い》何《かん》ともし難かった」とのちに振り返っている（『日米外交三十年』）。解決は首脳会談の実質的機能に委ねられた。

一九六九年一一月一七日、三度目の首脳会談に臨むべく佐藤は訪米した。同行した佐藤寛子夫人は、米国でミニスカートが流行していることを聞き、デザイナーの森英恵に膝上三センチのスカートを作ってもらった。佐藤夫人曰く「みなさんから悪評さくさく」だったが、「沖縄返還のために、いくらかでも、あちらの印象をよくするなら……と、お国のためにがんばったつもりでした」と回想している（『佐藤寛子の宰相夫人秘録』）。

首脳会談を翌日に控えた一一月一八日の夜、佐藤は下田武三駐米大使に「僕には吉田さんがついているから大丈夫だよ」と声をかけ、二年前に亡くなった吉田茂の写真を胸のポケットから取り出し、じっと見つめたという（『下田武三 戦後日本外交の証言』）。

一一月一九日午前一〇時四〇分から一時間半、いよいよ通訳のみを交えて首脳会談が大統領執務室で行われた。佐藤六八歳、ニクソン五六歳である。両国の閣僚や官僚たちは別室で待機することになった。ニクソンはとくにテタテを重視し、佐藤もそれに乗ったのである。

ニクソンは「施政権返還後の沖縄の基地の使用について、緊急事態における沖縄基地の使用について、どういう手続きでやるかが一番問題である」と述べた。そして、両国の案を議論した結果、何とか合意に達する。

懸案の核兵器については、佐藤が再持ち込みの言質を与えない日本案どおりでよいかとニクソンに提起した。ニクソンは「その通りである」と承諾し、「これは歴史的な moment〔瞬間〕であるから握手をしたい」と求め、佐藤は「無言のまま」握手に応じた（「佐藤総理・ニクソン大統領会談〈第一回 一一月一九日午前〉」）。

同日夜八時からは、ホワイトハウスでニクソン夫妻主催晩餐会が開かれた。この晩餐会は、ホワイトタイ、勲章佩用《はいよう》とされ、これまでの日本の首相を招いた晩餐会よりも格式が高く、元首級をもてなすレベルだった。それだけ米国は佐藤を重視していたのである。

二人の「大芝居」

佐藤とニクソンはこのように、意外にもあっさりと核兵器再持ち込みの件について合意に達した。ただし、米国の記録にはこのとき「大統領が首相を、カリフォルニア州サンクレメンテの自宅の写真を見せるために、〔大統領執務室の隣の〕プライベート・オフィスに招き入れた。双方の通訳は同席しなかった」との注記がある（*FRUS, 1969-1976*, Document 27）。

この注記は、決定的に重大なことを意味していた。実は、プライベート・オフィスには、秘密裏に英文の文書が用意してあったからだ。有事には米国が日本に核兵器を持ち込み通過させることができるとする「密約」である。ニクソンと佐藤はこの文書にフルネームでサインをした。そして、二人は何もなかったかのように、通訳が待っていた大統領執務室に戻った。

先述したように、沖縄返還後の核の再持ち込みについて、外務当局者間では結論が出ていなかった。だが、佐藤は若泉を密使としてキッシンジャーと交渉させ、秘密の約束をニクソンと結ぶ手はずになっていたのだ。この「密約」は、日米両国民のみならず、外務官僚にも伏せていた。そのため、佐藤とニクソンの言動については、若泉とキッシンジャー間で詳細な脚本が作られ、通訳の外交官の目をもごまかすために、両首脳が一芝居打ったのである（『他策ナカリシヲ信ゼムト欲ス』）。

この合意議事録の英文原本は、外務省に渡されることなく、佐藤が自宅に持ち帰った。その後、四〇年を経て二〇〇九年の調査で佐藤家から世に出ることになる。

最大の問題は繊維

かくして沖縄返還が決まった。だが、ニクソンにとっての最大の懸案は沖縄ではなかった。事前の準備でキッシンジャーは若泉に、「むしろ大事なのは繊維だ」と伝えていた。ニクソンは先の大統領選で繊維製品の輸入規制を公約していたため、キッシンジャーは「どうしても解決しなければならない」と断定口調で迫った（『他策ナカリシヲ信ゼムト欲ス』）。米国南部の票を勝ち取るべく、南部で盛んな繊維業界の支持をニクソンは固めたかったのだ。

繊維問題が議論されたのが、一一月二〇日と二一日の第二回および第三回会談である。ここでは、とくに「包括的な」合意をするかどうかが争点となった。米国は繊維の対米輸出規制を望んだが、GATT（関税及び貿易に関する一般協定）という自由貿易の枠組みを建前とする以上、特定の製品の規制ではなく「包括的」規制とすることが重要だったのである。

実は繊維問題では、米国に繊維を輸出する韓国、台湾、香港を含む多国間協定が想定されていた。そこで「包括的」規制の基準について日米二国間の極秘交渉であらかじめ了解しておくという「密約」が、若泉とキッシンジャー間で調整されていた。だが繊維業界は業者も品目も多く「包括的」輸出規制の実現可能性は低いと考えていた佐藤は、これを承諾していなかったようであり、会談本番でも「包括的」という表現を徹底的に避けた（『徹底検証 沖縄密約』)。

第三回会談で佐藤は、繊維問題について「沖縄問題と本件がからみ合ってくることはなんとしても避けたい」と発言した。佐藤は、沖縄返還の代わりに繊維問題で譲歩したとの国内の批判を恐れていた。そこで繊維問題については「一二月末までに話をつけ、その上ではっきりした形で約束をする」と述べた。そのうえで、「包括的」という表現を使わないことを「この際大統領において配慮してほしい」と求めた。だが、ニクソンは「総理がselective〔選択的〕ではなく、comprehensive〔包括的〕なagreement〔協定〕に到達するよう協力していただければありがたい」と譲らなかった。

それに対して佐藤は、「自分はその場限りの男ではない。誠意をつくすというのが自分の信条である」と述べ、さらに「本日述べた趣旨で自分が最善をつくすことを信頼してほしい」と求めた(「佐藤総理・ニクソン大統領会談〈第三回 一一月二一日午前〉」)。

米国の記録には、このとき佐藤が「信頼してほしい(プリーズ・トラスト・ミー)」と発言したとある。これを聞いたニクソンは、「それで十分だ」と応じた。さらに、ニクソンが佐藤と握手したとき、佐藤は「相互の信頼」が重要だと述べた(*FRUS, 1969-1976*, Document 35)。

後述するが、この四〇年後、くしくも同じく「トラスト・ミー」という発言が物議を醸すことになる。

なお、佐藤がニクソンに繊維問題について「善処する」と述べて、日本語としてはお茶を濁したつもりであったがニクソンにはそのニュアンスが通じなかったとの逸話がある。だが、日米の記録を突き合わせてみても、そのような表現や認識の大きなずれは確認できない。

ニクソンは会談を終え、両首脳は一一月二一日に共同声明を発表した。その第四項には、「韓国の安全は日本自身の安全にとって緊要」と盛り込まれた。これを、記者を前にした同日の演説で佐藤は補足し、朝鮮半島有事の際、在日米軍が直接作戦行動をとることについて、事前協議で「前向きに、かつすみやかに」態度を決する意向を示した。つまり、日本は事前協議で米国の直接作戦行動を承認することを示唆した。日米安保条約改定時に、秘密裏に事前協議を形骸化した「朝鮮議事録」は、共同声明で公表された韓国条項に置き換わったとの解釈が成立するようになったのである。

しかし、これは日本の一方的な態度表明だった。それゆえ、米国は政府間の合意事項である朝鮮議事録の方を重く見ていた。韓国条項は公表されたが解釈の余地が残ったのに対し、朝鮮議事録は未公開だがより明確だったからだ。一九七四年七月には、朝鮮議事録を「未解決のままとし、正式に消滅させることはしない」との方針を米政府は定めている（『在日米軍基地』）。

さらに、この第四項では、「総理大臣は、台湾地域における平和と安全の維持も日本の安全にとってきわめて重要な要素であると述べた」と、台湾有事も念頭に置かれていた。この次に共同声明で台湾に言及されるのは、二〇二一年の菅《すが》・バイデン会談を待たねばならない。

佐藤の苦悩

一九七〇年は日米安保条約の改定から一〇年の節目であり、日米同盟は自動延長される時代へと入る。一〇月、佐藤はニューヨークで国連創設二五周年記念会議に出席した。その折、二四日午後四時からワシントンでニクソンとの会談が行われた。

これは吉田茂とトルーマンとの最初の会談から数えて、一〇回目の記念すべき日米首脳会談だった。だが、これを寿《ことほ》ぐ言葉はなかった。日米両政府とも通算回数をカウントしていなかったようだ。

このときの会談の主題は先述の繊維問題である。会談当日は米国中間選挙の一〇日前にあたり、内政を意識せざるを得ない状況にあった。

前年の首脳会談で約束したにもかかわらず、繊維問題に関する措置で、佐藤は米国の期待を果たせていなかった。米国の記録には、「ニクソンを困らせたことについて謝罪しなければならないと佐藤は感じていた」と記されている（*FRUS, 1969-1976*, Document 58）。

その後も繊維交渉は続いたが、妥結には至らなかった。結局、翌一九七一年三月八日に日本の繊維業界が米国の求めに応じることなく一方的な輸出自主規制を宣言し、日本政府はそれを支持した。

それに対してニクソンは佐藤に、「失望と懸念をかくすことが出来ない」との書簡を認《したた》め、三月一二日に佐藤に伝わった。そこには「ほんとうに驚いた」と記され、「双方が満足できるような話合い交渉を続けることが望ましいと思う」が、「それは不可能と思われる」と厳しい言葉が並んだ（「ニクソン大統領より佐藤総理へ〈要旨〉」）。アーミン・マイヤー駐日大使は「端的にいえば、大統領は事態に憤慨している」と愛知揆一《あいちきいち》外相に説明している（「愛知大臣とマイヤー大使の会談」）。

最終的にニクソン政権は、一〇月一五日までに交渉が決着しなければ一方的輸入割り当て措置をとると日本政府に通達した。それに対して日本政府は三年間の自主規制に同意し、国内の繊維業界に政府補償を約束することになった。通産相としてこの対策をまとめたのが、田中角栄だった。

朝海の悪夢とニクソン・ショック

この一〇年ほど前、駐米大使だった朝海浩一郎は米国で講演をした。質疑応答で日米関係に関する心配事を尋ねられ、朝海は「米国の対中共政策である」と答えた。日本は米国に歩調を合わせ、中華人民共和国ではなく中華民国との関係を保っていた。

朝海は言う。「ある日ラスク国務長官から日本の大使に至急話したいことがあるからおいで願いたいと連絡があったとする。日本の大使が国務省に出かけ、ラスクの部屋に入ると彼は『実は本日ご足労を願ったのは米国の対中共政策のことである。米国は今般中共を中国の正当な政府として承認することになり、その発表は明日である。日本は今までこの問題につき、よく我々と協力してくれたので、発表一日前に特に大使に通報する次第である。サンキュー、アンバサダー、お帰りはこちらです』と扉を指し示される」。

これが「朝海の悪夢」である。もっとも、このようなことは起きまいと日本側のみならず米側も当時は一笑に付していた(『司町閑話』)。

だが、一九七一年七月一五日夜、ニクソンのテレビ演説が世界を震撼《しんかん》させる。七月九日に極秘にキッシンジャーを中華人民共和国に派遣し周恩来首相と会談させていたことと、一九七二年五月までにニクソン自身が北京を訪れることを発表したからだ。いわゆるニクソン・ショックである。

国務省もこの訪中は知らされておらず、駐日大使から国務次官となっていたアレクシス・ジョンソンも当日聞かされることになる。「朝海の悪夢」を最初に想起したジョンソンは、慌てて日本側に連絡を取った。電話越しに牛場信彦《うしばのぶひこ》駐米大使も「アレックス〔アレクシス〕、『朝海の悪夢』が現実になった」と口にした(『ジョンソン米大使の日本回想』)。

アーミン・マイヤー駐日大使に至っては、理髪店で米軍のラジオFENでニクソンの演説を聞き、ベトナム訪問と言うつもりが北京と言い間違ったのだと思ったという。だが、演説を聞くにつれて事態を把握し、散髪を慌てて切り上げた(マイヤー、浅尾訳『東京回想』)。

この情報統制についてニクソンは、「われわれにとって、ほかの方法はなかった。こんどの計画全体を流産させかねない情報漏れの危険をおかし、他国には知らせずに、日本にだけ知らせるというわけにはいかなかった」と弁明している（ニクソン、松尾・斎田訳『ニクソン回顧録 第一部』）。

たしかに、ニクソン・ショックはメディアでも大きく扱われ、野党や自民党の反主流派が佐藤政権批判を展開した。ただし、この米中接近が米国の「裏切り」と一様に受け止められたわけではない。この時期、日中関係が米国の対中政策によって妨げられているとの認識が、日米双方にとってすでに過去のものとなっていたからだ。実際、佐藤政権は米中関係の進展と歩調を合わせて、対中関係の改善を図ろうとしていた。中国側の対応によって明暗は分かれたが、日米双方が個別に中国政府との対話を目指していた点では同じだった（『日中国交正常化の政治史』）。

さらに、その一ヵ月後の八月一五日、別のニクソン・ショックが世界を襲う。輸入品に一律一〇％の課徴金を課し、ドルと金の交換を一時停止するなどの、新経済政策をニクソンが発表したからだ。この背景には、三〇億ドルに達していた米国の対日貿易赤字への批判もあった。このニクソン・ショックは国際経済を揺さぶり、国際通貨システムは一九七三年に変動相場制へと移行していくことになる。

サンクレメンテ会談

日米関係に衝撃が走るなか、日米首脳会談の開催が決まる。マイヤー駐日大使は「会談が行われるという事実そのものが、会談の内容と同じくらい重要であった」と回想する（『東京回想』）。まさに首脳会談の象徴的機能に期待が集まったのだ。

最初のニクソン・ショックから半年後の一九七二年一月五日から佐藤は訪米し、六日午後一時半から三時間一五分、「西ホワイトハウス」と呼ばれたカリフォルニア州サンクレメンテのニクソン邸で第一回会談が開催された。

佐藤は、米中接近について「アジア諸国に与えた動揺は米国が考えているよりもっとひどいものであったと考えた方が良いと思う」と述べた。それに対してニクソンは、「これは通常の意味における国交の正常化ではない。何となればわれわれは中華民国政府を承認し、これと安全保障条約を結んでおり中共との話合いがどうであろうともこれを変更する意思はない」と説明した（「佐藤総理とニクソン大統領との会談要旨」）。

翌一月七日午前九時三〇分から二時間半、第二回会談が行われた。ここでも佐藤は、米中接近について語った。「大統領訪中の発表はshocking〔ショッキング〕であったが自分個人は必らずしも頭越しの非難は当らぬと思う。しかしわが国民大衆は仲々この点が判らない」。

これに対してニクソンは、「訪中発表は訪中が米国の政策変更を意味しないという前提に立ちなされたもので、仮に政策の変更転換を内容とするものであったならば、米国はあらゆる方法により日本側に相談しなければならなかった。将来もこれ然《しか》り」と述べている。

また、佐藤は核兵器不拡散条約(NPT)の問題を持ち出した。日本は一九七〇年二月に同条約に政府が署名したが、国会ではまだ批准されていなかった。

佐藤が「NPTについては急いでいるのか」と尋ねると、ニクソンは「個人的に申し上げるならば、日本としてはどうぞ時間をかけられてはどうかということである。批准しないことによって仮想敵国に気をもませるようにしてはどうであろうか。もっともこのことは公けにしないでもらいたい」と伝えた(「総理と大統領との第二回会談要旨」)。

ニクソン外交の戦略は、しばしば「狂人理論」と呼ばれる。予測不能と思わせることで、交渉で優位に立とうとするものである。ドナルド・トランプの予測困難な外交はこの模倣と言えよう(『大統領たちの五〇年史』)。

NPTについてのニクソンのコメントは、米国の対中外交上の考慮があったとの指摘もある。当時米国は、日米安保条約の存続を容認するよう中国に期待していた。そこで、米国が日本と結びついていなければ、日本は核武装や再軍備の方向に進み、中国の安全保障に対するより大きな脅威になると米国は中国を説得していた。もっとも、佐藤もまた一月六日のニクソンとの会談で「もし北京で日本の軍国主義云々という話が出た場合には、米としては、日本に対して、日米安保条約によって日本に核をもたぬよう理解させる方針であることを言われても結構である」と、このロジックの使用を容認していた。

ニクソンは、日本がNPTを批准して核武装の放棄を国際社会に公約するよりも、批准しないでいた方が対中外交上好都合であると考えた可能性もある（『核兵器と日米関係』）。なお、日本が実際にNPTを国会で批准するのは、四年以上経った一九七六年六月のことだった。

対等な日米関係

一九七二年一月七日、中国やNPT問題から離れて、共同声明によって沖縄の核抜き返還が約束された。そこでは「相互信頼と相互依存」も謳われていた。

マーシャル・グリーン東アジア・太平洋担当国務次官補は、今回の会談について「日本は高慢だったり横柄だったりしたわけではないが、過去に比べて慇懃《いんぎん》な態度ではなかった。もはや米国の凧《たこ》の尾と見られることはない、ということを明確にしてきた」と記している（"President Nixon's Meeting with Prime Minister Sato at San Clemente"）。

この会談の翌二月、ニクソンは、政権の外交方針を示した外交教書を議会に送っている。そのなかで日本について、自国の通常防衛に責任を持てるだけの産業力と技術力を長らく身につけてきたが、安全保障を米国の核に依存し続けていたと指摘する。そのため、「問題は、関係を維持するのに不可欠な対等性と互恵性を、どのように我々の関係に入れ込むかということであった」とした（"Third Annual Report to the Congress on United States Foreign Policy"）。

ニクソンの外交教書から垣間見えるのは、現状の日米関係に満足していないという米国の認識だ。そこで言及された「日本と求めていく対等で互恵的な新しい関係」という表現は、恩恵に与《あずか》っているのは日本であり、米国にとって対等ではないとの認識が前提にある。

その後、佐藤は沖縄返還を花道に長期政権に幕を下ろした。七年八ヵ月の首相在任期間は、当時戦後最長であり、この記録は、第二次安倍政権の登場まで破られることはなかった。

第2章　首脳会談の定例化――冷戦と負担分担

1　大統領初来日とサミット体制
――田中・三木とニクソン、フォード

増える会談

日本が経済力を付け影響力が次第に増大するにともない、日米首脳会談の頻度は高まっていく。たとえばリチャード・ニクソンは、一九七二年一月に佐藤栄作と、八月に田中角栄と会談を行った。同じ年に複数回の日米首脳会談が開催されたのはこれが初めてである。

また、この頃から地域を越えた首脳レベルの国際会議も定期的に開かれるようになる。その最たるものが、一九七五年一一月に第一回目がフランスのランブイエで開かれた、当初六ヵ国による主要国首脳会議《サミット》である。日本はサミット参加国の一角として「経済大国」の地位を確かなものとした。このサミットの前後に首脳会談が設定されることが多くなり、日米首脳会談が定例化していく。

懸案を抱える国家同士が稀に首脳会談を開催すれば、外交上の課題打開への期待が自然と高まる。だが、首脳会談が定期的に開かれれば、世間一般から非現実的な期待をもたれにくくもなる利点もある（*Diplomacy*）。

そうしたなか、両首脳は個人的な信頼関係を築こうと腐心していく。

田中角栄の登場とハワイ会談

佐藤の後任の田中角栄は、一九一八年五月四日、新潟県刈羽《かりわ》郡二田《ふただ》村（現柏崎市）に八人きょうだいの次男として生まれた。中央工学校土木科を卒業し田中土建工業を設立した。戦後政界入りし、郵政相、蔵相、通産相、自由民主党幹事長などを歴任し、一九七二年七月に首相に就任する。

田中内閣成立からほどなくして在日米国大使館が作成した田中評がある。「地雷原の向こう側にある目的地に到着するのに、前任の佐藤ならば用心深く防御線を避けるだろうが、田中は最短コースを真っすぐに突き進むだろう」。言い得て妙である。さらにそこでは、「田中の手法は、最終的にうまくいくかもしれないし、場合によっては、彼の政権に予期不能の結末をもたらす可能性もある」と分析されている（『秘密解除ロッキード事件』）。

一九七二年八月、田中はハワイのホノルルでニクソンと会談することになった。これまでの日米首脳会談はすべて米国本土で行われてきたなか、初のハワイ開催である。

なお、外務省の記録はこの田中・ニクソン会談を初めて「日米首脳会談」と表記する。初回から約二〇年、第一二回目にしてようやく日米首脳会談というカテゴリーが記録上現れたのである。

田中・ニクソン会談直後，1972年9月1日，ハワイ・クイリマ・ホテル　左から大平正芳外相，田中角栄，リチャード・ニクソン，ウィリアム・ロジャーズ国務長官

田中は八月三〇日にホノルル・ヒッカム空港に到着し、サーフライダーに宿泊した。翌三一日、田中はヘリコプターでオアフ島北端のクイリマ・ホテルに向かった。ニクソンが玄関で出迎え、六階のプレジデンシャルスイートまでエスコートし、午後一時二〇分から一時間三五分ほど、第一回会談が行われた。田中五四歳、ニクソン五九歳である。

田中は、池田勇人と佐藤栄作を引き合いに出し、「われわれは日米、日英関係を重視する吉田総理の門下であった」と、吉田茂の系譜に自らを位置付けた。

このときの主たる議題は、日本の貿易黒字、裏を返せば米国の貿易赤字である。ニクソンは「現在のような不均衡は、短期的には日本の利益のように見えるが、米国内の保護貿易論者の勢力を増大せしめることにより、長期的には結局日本にとって不利益となる」と述べた。米国議会では、輸入規制や保護主義を求める声が増していた。この後も、米国は国内の保護主義を持ち出し、日本の譲歩を引き出そうとすることになる。

それに対して田中は、「自分としては両三年内に経常収支の黒字の幅を国民総生産の一%とし、この分を対外援助にふり向けたいと考えている」と明言した。「両三年」との表現は、一九六七年一一月の佐藤栄作とリンドン・ジョンソンの共同コミュニケを想起させる。

また、事前の日本の求めに応じて、ニクソンは「日本を〔国連〕安保理の常任理事国とすることは米国の方針である」と表明した（FAX信「事務連絡」）。この後、首脳会談や共同声明などで、米国は日本の常任理事国入りへの支持を繰り返し表明していく。

日中国交正常化の了承

ニクソンは、田中との会談の半年前、一九七二年二月に訪中を実現していた。しかし、米国は中国と国交正常化をしたわけではない。他方、日本は中国との国交正常化を目指していた。田中は、「日中国交正常化により日米関係が不利益を蒙《こうむ》ってはならない。日中国交の恢《かい》復《ふく》は最終的に米国の利益とつながりうると考える」と理解を求めた（「日米首脳会談〈第一回会談〉」）。

だがニクソンは、対日接近を焦る中ソ両国を競わせる「スウィング・ポジション」を活用すべきだと主張する。これはまさしくニクソンが中ソ両国に採っていた方針である。田中のように一方的に中国寄りに傾斜することは、米国の歓迎するところではなかった。

米国の会談録には、田中の主張に対してニクソンが、「ベストを期待している」と「苦笑いをしながら述べた」とある。さらに、田中が「日米関係を見失わないことが〔中国との〕国交正常化の前提である」とあらためて強調すると、「ここで大統領は腕時計を確認した」とわざわざ記載されている（*FRUS, 1969-1976*, Document 131）。これは、田中への不満を示していると読める。この会談に同席した牛場信彦駐米大使も「会談そのものは〝顔見せ〟という感じが強く、空気としてはあまりいいものではなかった」と回想する（『外交の瞬間』）。

引き続き午後三時一〇分から五五分間、閣僚や官僚を交えた全体会合が催された。首脳会談と同時に、大平正芳外相とウィリアム・ロジャーズ国務長官が会談しており、まずはその内容が報告された。

大平は「日米の中共に対する立場、アプローチは自《おの》ずから異り、米国は対中関係を改善しようとし、わが国はこれを正常化しようとしている訳だが、それがために日米の基本的友好関係にはいささかの変化も生ずることはない」と説明した。

田中は、「私の考えを一〇点まとめて申し上げたい」と、なんと一〇点に言及した。「対中関係に関しては、先程の大平外務大臣の発言で了解たまわりたい」などとし、最後に「ニクソン大統領も来る選挙で再選されることは必至とうかがっており、再選されたら、次はワシントンでお会いしたい」と希望した。ニクソンは、「私の方から第一一点、私が再選されなければならないと付け加えなければならないようだ」と笑った（「第一回合同会談」）。

こうして米国は、日本の中国との国交正常化を一応了承した。もっとも、米国はそれを積極的に支持していたわけではない。日本がすでに走り出した以上、米国も日米安保条約の枠組みを堅持することを条件として、その動きを追認したのである（『「全方位外交」の時代』）。

この会談の約一ヵ月後の九月二五日、田中は中華人民共和国を訪問し、日中国交正常化を成し遂げることになる。その意図について田中は、「裏安保なんだ、日中（国交正常化）は」と説明する。「米とソ、日本とソ連の間にいる中国の数億の民が壁になったんだ。中国と組んだから軍事費はいまも一％以内なんだ。そうでなけりゃ三％ぐらいだ」と田中は言う。中国との関係改善は日本の安全保障にも資するという構想であり、これはもともと池田勇人が大平に言い続けたものだった。田中はそれを大平から聞いていたわけである（服部『田中角栄』）。

空手形

首脳会談後、ニクソン主催の非公式晩餐会が行われた。ディナー前、ニクソンは田中に「是非ワシントンに来られて Camp David〔キャンプ・デーヴィッド、大統領専用の山荘〕でご夫妻でウィークエンドを過していただきたい」と声をかけた。これが実現していれば、日本の首相初の同地訪問となったが、結局その機会は来なかった。

また、ニクソンは「是非ワシントンに来ていただいて、Burning Tree コース（岸元総理とアイゼンハワー元大統領がゴルフをされたところ）で、是非、田中・ニクソン対大平・ロジャーズの組でプレーすることとしたい」と乾杯の際に述べた。田中も「私は心の交流のために一年に何度でも訪米する用意はあるから、ニクソン大統領も、是非、九回、一〇回、一一回目の訪問をしていただきたい」と誘った。

ゴルフは会話を円滑にする話題でもある。だが、このゴルフも空手形で実現しなかった。ゴルフは時間がかかるスポーツであり、多忙な首脳同士が気軽にプレーできるものではない。そもそも、ニクソンは水泳やボウリングを好んだが、外務省は次のように分析していた。「ゴルフは、戸外に出ることを目的に楽しむ程度で、以前から非常に熱心であったとはいえない。現在あまりやっていない」（「昭四七．八総理訪米資料」）。

晩餐会では、日本の野党が話題にのぼった。その際に田中は、「小中学校の教員には社会党員が多いが、私は教員を多数アメリカに送ってアメリカの姿を良く理解させ、あわせてドルの流れのアンバランス是正に貢献しようと考えている」と、ユニークなアイディアも披露している（「八月三一日ニクソン大統領主催晩餐会における総理と大統領の会話〈要点のみ〉」）。

晩餐会と言えばリラックスして高級料理に舌鼓《したつづみ》をうつイメージがあるかもしれない。だが、首脳の晩餐会ともなれば、ただの親睦の場ではない。そこでは政治的な事柄について意見が交わされ、発言も記録されるのだ。

田中の「嘘」

翌九月一日午前九時から二時間一五分、クイリマ・ホテルで第二回会談が行われた。ここでベトナム戦争が話題にのぼった際、ヘンリー・キッシンジャー補佐官が「日本の新聞に本年中の和平の可能性に大統領が言及したとの報道がなされている」と述べた。そして「これは事実ではないが、この種報道が流れると北越〔北ベトナム〕との交渉に障害となり迷惑である。本会談のヴィエトナムについての討議の内容は洩れないよう御配慮願いたい」と注意を促した。

すると田中は、「自分も大平大臣も日本の新聞〔記者〕に会っていない」と自分たちの関与を否定した。「勿論《もちろん》秘密を守ることをお約束するが、米側として交渉に支障を来す危険があると思われるなら敢《あ》えて伺わなくてもよい」と言い返した（「日米首脳会談〈第二回会談〉」）。

しかし、実は前夜に大平は新聞記者と懇談をしている。そこでベトナムの話は出なかったと大平は説明しているが、キッシンジャーから見れば、田中に嘘をつかれたことになる（『秘密解除ロッキード事件』）。

その後田中は、国際興業創業者の小佐野賢治《おさのけんじ》会長が経営するレストラン「京や」へ車で移動し、日本側で内輪の昼食をとった。田中が宿泊したサーフライダーも国際興業が買収したホテルであり、それほど小佐野と田中は親しかった。両者はともに、後述のロッキード事件で起訴されることになる。

ロッキード事件の検察側冒頭陳述書によると、このハワイ会談の際に「ニクソンから日本が導入する飛行機はロッキード社のトライスターにしてもらうと有難いと言われた」と田中が言っていた、と小佐野は証言している。ただし、田中は否定しており、こうした会話を記した政府の資料は、現時点では見つかっていない（『ロッキード疑獄』）。

一九七三年七月ワシントン

この約一年後、田中は訪米する。一九七三年七月三一日午前一一時からホワイトハウスで約二時間にわたりニクソンと会談した。ニクソンは、日本が「今世紀末までには世界第一の経済大国になろうといわれている」と述べたうえで、日本はどのような役割を果たそうとするのか、と尋ねた（「田中総理・ニクソン大統領会談の模様〈要旨〉」）。

田中は「憲法上の制約もあって、核は持たないが、日本は国際社会の一員として技術、経済その他の分野で積極的に世界平和のために寄与、貢献したい考えである」と表明した。そのうえで田中は、「ハワイ会談の際、両三年で経常収支黒字を合理的規模に縮小しその過程で不均衡改善をはかりたいと述べたが、一年間でこれを達成することができた」と誇った。

「日本の対米輸出八％の伸びに比し、米国からの輸入は四九％も伸びており、数字が示すように対米輸出四三億ドル、輸入四二億ドルと均衡にきている」と具体的な数字を並べた。

これを聞いたニクソンは、「貴総理はコンピューターつきブルドーザーのあだ名があるそうだが、貴総理はこれに加えて頭脳の所有者であり、英知をもって総理となられたものと思うので、経済面での危機・対立といったものはわれわれ二人でうまく処理してゆけるものと思う」と期待を示した（「田中総理・ニクソン大統領会談の模様〈要旨〉」）。

なお、議論が進むなかで、ニクソンは「ヨーロッパ諸国は金満であり、安全保障問題に関心を持っていない」と不満を口にしている。「ヨーロッパの反抗的な（recalcitrant）友人たち」と表現する一幕もあった。それを聞いたキッシンジャーは通訳に示唆し「反抗的な」は日本語に翻訳されなかった（Memorandum of Conversation, JU01791）。

翌八月一日午前九時半から第二回会談が行われた。ここではソ連や中国などについて議論するなかで、田中は「ベトナム周辺の自由諸国は（日本のみならず豪州、ニュージーランドなども）自由世界諸国を防衛する体制を構築できるかもしれない」と示唆した。

米国の記録には、「この試案は大平外相にとってショックだったようで、大平は直ちに話題を変えた。最も難しい話題をほとんど準備せずに持ち出しがちなのは、田中首相にとってしばしばあることである」とのメモが残っている（"Second Meeting between the President and Prime Minister"）。ニクソンの発言を修正するキッシンジャーと、田中の発言をコントロールしようとする大平は好対照だった。

ウォーターゲート事件

この田中との会談の際、ニクソンはウォーターゲート事件により困難に直面していた。ワシントンのウォーターゲートビルの民主党全国委員会事務所に不法侵入して逮捕された犯人が、ニクソン大統領再選委員会のメンバーだったことから、事件は広がりを見せていく。行政当局者の一部は事件を隠蔽《いんぺい》しようとしたとしてのちに有罪判決を受けたが、ニクソンは個人的な関与を否定した。

ワシントンでの会談から約八ヵ月後の一九七四年四月七日、田中とニクソンは、ジョルジュ・ポンピドゥー仏大統領の葬儀に参列した。その折、パリの米大使公邸で一〇時半から約一時間、二人は会談した。米国以外での日米首脳会談はこれが初めてであり、日本ではまだ開催されていない。

ここで田中は、「ぜ非東京においでいただきたい」と誘い、ニクソンも「もしかしたら今年後半に」訪日する希望を述べた(「タナカ総理・ニクソン大統領会談〈大統領訪日問題〉」)。

だが、事態は大きく動いていく。ウォーターゲート事件に関連し、議会で大統領弾劾の動きが活発になってきたからだ。裁判所はニクソンに大統領執務室内の会話を録音したテープを提出させ、ニクソンの捜査妨害を示した。

なお、これまでホワイトハウスで作成された資料などの大統領関連の文書は私文書とされ、その処分は大統領や関係者に委ねられていた。だが、このウォーターゲート事件を契機に、大統領文書は公文書と規定されることになる（『アメリカ大統領図書館』）。

日本には、弾劾問題が決着するまでニクソン訪日の延期を米政府に申し入れてはどうかとの声もあった。だが、安川壮《やすかわたけし》駐米大使は、日本から延期を要請するべきではないとした。なぜか。「米国民にとって最も有力な友好国の一つとみなされている日本が米国の国内問題を理由に、大統領の来日をきひしたという印象を与えることは、米国民に対し一種のぶじょく感を感ぜしめること」になるからだ（「ニクソン大統領の訪日問題〈意見具申〉」）。首脳会談の延期を申し入れることも大きな負の象徴的機能を果たす。

結局、議会でほぼ確実にニクソンが弾劾される状況に直面し、八月八日にニクソンは翌日に辞任すると発表した。ニクソンはベトナム戦争を終わらせ、ソ連や中国との関係改善に成功したが、内政で大きく躓《つまず》き大統領の権威を傷つけた。

日本との関係では、ニクソン・ショック後、佐藤から田中へと首相が交替し仕切り直しとなったが、日々精神的に追い詰められていくなかでニクソンは田中と信頼関係を構築するのは難しかった。そもそもニクソンは容易に人を信頼する人物でもなかった。

ジェラルド・フォード

ニクソンの辞任にともない、副大統領のジェラルド・フォードが一九七四年八月九日、大統領に昇格した。フォードは、一九一三年七月一四日にネブラスカ州オマハ生まれ。両親の離婚により、保守的で信心深いミシガン州グランドラピッズで育ち、母親の再婚により改名した。母親が再婚相手と出会ったのは聖公会の教会であり、フォードも同教派である。

ミシガン大学のフットボールチームで活躍後、イェール大学ロースクールを修了して弁護士活動を始め、第二次世界大戦中は海軍中尉となった。戦後、ミシガン州の下院議員となり一三期連続当選を果たし、共和党下院院内総務などを務めた。そこで培った超党派の幅広い人脈と信頼が買われ、収賄罪が確定し辞任したスピロ・アグニュー副大統領の後を継ぎ、ニクソン政権の副大統領に就任していた。フォードが副大統領候補に選ばれるにあたって、四三〇人もの連邦捜査局（FBI）捜査官が身辺調査にあたり、一四〇〇頁の報告書をまとめた。当時米国で人気だった洗剤の名のように、フォードは「ミスター・クリーン」だった。

大統領の任期半ばで新たな副大統領に指名された初の人物であり、辞任した大統領の後任となったのも初だった。フォードは下院議長になることを目指していたが、期せずして大統領の座に就いたのである。

フォードはニクソンと同年生まれであり、努力と才能で名門大学に進んで弁護士になり、従軍して政界に転じた点でも共通していた（『大統領たちの五〇年史』）。

大統領就任からちょうど三〇日が経過した九月八日日曜日、フォードは聖公会の聖ヨハネ教会に赴いた。礼拝を終え大統領執務室に戻ると、ニクソンに対する恩赦を発表した。フォードは、宗教的な信念として自らや国が許しを示す必要があると考えていたとされる。だが、国内での反応は総じて否定的であり、フォードとニクソンの間で裏取引があったとまで噂された。フォードの支持率は一夜にして七一%から四九%へと下落する（*The Faiths of the Postwar Presidents*）。

他方で、この時期の日米関係は困難を抱えていた。一九七三年と七四年の日本の世論調査によれば、米国が「好き」と答えた人は、二年連続で一八%に過ぎなかった（『図説戦後世論史［第二版］』）。これは戦後最低であり、ベトナム戦争やニクソン・ショックを目の当たりにした日本の世論は米国に厳しかった。

そこで、米国は日米関係の立て直しに動いていた。フォードの大統領就任直後、キッシンジャー国務長官は安川壮駐米大使に、「若《も》し日本側の都合が許すならばフォード大統領としては本年一一月末または一二月に訪日してもよいとの考えであり、そうなればフォード大統領にとっての最初の外国訪問先が日本ということになるので日米関係が米国にとり如何《いか》に大事であるかを強調するのによい機会となると思う」と伝えた（「フォード大統領の訪日」）。

田中・フォード会談

米国への日本世論が厳しいなか、田中は大統領就任直後のフォードと会談するために訪米する。一九七四年九月二一日午後五時四〇分から約一時間、大統領執務室でフォードとの会談が行われた。田中五六歳、フォード六一歳である。

田中はブラジルを五日間訪問し、その後カナダを訪問する合間にワシントンを訪れていた。そこまでして渡米したかったのは、「日本の礼儀では、東京へお迎えする前に貴大統領に会うことが必要である」からだと田中は説明している。

田中は車へ歩いて向かう途中の立ち話で「貴大統領が日本を訪れる際に、一緒にゴルフをプレーすることをお誘いしたい」と述べると、フォードは承諾した（*FRUS, 1969-1976,* Document 195）。だが、このゴルフも空手形に終わった。

翌一〇月、ジーン・ラロック退役海軍少将の発言が日米関係に波紋を拡げた。核を搭載した艦船が日本に寄港する際、わざわざ核兵器を降ろすことはない、と九月一〇日の米公聴会で証言したことが明らかになったからだ。日本政府はこの事実を認めなかったものの、非核三原則違反との批判が高まった。

だが、その数日後に田中の金脈と女性関係を暴いた『文藝春秋』が発売されると、日本国内の関心は田中に移った。田中は「おれがこんなこと（金脈と女性関係）で責められるなら、核持ち込みの密約をばらしてしまえ」と逆上していたという（早野透『田中角栄』）。

「日米無風時代」の大統領初来日

それでも初の米大統領訪日に日本側の熱が入っていた。たとえば総理府予算を用いて、新聞や週刊誌に政府広報を掲載した。記事には「フォード米大統領を歓迎しましょう」と記され、フォードが愛犬とともに泳ぐ写真や、日本の主な輸出入品のなかで米国が占める割合のグラフが掲載されていた（「フォード米大統領歓迎国内広報」）。

安川大使は、一九七二年五月に沖縄返還が成し遂げられたなか、「幸いにして日米間には現在のところ首のうレベルでの交渉を必要とするような重要な二国間の懸案は存在しない」と公電に記した。当時は「日米無風時代」とも呼ばれる。これは首脳会談の実質的機能が相対的に弱まることにつながる。

そのうえで安川は、「米国の積極的なデタント政策の推進により、米ソ、米中関係が安定化してくるにともない、日米間の政治的関係は安全保障面でのひ保護者と保護者という関係から、より広い対等性を持った基ばんの上に立つ友邦関係へと発展しうる可能性がけん在化しつつある」とした（「フォード大統領の訪日〈意見具申〉」）。慎重な言い回しだが、安川の認識には、日米がいまだ対等ではないとの前提が垣間見える。

一九七四年一一月一八日午後三時半、現職の米大統領として初めて、フォードが羽田空港に降り立った。国賓としてである。フォードは大統領就任後、短時間メキシコを訪問したことがあったものの、今回の訪日が初の海外公式訪問だった。

日本の首相はこれまでに計一四回渡米していたが、第一六回目の首脳会談にしてようやく、日本での開催が実現したのである。かくして、首相が一方的に渡米する「参勤交代」の時代が終わり、まがりなりにも相互訪問の時代の幕が開いた。

翌一一月一九日に、四月に開館したばかりの迎賓館で歓迎式典が催され、フォードは昭和天皇と会見した。そして午前一一時より、日米首脳会談と昼食会が迎賓館で開催された。

フォード大統領の来日，1974年11月18日，迎賓館赤坂離宮　米大統領の初来日．ジェラルド・フォードは大統領就任後初の海外公式訪問だった．手前左から当時の皇太子，田中角栄首相，フォード大統領

会談で田中は、核兵器の持ち込み疑惑に言及した。「日本では核兵器に関して過去の経験に基づく特殊な感情がある」として、日本の事情に「理解と協力を得たい」と求めた。フォードはそれに対し、「自分はこの問題の解決につき、できるだけ協力したいと思う」と語った（「昭和四九年一一月一九日の田中総理フォード大統領第一回会談における核

問題詳録」)。

この件については、翌一一月二〇日、木村俊夫外相とキッシンジャーが話し合っている。キッシンジャーはこの問題で何らかの新たな合意が必要だとは考えていなかったが、今後の話し合いには応じる旨を述べ、木村もそれを多とした。かくして、この問題は具体的な詰めが行われることなく、田中以降の政権でも曖昧なまま処理されていく(『歴史としての日米安保条約』)。

また、フォードは、「日本が次年度に、南ベトナムの復興と再生への貢献を拡大することを希望する」と水を向けた。それに対して田中は、「ベトナムへの援助は今年より少なくなることはないと保証し、可能な限り増やしたいと考えている」と明言した("President Ford - Prime Minister Tanaka - First Meeting")。

二日にわたる首脳会談以外にもフォードは日本武道館での柔道や相撲の観戦などのイベントをこなし、一一月二一日に羽田空港から伊丹空港へと向かった。ストライキの可能性や警備上の問題が考慮され、新幹線ではなく航空機になったようである(「フォード大統領の訪日」)。過激派などの反米活動を注視せざるを得ない時代であり、実際、フォード来日時には各種団体により二八万五〇〇〇人が動員されデモが行われている。そのうち、警察庁が「極左」とする過激派は一万四九〇〇人である。最終的に「極左」二二〇人、労働組合員など六人が検挙されている(『レーガン米国大統領訪日警備』)。

フォードは一一月二一日に京都で、御所、二条城、金閣寺を訪れ、料亭「つる家」で舞妓同伴で和食を食し、都ホテルに宿泊した。翌二二日午前、フォードは伊丹空港を発ち、次の訪問先の韓国へ向かった。初の米大統領来日を見届けて、田中は二六日に退陣を表明した。

対米イメージの改善

日本の国民にとってフォード来日の象徴的機能の役割は大きく、対米イメージ改善にも寄与した。昭和天皇と会見した際、フォードの縞模様のズボンはやや短めで、歩くとくるぶしの上まで上がり、黒の絹靴下を三センチのぞかせたと報じられたが、それもご愛敬《あいきょう》だった。

田中・フォード会談後の共同声明では、「現職のアメリカ合衆国大統領による初めての日本国訪問は、両国間の親善の歴史に新たな一頁を加えるものである」と表明している。世論調査での対米感情も改善に向かい、一九七〇年代半ばには、自衛隊と日米安保体制で日本を守るべきだとの声が過半数となっていく（「自衛隊・防衛問題に関する世論調査」）。少なくとも世論のレベルで、自主防衛と非武装中立の支持はともに衰退していった。

もっとも、フォードは田中に親近感を抱けなかったようである。「われわれの関係はけじめ正しくきちんとしたものだったが、田中首相は、私にとって、気安く温かい感情を抱けるようなタイプの男ではなかった」と回想する（フォード、堀内ほか訳『フォード回顧録』）。

くわえて、キッシンジャーは田中を嫌っていた。キッシンジャーは大統領就任直後のフォードに、「田中については、話したことは何でもリークされる。彼は信じられない嘘つきであり、おそらく再選されることはない」と説明していた（Memorandum of Conversations, September 21, 1974）。キッシンジャーは大平を高く評価していたが、田中を罵《ののし》る発言は、繰り返し米国の資料に記録されている。

外務省不信の三木武夫

一九七四年一二月に田中の後任として首相に就任したのは三木武夫である。三木は、一九〇七年三月一七日、徳島県板野郡御所村（現阿波市）の農業と肥料商を営む家の長男として生まれた。歴代首相では珍しい一人っ子である。明治大学法学部では雄弁部で活躍し、ロサンゼルスのアメリカン・カレッジ（現在は閉校）への留学も経験している。明治大学卒業後に衆院議員に当選し、国民協同党委員長、逓信相、改進党幹事長、自民党幹事長、外相などを歴任した。外相時代の三木に関する米国の資料によると、「英語をよく理解するが、重要な会談の際は通訳の使用を好む」とある（"Biographic Information Takeo Miki Minister of Foreign Affairs"）。

三木は「クリーン三木」の異名をとるほど、金銭的なスキャンダルがなく、金脈が批判された田中の後任として適任だった。こうした事情はフォードと共通する。

一九七五年八月三日から七日にかけて三木は、睦子《むつこ》夫人同伴で米国を公式訪問した。八月五日午前一〇時から一時間一〇分、ホワイトハウスで首脳会談が行われる。三木六八歳、フォード六二歳である。ここでは、直前に発生したクアラルンプールでの日本赤軍のテロ事件や、国際情勢が話題となった（"President's First Meeting with Prime Minister Miki"）。日本人が海外でテロ事件を起こす時代だった。

八月五日晩、フォード主催の夕食をともにしながらの議論、ワーキングディナーが開催されたが、その前に午後七時から、フォードと三木の外交ブレーンで通訳の國弘正雄《くにひろまさお》のみを交えたテタテが開かれた。三木は田中内閣の副総理、フォードはニクソン政権の副大統領として面識があり、そもそもこの二人を引き合わせたのが國弘だったという（『歴代総理、側近の告白』）。

三木は日米関係について「貴大統領のためにできないことがあれば、私は率直に『ノー』と言う」と語った。それに対してフォードも、「もし私が賛成できなければ逆もまたしかりである。表現は抑制することを望む。表沙汰になるのはよいことではない」と応じた（"President's Tete-a-Tete with Prime Minister"）。

このテタテは当時秘密にされ、外務省にも報せていなかった。それゆえ、その内容については、さまざまな憶測を呼ぶ。だが、翌八月六日朝、フォードはキッシンジャーに「個人的な会話はたいしたものではなかった。彼は自分の威信につなげたかったのだと思う」と述べている（Memorandum of Conversation, August 6, 1975）。

この密談が象徴するように、三木は外務省に信頼を置いていなかったようだ。首脳会談の共同声明について、三木は「官僚を信頼していないので、まず私的なルートで提案し、同意を得たら外相に伝え、通常のルートで提案させる」意向と米国の資料にある。

そして、佐藤政権の密使・若泉敬のように、三木は側近の平澤和重を密使として派遣していた。平澤は一九五七年の岸訪米の際にも先行して地ならしをした元外交官である。さらに、キッシンジャーに近い国家安全保障会議（NSC）スタッフに平澤を紹介した人物は若泉だった。

秘密主義のキッシンジャーは、田中が首相だったときにも外務当局を迂回《うかい》する密使の活用を提案していたが、田中はそれに乗らなかった。対照的に三木は、この密使をロッキード事件でも活用することになる（『ロッキード疑獄』）。

翌八月六日は午前一〇時より一時間一五分ほど外相なども参加した全体会合が開催された。中東への支援について議論しているさなか、フォードは「昨年田中首相と南ベトナムへの援助のコミットメントを話したのを思い出した。貴総理は今回あまりコミットしていないように思うが」と口にした。すると、宮澤喜一外相の助言を聞いた三木が「九月に商品借款として五〇〇〇万ドルを支払い始めることになった」と応えた（"President's Second Meeting with Prime Minister Miki"）。首相が交代しようとも、コミットメントの継続をフォードは求めてきたのである。

この会談では、日米防衛協力を進めるために、新機関を設けることが合意された。ただし、その具体的な内容は協議されていない。首脳会談で細部まで詰めると、日本に圧力をかけているとの印象を持たれると米国が危惧したからだ（『日米同盟における共同防衛体制の形成』）。象徴的機能への配慮である。最終的に、翌一九七六年七月に、「日米防衛協力のための指針（ガイドライン）」などを定める研究協議機関、防衛協力小委員会が設置されることが決まる。

このフォードとの一連の首脳会談によって、三木はフォードとの個人的な関係を強化できたと確信した。これが、のちのロッキード事件で三木が直接行動に出る大きな理由となる。

共同新聞発表

従来の日米首脳会談では、会談内容や合意事項が共同声明で発表されていた。だが、この会談後の共同声明では一般的な原則が謳われ、会談の詳細は共同新聞発表という名称で発表された。これは平澤が提案し、三木や米国が受け入れたものである。

新方式によって三木は自らのカラーを打ち出そうとしたと言えようが、共同声明と共同新聞発表の二本立てにする形式は、後の日米首脳会談に引き継がれることはなかった（『三木武夫と戦後政治』）。なお、この日米共同新聞発表では、「核兵力であれ通常兵力であれ、日本への武力攻撃があった場合、米国は日本を防衛する」と公の文書で初めて明言された。

また、この訪米で三木は、駐ワシントンの記者を前に演説もした。そこで米国記者から

「大リーグのホームチームがないワシントンに東京ジャイアンツ（巨人軍）を譲らないか」という、冗談半分の質問を受けた。

三木の答えは「私も野球は大好きで……」と要領を得なかった。だが、國弘は「何でもイエスと言うと思ったら大間違い。今や日本では米国以上に野球は人気がある。強くノーと言わせて頂く」と「英訳」した。これが受けた。首脳にはユーモアも求められる。

もちろん、こうしたエピソードだけではない。この訪米に際して日本政府は、ケネディ・センター小劇場の建設資金として二〇〇万ドルを拠出し、桜の木の記念林をロサンゼルス、サンフランシスコ、シアトルの三都市に二二〇〇本贈呈する（「近年における総理訪米と贈りもの」）。一般国民の目に見える贈り物だった。

くわえて、翌九月に昭和天皇が国賓として訪米する。佐藤政権や田中政権でも構想はあったが、ようやく実現したのである。天皇の訪米は、首脳会談の象徴的機能を大きく補うものだった。

サミットとロッキード事件

一九七三年に始まった第一次石油危機などを受け、日本を含む先進国六ヵ国の首脳が、フランスのランブイエで経済問題について議論をすることになった。サミットである。この際、一九七五年一一月一五日、仏大統領主催ディナーで三木とフォードが言葉を交わし、日米の

仏ランブイエ・サミット，1975年11月15日　第1回の主要国首脳会議．以後，多国間の国際会議が増加，その場での日米首脳会談が常態化する．前列右から三木首相，シュミット西独首相，ジスカール・デスタン仏大統領，フォード米大統領，ウィルソン英首相，モロ伊首相

経済の現状などについても意見交換をした。翌日も午餐会で日米両首脳は会話をしている。

多国間外交が活発になるにつれ、日米の首脳が顔を合わせる機会が増えていく。ただし、今回は「首脳会談」としてセッティングされた二国間会談ではなく、外務省の資料は「こん談」と表記している（「三木総理・フォード大統領こん談〈仏大統領主催ディナー〉」）。

サミットの翌一二月、フォードは「新太平洋ドクトリン」を発表した。ニクソン・ドクトリンに区切りを付け、米国のアジア関与を明確化した宣言である。

年が明けた一九七六年、日本ではロッキード事件により政局が大きく動いた。二月四日に米国上院外交委員会小委員会で、ロッキード社が航空機売り込みのため各国に違法な政治献金を行ったことが明るみに出たからだ。そこには日本の政府関係者も含まれていたとの証言が飛び出す。

真相究明に意欲を示した三木は米政府に資料提供を求めたが、米国の腰は重かった。他国への影響に配慮し、資料提供や事件に関わった政府高官の公表に消極的だった。

だが、二月二三日には、衆参両院が米国上院・政府に対して資料提供を求める決議を可決する。翌日、三木は資料提供や氏名公表を求める書簡をフォードに送付した。それと同時に、キッシンジャーを説得すべく、今回も平澤和重を密使として派遣した。

フォードが非公開を条件として資料の提供に合意すると、三木は再びキッシンジャーのもとに平澤を送った。政府高官に田中が含まれると確信を持っていた三木は、日本の元首相が事件に関与していないかを極秘に知らせるように打診したのである。

さらに、その回答によっては、ロッキード事件に関与したか、その関与者を支持するか否かで政治家をふるいにかけ、政界再編をすることを提唱し、キッシンジャーに協力を求めていた。しかし、この野心的な提案に国務省が乗ることはなかった。日本の保守政党による安定した政権の継続を米国は望んだからである（『三木武夫と戦後政治』）。こうした三木の動きは、三木退陣を迫る「三木おろし」を誘発することになる。

この四ヵ月後の六月二七日と二八日に、米国プエルトリコのサンファンで、第二回サミットが開催された。カナダがくわわり七ヵ国となり、ここにG7が固まる。

このサミットは日米首脳会談にとっても契機だった。なぜなら、サミット前後に首脳会談が開催されることが恒例となっていくからである。これは、活発になる多国間外交が、二国間外交に取って代わったわけではないことも意味する。むしろ、サミットを補強するために日米首脳会談が定例化されたことで、二国間会談の役割は強化されたのである。

サミット後の六月三〇日午前一〇時半より一時間、ホワイトハウスで日米首脳会談が行われた。三木は「ロッキード問題は日本政治の信用性を快〔回〕復する上で重要であり、また日米関係を傷つけることがあってはならないと考えている」と表明した。それに対してフォードは「公正な解決のため協力をしていきたい」と述べた（「三木総理・フォード大統領首脳会談」）。

この約一ヵ月後の七月二七日、田中前首相が外為法違反で逮捕される。その後一審と二審で有罪判決を受け、公判で有罪判決を受けた唯一の首相経験者となった。なお、上告審の審理途中の一九九三年一二月に田中が死去したため、公訴棄却となっている。

ロッキード事件をめぐり自民党は傷を負い、一九七六年一二月の衆院選で敗北を喫した。三木はその責任を取り退陣する。

2　ガイドラインと「同盟関係」
——福田・大平・伊東・鈴木とカーター、レーガン

福田赳夫とジミー・カーター

三木の後継として一九七六年一二月末に福田赳夫が就任した。翌月の一九七七年一月にはフォードの後を受けて、ジミー・カーターが大統領に就任する。

福田は、一九〇五年一月一四日、群馬県群馬郡金古町（現高崎市足門町）に、祖父や父、兄が町長を務める名望家の次男として生まれた。神童の誉れ高く、東京帝国大学法学部卒業後トップで大蔵省に入省し、ほどなく在英日本大使館へ派遣された。

当時は世界恐慌のただなかであり、第二次世界大戦へと向かううねりをロンドンで目の当たりにした。この体験から戦後、福田は国際協調の重要性を繰り返し強調することになる。

政界入りした福田は、岸信介や佐藤栄作に重用され、自民党幹事長、農相、蔵相、外相、副総理、経企庁長官などを歴任する。佐藤の後継者と目されたが、自民党総裁選で田中角栄に敗れた。一九七六年一二月、齢七一にしてようやく首相の座に就いた。

カーターは、一九二四年一〇月一日にピーナッツ農家の四人きょうだいの長男として、ジョージア州プレーンズで生まれ育った。なお、病院で生を享《う》けた初の大統領である。読書好きで、好奇心旺盛だった。

米海軍兵学校を卒業し、大西洋と太平洋の艦隊で潜水艦員として勤務した。このときカナダの試験原子炉事故の処理に携わり、少量ながら被曝している。そのためカーターは原子力に一家言ある人物となる。一九五三年に父を亡くした後はジョージア州の農場を引き継ぎ、種子と農業用品の会社を経営した。その後、同州の民主党上院議員や州知事を歴任する。

大統領選でカーターは、「ジミー・フー（ジミーって誰）？」と揶揄《やゆ》された。それほど中央政界では無名の存在だった。むしろ、ベトナム戦争やウォーターゲート事件とも無関係のアウトサイダーであることこそが、カーターの武器だった。この後も、ロナルド・レーガン、ビル・クリントン、ジョージ・W・ブッシュと、中央政界から距離があることを売りにする州知事出身の大統領が誕生していく。

カーターは外交経験がほとんどなかったが、一九七四年に民間の政策協議グループの日米欧三極委員会に参加したことで、コロンビア大学教授のズビグニュー・ブレジンスキーらとの人脈を築いてきた。

カーターは洗礼を重んじる南部バプテストの敬虔な信徒で、教会の日曜学校で教師も務めていた。いわゆる福音派であり、それまでのほとんどの大統領が属していたプロテスタント主流派とは異なる。福音派は多様だが、概して聖書の言葉をきわめて重要視するところに特徴がある。さらに、霊的に生まれ変わったという自覚、つまりボーン・アゲインの経験を強調する。カーターは信仰について率直かつ頻繁に語り、自らがボーン・アゲインと公言した。

一九七六年の大統領選でカーターは福音派の票を勝ち取り、フォードを破った。福音派の民主党票は前回の大統領選から倍増し、当選の帰趨《きすう》を決める力を持ったと言える。ただし、福音派という言葉は当時あまり知られていなかった。そのため、『ニューズ・ウィーク』誌は、福音派の政治的台頭に驚き、同年を「福音派の年」と名づけている（『アメリカの福音派の変容と政治』）。福音派の人びとは、南部を中心に、宗教的に保守派だが政治とは無関係に暮らしてきた。だが、一九六〇年代以降の米国社会や道徳の変化、とくに人工中絶や麻薬、同性愛などに危惧を抱き始め、次第に政治活動に関わるようになっていく（『大統領たちの五〇年史』）。

初の電話会談

福田はカーターが大統領に就任する一週間前、一九七七年一月一三日に電話で会談した。首相と次期大統領との初の日米電話会談だ。これ以降、首脳就任時の電話会談は慣例化する。

外務省の記録には、この電話について「挨拶を交換した後、互いに、日米友好協力関係の維持増進に努める旨述べるとともに国際経済情勢、主要国首脳会議及び総理訪米（時期については触れない）等双方に共通の関心がある問題について一般的な形で話し合ったものである」と記されている（「カーター次期大統領の福田総理に対する電話連絡」四七号）。

だが、これは会談の五日前に公式発表用に作成された公電である。すなわち、二人の実際の発言よりも、電話会談開催を公表すること自体に重きが置かれたわけだ。実質的機能よりも象徴的機能が重視されたと言える。

では、この電話会談はどのような経緯で開催されたのだろうか。

一月五日、サイラス・ヴァンス次期国務長官の特別補佐官ピーター・ターノフより、駐米日本大使館経由で、カーターが福田と直接電話で話をしたいとの申し出があった（「カーター次期大統領のフクダ総理に対する電話連絡」一二三号）。形式は逐次通訳となったが、当時の日本側の電話は「（盗聴される可能性等）機密保持が完全に確保されているとはいえない」ものだった（「カーター次期大統領の福田総理に対する電話連絡」一二五号）。

カーターは英国、西ドイツ、フランスの首脳とも就任にあたって電話をすることになり、時差の関係で日本は最初の電話会談だった。

電話会談に備える福田，1977年1月13日，首相官邸
ジミー・カーターと福田赳夫の間で電話会談が行われた．以後電話会談は日常化する

電話会談の開催についてターノフは、他国の首脳との電話連絡が終わってからまとめて公表したいとした（「カーター次期大統領のフクダ総理に対する電話連絡」一四四号）。だが、福田との電話から最後の仏大統領との電話までは、約一日の時間がある。そのため日本は、挨拶を中心

とする連絡の事実を一日近くも秘匿すれば、無用の憶測を招くおそれもある、と早期発表を申し入れた（「カーター次期大統領の福田総理に対する電話連絡」四六号）。こうしたタイミングで、先ほどの予定稿が作成された。

だが、カーターは突然、電話連絡を行う予定などをAP通信に発表してしまう。ターノフは日本側に謝罪した（「カーター次期大統領のフクダ総理に対する電話連絡」七〇号）。こうした事態は今後も繰り返されることになる。

AP通信をとおして周知となるなか、いよいよ日本側の電話が鳴った。

「こちらジミー・カータ〔ママ〕です。お話しする機会を得て幸甚です。一九七五年にもお会いしました」とカーターは語りかけた。カーターはまだ大統領に就任していなかったため、ホワイトハウスではなく米国の迎賓館にあたるブレアハウスから電話をかけていた。

それに対して福田は、用意した英文を読み上げた。「まず最初に米国大統領当選を心からお祝いします」。そのうえで、「カーターさん、私は日本語は非常に上手なのですが、英語はそれほどうまくありませんので、通訳を使いたいと思います」とユーモアを交えて述べている。

会話のなかでカーターは「総理に対しては、米国訪問の招待を今、この電話を通じて表明したい」と発言した（「福田総理・カーター次期大統領電話会談〈記録〉」）。

福田・カーター会談

カーターの誘いを受け、福田の訪米が計画される。池田勇人とジョン・ケネディ同様、両者ともに初の日米首脳会談である。

福田の回想によると、この訪米は「日米関係をきちんと固めておかなければ外交基盤の強化拡大はできないという認識に基づいて」いたという。福田が掲げた「全方位平和外交」は、米ソ双方に対して等距離の姿勢をとるものではないかとしばしば批判された。だが、それはあくまでも日米関係を基軸としたものだった（『回顧九十年』）。

福田赳夫とジミー・カーター，1977年3月21日，ワシントン　この日，報道陣に米国は日本の国連安保理常任理事国入り支持を表明

実際、福田は準備に熱を入れた。会談について福田は、従来のように事務的にセットされた発言要項を提示されることは適当でないとした。したがって、福田は勉強会を開き、外務官僚と一緒に検討していくことになる（「日米首脳会談の準備について〈一〉」）。

福田は、三月一九日から二五日にかけて長女を同伴し米国を公式訪問した。カーターの大統領就任後、福田は四人目にあたる首脳の米国国賓ないし公式訪問だった。

三月二一日午前一一時から日米首脳会談が実施された。冒頭三〇分間はテタテであり、その後一時間が外相などを含めた全体会談である。福田七二歳、カーター五二歳と、二〇歳の年齢差があった。「ザックバランな雰囲気で行われ」、「カーター大統領も終始ニコニコと微笑をたやさ」なかったと外務省の記録にはある（「福田総理・カーター大統領第一回会談」）。

ここでカーターは、会談の目的をシステマティックに三点説明した。第一に日米関係の緊密さを世界に示す。第二に日米間ですでに基本的に合意をみている諸問題については、日米両国が今後世界のためにいかに寄与しうるかを探求する。第三にまだ意見の一致をみていない諸問題については、意見の一致をみるか、または後日通常の外交チャネルを通じて引き続き協議する。福田は「全く同感」と応じた（「総理訪米〈第一回首のう会談〉」）。

夜七時半より約二時間二〇分、カーター主催のワーキングディナーが開催された。食後に報道関係者を前にしてカーターは、「日本は国連安全保障理事会常任理事国になって然《しか》るべきである」と表明した（「カーター大統領主催ワーキング・ディナーの模様〈メモ〉」）。もっとも、これはカーターの思いつきではなく、事前に日本側に伝えられていた発言である。

核再処理とテレビ

翌三月二二日午前一〇時より約一時間半、第二回首脳会談が行われた。カーターより核不拡散と使用済み核燃料の再処理について「再処理を一切行わないとの方針については、先ず米国が率先してこれに従い、次に日本のみならず全ての諸国もこれに従うよう、各国との政府間協議を通じて事を運びたい」との発言があった。

だが、福田は賛同しなかった。「既に再処理を行なっている英国や西独については引き続き再処理を容認し、日本のように近い将来再処理をはじめようとしている国に対しては、これを認めないということであれば、これは差別であり、問題である」と苦言を呈した（「総理訪米〈第二回首のう会談〉」一三〇四号）。本件は事務レベルを中心に検討されることになり、半年後の九月、米国は茨城県東海村の核燃料再処理施設の稼働に同意する。

ほかにも日米貿易の不均衡が議論され、日本から米国に輸出されるカラーテレビについて、カーターは踏み込んだ発言を行った。前年度は二七〇万台だったものを「カラーテレビのでんじょうとしては、二五〇万台という数字はどうか」と具体的に提案したのだ。

それに対して福田は言質《げんち》を与えず、「先程貴大統領が言及された二五〇万という数字が、今次首のう会談で話題になったことが公けにされると、今後日米間で本件について話し合いを進めるうえで大きな障害となり得るので、極秘にしていただきたい」と求めた。

カーターは、「二五〇万という数字は、〔フレッド・〕バーグステン財務次官補代理が日本側（通産省）から入手した数字であり、その数字自体は相当高いものであり、かつ日本側のいわば、第一次案に米側がすんなりと応じたことが公けにされると、自分としても下手な交渉当事者であるとの批判を米国内からまねきかねないので、（わらい）、自分としてもこのことは極秘扱いにしたい」と述べた（「総理訪米〈第二回首のう会談〉」一三〇六号）。

だが、同日夕刻、トーマス・シュースミス駐日公使が東郷文彦駐米大使に次のように伝えている。二五〇万台という数字は「米政府内で検討して固ったという性質のものでは全くな」く、「今のところ米政府部内では全くばらばらで本件について意思統一の準備はできていないのが実情」だった（「テレビ対米輸出に関する大統領発言」）。

摩擦と「同盟関係」

一九七〇年代後半以降、米国の高金利・ドル高政策を背景として、日本の輸出が米国からの輸入を一層上回っていく。カラーテレビ、鉄鋼、自動車などの重工業などは、地域的に集積して工業地帯を形成する場合が多い。そのため各産業の不振は、しばしば地域経済の衰退へとつながった。米国の政治家は支持基盤たる地域の企業や住民の不満を無視できず、連邦議会を中心として、日本に対する姿勢も厳しさを増していった（『通商産業政策史二』）。

米国では、日本ばかりが利益を享受していると不満が募っていたのである。これは、日米が対等ではないとの不満だが、日本での議論とは反対に米国が損をしているとの認識だった。

なお、この訪米の際、福田はワシントン駐在記者を前にした演説で、スピーチの原稿を日英両文で配布した。そこで日米は「同盟関係」にあると明記された。福田はこの原稿を読み上げることはなかったが、管見の限り、首相の言葉として日米を「同盟」と公に表現したのはこれが初めてである。

福田とカーターは会談を重ねていく。この二ヵ月後、ロンドン・サミットの機会に、五月七日午後三時より英首相官邸で約二〇分会談した。さらに翌日、ジェームズ・キャラハン英首相主催の昼食会の直後にも、二人は約一〇分間個別会談し、核燃料再処理などについて言葉を交わした。なお、福田より「本件については、立ち話程度であり電報にする必要はないとの指示」が外務官僚にあった（「福田・カーター会談〈II〉」）。だが、それでも記録は残されているものである。

翌一九七八年四月三〇日から福田は米国を公式実務訪問し、ホワイトハウスで日米首脳会談が行われた。五月三日に約一時間テタテが、四五分間全体会談が開かれた。その二ヵ月後にも、ボン・サミットの合間を縫って、七月一六日に約二〇分間の会談を行っている（「主要国首のう会談〈総理・カーター大統領会談〉」）。

大平正芳

福田政権は順調に見え、一九七八年一一月の自民党総裁選でも下馬評では福田の続投が有力視されていた。だが、福田は敗れ、田中角栄の支援を受けた大平正芳がその後を襲った。

大平は一九一〇年三月一二日、香川県三豊《みとよ》郡和田村（現観音寺市）の農家に、八人きょうだいの三男として生まれた。一〇代のときに長老派の観音寺教会でキリスト教の洗礼を受けている。東京商科大学（現一橋大学）を卒業後、大蔵省に入省。池田勇人に見出されて政界入りし、官房長官、外相、通産相、蔵相、自民党幹事長などを歴任した。

大平は、飢餓状態になりかけた占領期の日本を米国が援助したことについて感謝の念を持っていた。さらに、大平は池田内閣の官房長官の頃から、大磯に隠棲していた吉田茂を訪ね、対米機軸の姿勢を吉田から意識的に継承していた（服部『大平正芳』）。

ブレジンスキー国家安全保障問題担当大統領補佐官がカーターに宛てた大平の人物評が残っている。「大平は典型的な日本の首相のように見えるし実際にそうである」。だが、「一皮むけば、大平はもっとも伝統的ではない日本人である。敬虔だがきわめて内向的なクリスチャンであり、強い信念と情を持ち合わせた人物である」と評していた。くわえて、「大平はこれまでの役職すべてで、〔米国と〕親密な関係を構築しようと尽力してきた」と分析している（"Your Meeting with Masayoshi Ohira, Prime Minister of Japan"）。

大平の首相就任の翌日、一九七八年一二月八日午前一〇時にカーターとの電話会談が実施された。カーターは、「御記憶かどうか分らないが、私は一九七五年に訪日して、貴総理より丁重なおもてなしを受けたことを感謝している」と述べた。それに対して大平は、「一九七五年に大蔵大臣室で楽しい会話を持ったのを鮮明に覚えており、感謝している」と語った。最後に大平は、英語で「大統領に感謝申し上げる。大統領のご健康とご活躍をお祈り申し上げる」と言うと、カーターは「総理は英語がお上手だ」と応えている（「大平総理とカーター大統領の電話会談」）。

「同盟国」との表現へ

その約五ヵ月後に大平は、志げ子《しげこ》夫人と長女同伴で一九七九年四月三〇日から米国を公式訪問した。五月二日、両首脳はホワイトハウスで再会を果たした。大平六九歳、カーター五四歳である。

このときの歓迎式で、大平は「同盟国であるアメリカ合衆国との緊密で実り豊かなパートナーシップを通じて日米両国は、遂行すべき重大な任務を共有しております」と述べた（『永遠の今』）。首相が日米の公の場で「同盟国」という表現を口にしたのは、これが最初である。

カーターは、大平の自伝 *Brush Strokes*（『私の履歴書』日本経済新聞社、一九七八年の英訳）を読んで「感めいを受けた」と述べつつ、自著 *Why Not the Best*（『なぜベストをつくさないのか』）などを進呈した。

その後カーターは、「日本がその重要な責任に見合ってアジア及び世界において次第に指導的役割を果されるに至って、日米の関係は以前より平等なものになってきているものと思う」と述べた。すると大平は、「日米関係をより平等なパートナーシップとして行くべきであるとの点は同感である。戦後、両国関係はVERTICAL〔垂直的〕なものからHORIZONTAL〔水平的〕なものへと発展してきたが、未だ完全に平等であるとは言えない」と語った。

また大平は、「ユーラシア大陸のかたわらで日本列島が米国にとってのいわば不ちんの航空ぼ艦としての機能を、より少い経費で果たすようにすることが自分の任務と考えている」とも言及した。のちに中曽根康弘がメディアとの朝食会で「不沈空母」発言をし物議を醸すが、大平はすでに首脳会談で発言していた。

一九七八年一一月には日米防衛協力のガイドラインが策定され、共同訓練が本格化する。「人と人との協力」の要素も限定的ではあるが取り入れられるようになり、こうした日本の役割をカーターも評価していた（「総理訪米〈第一回首のう会談・政治問題部分〉」）。

修正されるカーターの発言

日米首脳会談では、経済問題についても言葉が交わされた。カーターは、「問題を列挙すれば、電信電話設備の入さつ、石たん、ぎゅうにく、かんきつ、たばこ、ひ料等がある」と例示した。大平は、日米貿易収支および経常収支の均衡化について、「日米間の収支もいちじるしく改善されてきていることは数字が示している」としつつ、「しかし、自分としては当面の数字ばかりPLAY UP〔強調〕するつもりは無い」とも述べた。

するとカーターは、「総理のちち上をだましたさとうキビ商人とは違い、われわれは正確なはかりを使っている」と言い、閣僚たちに大平の著書のエピソードを紹介した（「総理訪米〈第一回首のぅ会談経済問題部分〉」）。勤勉なカーターなら実際に読んでいても不思議ではない。

会談は順調に進んだように見えたが、終了後に再び米国がカーターの発言を修正したいと申し入れてきた。カーターが牛肉、柑橘《かんきつ》を挙げたことについて、「ぎゅうにく及びかんきつは日米間の交渉で解決済みであり、これを例として挙げたのは誤りである」と訂正したのである（「総理訪米〈第一回首のぅ会談、経済部分〉」）。

その後、カーター夫妻主催の晩餐会がホワイトハウスの記者室の屋上で催され、子豚やバッファローのもも肉などが供された。ブラックタイ着用の型破りなバーベキューだった。

この訪米では、ワシントン・ポスト社主のキャサリン・グラハムとの朝食会も外務省が設定し、同紙の記事とするよう手はずを整えた（『「地球社会」時代の日米関係』）。これは米国民を対象にしようとした働きかけであり、大平訪米に際して、象徴的機能にも力を入れたことがわかる。こうしたグラハムとの朝食会は中曽根政権でも踏襲されていく。

カーター来日

翌月の六月二八日と二九日には、第五回サミットが初めて東京で開催されることになっていた。もちろんカーターの来日も決まっていた。

当初米国はカーターの訪日について一日半の日程を提示した。だが、フォードが四泊五日だったため、「極めてクールとの印象を与えかねず好ましくない」と日本側は考えた（「カーター大統領の訪日問題」）。大統領訪日は前例と比べられる対象となっていたのである。最終的には今回も四泊五日となった。

東京サミット四日前の六月二四日午後、カーターは羽田空港に国賓として到着した。ロザリン夫人と一一歳の末娘エイミーも同行し、初の家族同伴の米大統領来日となった。なお、迎賓館がサミット会場として使用されたため、カーター一家は米国大使公邸に宿泊している。

翌六月二五日午前一一時一五分から一時間三五分、首相官邸小食堂で第一回首脳会談が開催された。議題の一つはインドシナ難民である。一九七五年にベトナム・ラオス・カンボジアが社会主義体制に移行したことを受け、これら諸国から流出する難民が急増していた。

カーターは、「この問題についての責任は、米国のみならず、広く諸国が分かち合うべきであると考える」と述べた。それに対して大平は、難民の受け入れを進めつつあるが「多くは出来難い」として、関連する施設への「思い切った財政支援を行ない日本自身が置かれた立場より、積極的努力を行なって行きたいと考えている」とした（「大平総理・カーター大統領第一回会談」）。

その後、午後三時一一分から園田直《そのだすなお》・ヴァンスの外相会談が開かれた。このときの「オフ・レコ」のやりとりの記録が残っている。

国連難民高等弁務官事務所（UNHCR）のインドシナ難民救済資金について、園田は「現在日本側としては、難民援助のための資金分担を1／3にするか1／2にするかを考えているところである」としたうえで、「私は、外務大臣として、是非1／2を分担したいと考えている」と述べた。「そこで、お願いがあるのであるが、私を助けるために、明日大磯で総理と大統領が散策される際に、大統領より総理に対し、〝米側としては、難民の受け容れを二倍にするので、日本側も資金分担を増やして頂きたい。〟旨耳打ちするよう、大統領に働きかけて頂けないだろうか」と依頼した。

それに対してヴァンスは、「大統領に耳打ちしましょう」と笑いつつ承諾した（「園田―ヴァンス会談〈オフ・レコ部分概要〉」）。国内政治上の梃子として、「外圧」が演出されたわけである。

実は米国は事前に官僚レベルで、日本のUNHCRへの拠出を四分の一から二分の一に倍増する案を日本に持ち掛けていた。米国内でもインドシナ難民問題への関心が高まっていたのだ（『「地球社会」時代の日米関係』）。

大磯会談とタウンミーティング

六月二六日午前一〇時から一時間半、神奈川県大磯町の旧吉田茂邸で、第二回首脳会談が

大平正芳とジミー・カーター，1979年6月26日，神奈川県大磯町の旧吉田茂邸
東京サミット前の日米首脳会談．東京を離れたワイシャツ姿は寛いだ雰囲気を演出した

行われた。

大平は、「吉田総理は戦後日本の第一級のステーツマンであり自由主義を信奉し、米国との友好関係を最重要視し、体は小さいが肝は大きく、勇気とユーモアを兼ね備えた人物であった」と回想した（「大平総理・カーター大統領第二回会談」）。先述のとおり、大平は対米機軸の姿勢を吉田から引き継いでいた。

会談後、インドシナ難民問題についてまた話し合いたいとカーターが誘い、大平も承諾した（「六月二六日大磯旧吉田邸午餐会における大平総理・カーター大統領発言」）。その後日本側は調整し、インドシナ難民の資金は二分の一への倍増が決まる。

翌六月二七日にカーターは、一八五四年の日米和親条約によって初めて開港した静岡県下田市を訪れ、市民とタウンミーティングを行った。この様子はＮＨＫなどで生中継されたのみならず、米国にも衛星中継された。

会場に向かう途中、カーターは車のサンルーフから姿を見せ、沿道の歓迎者に手を振った。こうした行動は、警備上問題があることから、静岡県警は事前に了解していなかった。「極左」暴力集団は「首脳会談粉砕」を呼びかけ、日本赤軍が主要国首脳会議に焦点をあわせて、在外公館の占拠やハイジャックなどを行うことが危惧されていた。政府の外交姿勢に批判を強めていた右翼による、要人襲撃や大使館侵入なども懸念されていた（『カーター米国大統領下田訪問警備の記録』）。最終的にカーター来日に際して、反米活動は各種団体の動員により二万一〇〇〇人弱が行ったとされる（『レーガン米国大統領訪日警備』）。

当時、米国は日本への懸念も持っていた。革新勢力による中立化や保守派による軍事大国化によって、西側同盟から離反するのではないか、あるいは、自由貿易の原則に反する経済大国になりつつあるのではないかといったものである。だが、一九七〇年代後半には、主に官僚レベルで日米の政策協調が深化していった。この時期、日本は西側同盟国であり、市場経済国であり続ける意思を示していた（『「経済大国」日本の対米協調』）。

ソ連のアフガニスタン侵攻

一九七九年の終わりに世界は大きく動揺する。一二月二七日にソ連がアフガニスタンに侵攻したのである。同年には、イランの米国大使館で米国人が人質になる事件も発生しており、世界情勢は緊迫した。時代は「新冷戦」と呼ばれるようになっていく。

それまでカーターはソ連に協調的だったが、アフガニスタン侵攻を受けて対決姿勢を打ち出すとともに、同盟国や友好国にも協力を求めた。むろん日本も例外ではない。

一九八〇年五月に大平とカーター間で設定された日米首脳会談での懸案は、日本の防衛費の増額である。自衛隊の費用の見積もりである「中期業務見積もり（中業）」を前倒しで実施するかが争点となった。ただし、これは国防会議や閣議決定を経ない防衛庁の内部資料との位置づけだった。

事前の実務者レベルの会合では、日本は米国が中業前倒しを首脳会談でとりあげるとしても、この問題に関心を有しているという程度にとどめることが賢明であると主張した（「総理訪米〈防衛問題〉」一六二六号）。それに対して米国は、「現下の状況からしてこれに触れないですますことはどうしても不可能と思う」と、両者の意見は平行線をたどった（「総理訪米〈防衛問題〉」二八四二号）。

さらに、日本側でも一悶着があった。首相訪米には、一九七二年と七四年以降、大蔵省と通産省がそれぞれ随行していたが、この訪米では経済企画庁が調整局長を同行させることを「強く要求」したからだ。議題にイランとの経済関係、インフレーション、サミットと、経企庁所管事項が含まれていたことがその理由だった。だが、外務省は今回の首脳会談は二時間のみで、イランとアフガニスタンが中心テーマであるとして反対した。

経企庁の要求に応じられないのには、外務省なりの思惑があった。過去一七回の首相訪米のうち、経企庁の職員も一九七八年と七九年には同行していた。ただそれは経済問題が首脳会談のメインテーマとなったときのみだった。「今回ほど明白に政治的問題にウエイトがある首脳会談に企画庁を入れれば将来排除することは不可能」となるため、外務省としても強く抵抗したのである。もしここで経企庁を入れると「他の省庁が増える歯止めがなくなる」恐れもあった。

結局、今回随行するのは、大蔵省、通産省、農水省の各局長となった（総理訪米訪加〈企画庁参加問題〉」）。

一九七〇年代後半頃から、日米関係では外務省や国務省だけでは対処できない問題が増加していた。外交が多元化するにつれて、対外交渉とは関係の薄かった他省庁も交渉に関与するようになり、外務省との摩擦が生まれていたのである。

「共存共苦」

一九八〇年四月三〇日、大平は訪米した。夫人や息子夫妻も同行した。

五月一日正午より、昼食会を含めて二時間一〇分、ホワイトハウス閣議室で大平はカーターと会談した。カーターは、「イラン問題及びアフガニスタン問題につき日本は、総理の強力かつ果敢なリーダーシップの下で、同盟に率先して対応してくれた。これは他の同盟国の範となるものであった。感謝する」と礼を述べた（「日米首脳会談〈昼食を共にしながらの会談〉」）。米国にとって日本が「同盟国」であることはもはや自明だった。
大平はイラン問題とアフガニスタン問題で苦境に陥っていたカーターに、「私としても、共存共く《〔苦〕》の立場から、く労を分ちあわねばならないと考え、ＥＣ〔欧州共同体〕諸国と相はかりながら米国支持の立場で努力している次第である」と語った（「総理訪米〈首のう会談・国際情勢〉」）。もちろん、これだけでは終わらない。カーターは、「石油供給、アジア情勢等の面での新しいきょういにかんがみ、既に日本がたてられている計画がより早く完了されれば、日米双方にとって有益であると考える」と表明した。防衛庁の中業の前倒しに言及したのである。

大平は、「防衛庁の計画を前倒しするか否かについては、米国とも協議しつつ検討して対応を考えて行きたい」と語り、言質を与えることは避けた（「総理訪米〈首のう会談、防衛問題〉」）。日本の世論は反軍事的な風潮が強く、かつ財政赤字が問題視されるなかで、防衛費の急速な増額は困難だった。

それでも大平は、「我々としては同盟国として何をやるべきかという点につき、これから真剣に検討していく。その際、同盟国として米の期待をも念頭において真剣に検討していく」と、「同盟国」との表現を用いて決意を語った。

当時、国際情勢は厳しかったが、記録からは和やかな雰囲気も伝わってくる。エネルギーに関連して、米国通商代表部（ＵＳＴＲ）のルービン・アスキュー代表が「米（コメ）をアルコール燃料にしたらどうか」と述べると、大来佐武郎《おおきたさぶろう》外相が「それは余りに高すぎる」と言った。するとカーターは「米は酒にした方が良い」とジョークを飛ばした（「日米首脳会談〈昼食を共にしながらの会談〉」）。

伊東正義とカーター

その後、日本では自民党内での抗争が激化し、衆参同日選が実施される。そのさなかの五月三一日、大平は心臓の虚血性疾患のため虎の門病院に入院した。一時、メディアと会見できるほどに快復に向かっていたが、六月一二日に急性心機能不全のため七〇歳で世を去った。犬養毅以来、四八年ぶりの現職首相の死去である。

七月九日には内閣・自民党合同葬が日本武道館で執り行われ、カーターも日本滞在一泊の強行軍で急遽参列した。その後、午後五時五〇分から一〇分間、迎賓館で首相臨時代理の伊東正義《いとうまさよし》と会談を行っている。首相臨時代理と大統領の日米首脳会談は、二〇二四年現在までこの一回だけである。

カーターは、「葬儀に参列したのは日本との友好、同盟関係の重要性と、故大平首相の個人的友情関係のためだ」と大平の死を悼み、伊東は来日に感謝の意を表した。カーターは日記に大平を気に入っていると記しており、「わが国とのより強い関係を築くべく尋常ではない政治的重圧と闘った、日本のクリスチャンの指導者」と評している（*White House Diary*）。

カーター大統領の弔問，1980年7月9日，羽田空港　大平正芳首相の葬儀参列のため来日．雨のなかの声明発表．このとき華国鋒中国首相とも会談，弔問外交が行われた．右はマイク・マンスフィールド駐日大使，左は伊東正義首相臨時代理

夕刻には迎賓館でレセプションが開かれ、カーターは次期首相就任が確実視されていた鈴木善幸《ぜんこう》とも言葉を交わしている。さらに、翌七月一〇日午前八時過ぎから一時間一五分、ホテルオークラで、華国鋒《かこくほう》中国首相と会談した。前年一月の国交樹立後初の米中首脳会談である。こうした弔問外交も行われていた。

鈴木善幸とロナルド・レーガン

鈴木善幸は一九一一年一月一一日、岩手県下《しも》閉伊《へい》郡山田町で網元の家に生まれた。戦後唯一の東北出身の首相である。農林省水産講習所（現東京海洋大学）卒業後、大日本水産会に入った。日本社会党から衆院議員に当選し、その後民主自由党・自由民主党に所属を変えている。大平が率いた宏池《こうち》会の「大番頭」を務め、官房長官、厚相、農林相、自民党総務会長なども歴任した。とくに総務会長は通算八期も務め、党内の調整役として定評があった。激しい権力闘争で疲弊した自民党を立て直すべく、一九八〇年七月に首相に就任する。

だが、鈴木には外交の経験はほとんどなかった。それゆえ海外での知名度は低く、カーターになぞらえて、「ゼンコー・フー?」とも報道される。

他方、米国でも政権交代が起きる。共和党のロナルド・レーガンが一九八〇年一一月の大統領選で四八九の選挙人票を獲得し、現職大統領で民主党候補だったカーターの四九票に対して圧勝した。

レーガンは一九一一年二月六日、イリノイ州タンピコの貧しい家庭に生まれた。鈴木と同年生まれである。当時史上最高齢の大統領の誕生と話題になったが、それでも六九歳だった。ユーレカ大学で経済学と社会学を学び、フットボールチームでプレーした。卒業後は、ラジオのスポーツアナウンサーとなり、その後ハリウッドで契約を獲得し、二〇年間で五三本の映画に出演している。もともとは民主党員だったものの、リベラル色を深める民主党に愛想をつかし共和党員に転向している。一九六六年にはカリフォルニア州知事に選出され、四年後に再選を果たした。

アイルランド系の父はカトリックだったが、レーガンは母親と同じくプロテスタントの一派ディサイプルス派で育った。のちにカリフォルニア州のベルエア長老教会の礼拝に出席することが多くなる。

これらの教派は一般的には福音派に分類されない。だが、レーガンは福音派の特徴であるボーン・アゲインを自認していた。さらに、レーガンの言葉遣いには福音派の影響が強く認められる。主流派では「キリストのことを知っている（know about）」と言うが、福音派ではより直截《ちょくせつ》に「キリストを知っている（know）」と表現することがある。レーガンは後者の表現を用いていた（*The Faiths of the Postwar Presidents*）。

カーターは敬虔なクリスチャンだったが、自ら信仰と政策を切り離し福音派は失望していた。これを意識したレーガン陣営は、大統領選で福音派からの支持を勝ち取った。

当時、ウォーターゲート事件やベトナム戦争、ソ連のアフガニスタン侵攻と続くなか、強い米国の自己イメージが求められていた。そのためレーガンがスローガンにしたのが、「アメリカを再び偉大にしよう（Let's make America great again.）」だった。この三六年後にドナルド・トランプが同様の表現を用いる。

米国の強さを強調するレーガン政権は、軍事費を増大させ、強いドルを志向した。結果的に、膨大な財政赤字と貿易赤字の「双子の赤字」に米国はその後苦しむことになる。これは、米国に対して貿易黒字を膨《ふく》らませた日本との貿易摩擦につながっていく。

さて、レーガンの大統領就任からわずか六九日後の三月三〇日、事件が起きた。レーガンが銃撃されたのである。

左胸部を撃たれ瀕死のレーガンは病院に運ばれた。その際、麻酔をかけられる直前に医師たちを見渡して「あなた方がみな共和党員だといいんですがね」とジョークを語りかけた。

それに対して民主党員の医師の答えも秀逸だった。「大統領閣下、今日はわれわれ全員が共和党員です」（『レーガン』）。危険な出来事の際のユーモアに富んだエピソードが、レーガンの人気を上昇させることになる。

レーガンはこの日の日記に、迷える羊という聖書の一節を踏まえて、犯人の魂のために祈ったと記している（"White House Diaries"）。

一九一一年生まれの二人

一九八一年一月二二日、大統領就任直後のレーガンと鈴木との電話会談が約五分間行われ、早期の日米首脳会談開催で合意していた（「レーガン大統領よりの鈴木総理宛の電話連絡」）。

鈴木は、その訪米前にASEAN諸国を歴訪した。「日本の背後にはアジアがあるんだとなれば米側と対等に渡り合えるという私なりの作戦だった」と鈴木は回想する（『等しからざるを憂える。』）。岸信介のアジア歴訪と同様の発想である。

五月四日から鈴木は、さち夫人同伴で米国を訪問した。そして、七日午前一〇時四五分頃から四五分間、大統領執務室で通訳のみを入れたテタテが開かれた。

鈴木とレーガンは、両者とも初の日米首脳会談であり、ともに七〇歳だった。レーガンは「貴大統領と自分の間には、同じ一九一一年に一ヵ月違いで生まれたとの点、現在属する党の反対党党員として政治生活を始めた点、イワテ、カリフォルニアとそれぞれ太平洋がんを本拠として来た等の共通点がある」と声をかけた。

それに対して、鈴木は「同じ一九一一年生れでも貴大統領は二月六日生れで、自分は一月一一日生れなのでその限りでは、アニと言えるかも知れないが、日本の何十倍の国土、素晴らしい経済力及びスペース・シャトルの成こうに示される如き科学技術の力を有するい大な米国の最高指導者である貴大統領と比べると重味《み》は違うのではないかと思う」と語った。日本側も、下調べに抜かりはなかった（「総理訪米〈第一回首のう会談・テタテート部分〉」）。

続いて、一一時三五分から約四五分間、閣議室で外相らを交えた全体会談が行われ、アジア情勢について意見を交換した（「総理訪米〈第一回首のう会談、全体会談〉」）。

防衛問題

翌五月八日は午前一〇時より約一時間半、防衛問題について全体会談で話し合いが行われた。鈴木は、「米国が、大統領の下で、軍事力強化の決意を固めておられることには、敬意を表するが、同様のことを日本でやろうとすると、自民党は選挙に勝てないであろう」と述べた。「安保廃棄や自衛隊廃止を主張している社会党が選挙で勝つようなことになれば、日米関係の根底が揺らぐことにもなりかねないと心配している」とも語った。岸訪米時にも見られた、社会党との対比で米国からの圧力をかわそうとするロジックである。

それに対してレーガンは、「日本の防衛問題について、ここでハッキリ申し上げておきたいことがある」と切り出した。「それは、われわれは、日本が憲法に反することをすることを望んでいるわけではなく、また、日本に圧力をかけているとの印象を与えることも望んでいないということである」と明言した。そして「われわれは、対等なパートナーとして、話し合いをしていきたいと考えている」と続けた（「総理訪米：第二回首脳会談〈在米大使館からの電話連絡〉」）。

その後鈴木は、ワシントン駐在記者を前に演説をした。その質疑応答で、「少なくとも日本の庭先である周辺の海域を自分で守るのは当然のことで、周辺海域数百マイル、及びシーレーンについては約一千マイルにつき、憲法を踏まえつつ自衛の範囲内で、防衛力を強化するとの政策を推進している」と述べた（「鈴木総理大臣のナショナルプレスクラブにおける演説後の質疑応答〈要旨〉」）。海上交通の要路であるシーレーンの防衛については、防衛首脳会談や官僚による日米安全保障高級事務レベル協議などで具体的に議論されていくことになる。

この訪米中、鈴木は下院外交委員会で日本の防衛政策を説明し、「日本はほえるライオンではなく、ハリネズミになりたい」と述べた。これは鈴木の持論である。翌一九八二年一月には、「国全体がハリネズミのような状態で、上陸（侵略）しようとすれば手痛い打撃をうけるという体制」の整備を防衛庁に検討させている。いわゆる「ハリネズミ防衛論」と呼ばれるものだ。

だが、この訪米の発言が英語に翻訳されるときに、「ハリネズミ」が手違いで「賢いネズミ」と訳されてしまう。かなり印象は異なる。『ワシントン・ポスト』には五月九日の社説で「米国人は日本がほえるライオンになることは考えていない。が、チューチュー鳴くライオンではね」と皮肉られ、外務省は訂正に追われた。

それでもこの訪米は、鈴木にとって満足のいくものだったようである。五月八日午後一時四五分から三〇分間行われた同行記者懇談で、「記者団より『総理は、外交は水があっているようだ』と言われ、まんざらでもない様子であった」と、外務省は記録している（「鈴木総理の同行記者に対する内政懇談」）。米国でも同様である。会談後、アル・ヘイグ国務長官は「安全保障協力をさらに拡充していくにあたって、いまやわれわれは非常に強固な土台に立っている」と鈴木の訪米を評価した（Memorandum, Alexander M. Haig, Jr. to the President）。

「同盟関係」という表現の問題化

このときの五月八日の共同声明に初めて「同盟関係（alliance）」が明記された。近年の首相は、ためらいなく「日米同盟」と表現するが、かつては日独伊三国同盟を想起させるため、日本の首相は公の場でその言葉を避けてきた。それでも先述のとおり、福田や大平も、公に同盟との表現を使った。

だが、この同盟関係の表現が問題になる。それは、同盟関係が「軍事的意味合いは持っていない」と、鈴木が記者会見で発言したためである。それに対して、高島益郎《ますお》外務次官は五月一二日に「軍事的な関係、安全保障を含まない同盟はナンセンスだ」と述べた。この首相批判は波紋を拡げる。混乱の責任をとる形で、伊東正義外相は辞任した。

鈴木は外務省に不満だった。鈴木は「外務官僚の間には首脳会談は名のみであって実態は日米の外務官僚同士がやるんだという意識が古くからあった」と振り返り、「共同声明は事前に出来ている、首脳会談は単なる形式ですよ——といわんばかりだった」と回想し批判する（『等しからざるを憂える。』）。首脳会談をめぐり、首相が外務官僚に信頼を置けず、両者の協同が失敗した例である。

オタワとヴェルサイユで

この二ヵ月後の一九八一年七月には、カナダでオタワ・サミットが開催された。このサミットに際して日本が首脳会談を申し入れ、鈴木とレーガンは、レーガンの宿舎で朝食をともにしながら会談した。

二人は五月の日米首脳会談が互いの友好信頼関係を揺るぎないものにしたことなどで一致したと発表される。「同盟関係」が物議を醸した後でもあり、この場で「防衛力整備」や「ソ連の脅威」との言葉は出なかったという。

オタワ・サミットで、鈴木は総合安全保障の考え方を披露している。鈴木の総合安全保障論は、軍事のみならず、経済、資源など、安全保障の多様な要素に着目したものである。大平も総合安全保障論を提唱したことで知られるが、それは日本の自助努力にくわえ、日米同盟や、国際的な協調など多層的にも安全保障を確保しようとしたものであり、両者の議論は同一ではない（『冷戦終焉期の日米関係』）。

次に両首脳が会談したのは、一年後のヴェルサイユ・サミットの際だった。一九八二年六月四日、午後一時五五分から約一時間、パリの米大使公邸で会談が行われた。そこで鈴木は「現在ほど日米の友好関係、揺るぎない同盟関係が続いている時期はない」と述べた。かつて波紋を拡げた「同盟関係」という表現を使いつつ、両国の協力をアピールしたのである。

鈴木は自民党総裁を続投するとの観測が強かったが、一九八二年一〇月に突如、総裁選不出馬を表明した。その理由について、のちに鈴木は「私が踏み止〔ママ〕どまることによって再び自民党内で泥沼の政争が再現されることは明らかであり、党内抗争は日本国のため何としても避けなければならないと思って身を引いた」と説明している（『等しからざるを憂える。』）。

3 「ロン・ヤス」関係——中曽根とレーガン

中曽根康弘とロナルド・レーガン

鈴木の後任として一九八二年一一月に首相に就任したのは中曽根康弘だった。中曽根は一九一八年五月二七日、材木商中曽根松五郎の次男として群馬県高崎市末広町で生まれた。実家は裕福な家庭だったという。東京帝国大学法学部卒業後に旧内務省に入省し、海軍主計少佐を務めた。二八歳で衆院選で初当選を果たし、科学技術庁長官や運輸相、自民党幹事長などを歴任する。

中曽根は必ずしも「親米的」な人物とは見られていなかった。たとえば、占領中は黒ネクタイを締め、対米協調を貫いた吉田への反発を隠そうとしなかった。また、佐藤内閣で防衛庁長官を務めたときは、米国への依存を前提とした防衛姿勢を改めようとした（『日本の外交』）。さらに、一九七三年からの第一次石油危機の際、田中内閣の通産相だった中曽根は、米国よりもアラブ寄りの姿勢を鮮明にして石油の確保に尽力した（服部『中曽根康弘』）。

だが、新冷戦のさなかに首相に就いた中曽根は、対米基軸の路線を鮮明にする。中曽根は「私が首相に就任した一九八二年十一月当時、日米関係は最悪の状態でした」と振り返っている（『自省録』）。この回想からは、「最悪の状態」を自らが脱せしめたとの矜持《きょうじ》がにじみ出る。

首相就任直後、まず日米電話会談が計画された。中曽根は直接英語で通話することになったが、一応通訳も親子電話の通話口で会話を聞きつつ待機した。なお、中曽根からはレーガンに、「出来るだけゆっくりかつ分かりやすい英語で」しゃべってくれるよう、また、自分の英語に多少わかりにくい点があることについても承知してもらうよう、要望を出していた（「新総理就任の際の電話会談」）。

ちなみに、当時の米国の記録には、日本の関係者の英語力が四段階で記録されている。中曽根は上から二番目のgoodだった（「総理訪米〈一行名簿〉」）。

一一月二七日午後一時半から約五分間、通訳を介さず電話会談が行われた。レーガンは祝意を述べ、中曽根は意気込みを語った（「新総理とレーガン大統領の電話会談」）。

米国ではない最初の訪問国

中曽根は、早くも総裁選のさなかの一一月二三日、首相となった暁には早期に訪米したいとの意向を示していた（「新総理の訪米」）。だが、最初の訪問国は米国ではなかった。まず中曽根が向かったのは隣国韓国であり、一九八三年一月一一日、日本の首相として戦後初めて韓国を公式に訪問する。中曽根は全斗煥《チョンドゥファン》大統領と首脳会談を行い、交渉が難航していた対韓借款の問題を解決した。中曽根は、「アジア・近隣諸国との関係を良好にして訪米することで、相乗効果も大きいし、アメリカも高く評価する」との読みがあったと回顧する（『中曽根康弘が語る戦後日本外交』）。岸や鈴木と同様の発想である。

中曽根は矢継ぎ早に策を講じた。たとえば、米国の求めに応じて防衛費を増額し、一九八三年一月一四日には対米武器技術供与を表明する。さらに、チョコレートやタバコなど七八品目の関税を三五%から二〇%へと引き下げるなど、経済面でも米国の要望に沿う決定を行った。

日米関係に重点を置こうと考えていた中曽根は、日米首脳会談で失敗できなかった。他方、米国も、外交政策の分野でレーガン政権が成功していると米国内で認識されるか否かについて、日米関係の扱いは重要だった。つまり、中曽根とレーガンの会談は、日米双方の国内政治の文脈からも重要な意味を持っていたのである（『冷戦終焉期の日米関係』）。

首脳会談の形式は、米国の意向で国賓待遇の公式訪問よりもランクが低い公式実務訪問となった。そのため会談は一回となり、晩餐会は行われないことになった。

これは米国政府が予算教書の調整などできわめて多忙だったからである。またこの訪問は、日本の強い要望に配慮して急遽決まったからでもあった。公式訪問の場合は通例四、五ヵ月前から計画が必要だったが、その準備期間がなかった。ただし、レーガン政権期には、諸外国の新政権成立後最初の訪米であっても、気軽に米国への実務訪問を受け入れる例も増えていた。

また、準備期間が短いことから共同声明は発出しないことになった。一九八一年の鈴木との共同声明をことさら変更すべき理由もなく、そもそも、友好国との間で米国が共同声明を発出する慣行自体も減少傾向にあった（「中曽根総理訪米について」）。

今回も経企庁は同行を希望した。最終的に同庁が経済摩擦の取りまとめ官庁であることを考慮し、今後の前例としないとの了解の下、局長の同行を認めた（「総理訪米への貴庁よりの同行について」）。ちなみに、安倍晋太郎外相の息子・安倍晋三も外相秘書官として、この訪米に同行している。

他方、首脳夫人の役割も増していた。外務省の記録曰く、ナンシー・レーガン夫人は、「歴代ファースト・レディの中でも最も大統領に影響力のある夫人の一人となろうとみられていた」。ナンシーが力を入れていたのは、若者による麻薬の不正使用阻止や、「フォスター祖父母計画」（定年退職した人たちが障害児施設を訪問し、育ての祖父母の役割を担うもの）だった（「主要閣僚夫人の略歴、横顔〈中曽根総理訪米日程、諸行事関係資料別冊〉」）。そのため、中曽根蔦子《つたこ》夫人は児童教育施設と老人ホームを見学することになる。

中曽根の嗜好

渡米に際し、宿舎のブレアハウスのマネージャーより、中曽根夫妻の食べ物・飲み物の嗜好について問い合わせがあった（「総理訪米〈食物等の好み〉」）。外務省が確認したところ、中曽根は「毎日梅ぼしを二〜三ヶ食べる」が、「うなぎ、てんぷら」は好まないことがわかった。また、日本茶を好み、コーヒー、紅茶も飲む。「ただし、あまり熱いのはだめ」であり、「酒は日本酒——カンをしたものを好む」、「ビールはコップに二〜三杯しか飲まない。ウイスキーも飲む。（特に銘柄はない、自宅ではオールドパー）」とのことだった。「煙草は喫わない。けむりもきらい」だった。ちなみに、ゴルフのハンディは二二である。

さらには、「ハリ、マッサージを好まれ」、「就寝前に健康ぶらさがり器を利用している」

 こともわかった（「総理訪米」五五三二号）。

ここまで聞いてしまっては、外務省も知らぬふりはできなかったのだろう。現地の参事官が調査をして、「当地でハリ治療を行なう専門家（中国系）を雇うことは可能です」と報告している。「但《ただ》し、その技術水準については、当方で評価することは困難」。「健康ぶら下がり器については、種々調査しましたが、当地では、日本で市販されているのと同種のものは販売されていないようです」とのことだった（「事務連絡」九一五四号）。

初会談——防衛問題の三つの主張

一九八三年一月一八日午前一一時二五分、大統領執務室で両首脳が相見え、まずは二五分間、双方の通訳のみを交えてテタテが実施された。中曽根六四歳、レーガン七一歳である。

レーガンは、日本市場へのアクセスをめぐり協力を求めた。「通商問題については議会方面での圧力が強まっているが、特に下院においては保護主義への圧力が強まっており、これを放置すれば際限なく保護主義の方向へ向かっていってしまう」と危惧したのである。

それに対して中曽根は、「基本的な考え方では貴大統領と自分は一致している。ただし、日米それぞれの国情もあり、具体的政策・措置の実施の面では米国とは異なることもあり得ることは理解願いたい」と留保をつけた（「総理訪米〈首のう会談・テタテート〉」）。

その後、閣議室で外相・国務長官などを含めた全体会議が行われた。中曽根は、「日米両国は太平洋をはさむ運命共同体として同盟関係にある」と明言し、「一昨年のスズキ・レーガン会談の際に出された日米共同声明は守っていく所存である」と約束した。継続性を担保したのである。

さらに、「もち論、歴代の内閣もイコール・パートナーとしての米国との協力に努力していたが、正直にいってそれらの努力が必ずしも十分なものであったとは言えない」と語った（「総理訪米〈首のう会談〉」七二六号）。日米は対等だと言い切れないとの認識が表れている。

引き続き午後〇時半まで、別室でワーキングランチが行われた。キャスパー・ワインバーガー国防長官は、「日本がその本土、しゅうへん地域、一〇〇〇カイリのシーレーンを防衛するとの役割、これはまさに適切なものであるが、それを遂行するためには、かかる規模の予算では、まだ十分ではない」として、日本に一層の努力を求めた。

それに対して中曽根は、日本の防衛に必要な措置として、防衛庁長官時代から次の三点を主張してきたと語った。すなわち「第一に、四海きょう〔のちに三海峡に修正。宗谷、津軽、対馬海峡〕に対するコントロールを完全なものとして、有事の際にソ連の潜水艦を日本海に閉じ込めること、第二にソ連のバックファイヤー〔爆撃機〕の日本列島しんとうをゆるさないこと、そして第三にシーレーンの確保である」（「総理訪米〈首のう会談〉」七二九号）。

地理的に考えて日本が近海での防衛力を強化すれば、極東ソ連軍の太平洋進出の阻止に資することになる。その結果、日本の防衛力増強は、日米同盟や西側の安全保障にも貢献する

中曽根・レーガン初の会談，1983年1月18日，ホワイトハウス　この訪問で両者は「ロン・ヤス関係」と呼ばれる蜜月関係を構築．米との関係と経済力を背景に，日本は国際的にも大きな存在となっていく

ことになるという構図だった（『冷戦終焉期の日米関係』）。

　また、中曽根は「自分はノーアウト、フルベース、ショート・リリーフのピッチャーで出てきた様な気分であった。慎重に一球一球投げないと打たれてしまう。非常に気分を張りつめて〔一連の政策を〕やった」と述べた。中曽根はしばしば野球の譬《たと》えを使う。こうした独特の表現は、中曽根が官僚作成の文書を丸読みしたわけではないことを示唆する。

　レーガンもこの話に乗った。「セントルイス〔・カージナルス〕のクリーブランド〔・〕アレキサンダー（ワールド・シリーズのピッチャー）がノーダン、フルベースになった時にマネージャーがどうするといったら、このピッチャーはもう一人出すベースは空いていない。力いっぱいやるよと言ってやったら三者三振であった。という野球の映画に出演したことがある」と語った（「日米首脳会談〈メモ〉〈一月一八日〉」）。ちなみにこの映画は *The Winning Team* である（日本未公開）。

ロン・ヤス関係の樹立

このときのテタテでレーガンは、「自分は今般の首のう会談を通じて何よりもまず貴総理との個人的信頼関係をじゅ立したいと考えている」と話し、翌日の朝食に誘い、中曽根も承諾した（「総理訪米〈首のう会談・テタテート〉」）。この朝食への招待は、NSCのガストン・シグールが、前年末にウィリアム・クラーク国家安全保障問題担当大統領補佐官に提言していたことだった（"US-Japanese Relations"）。なお、中曽根の宿舎ブレアハウスはホワイトハウスのすぐ近くにある。

その夜のレセプションで、國廣道彦《くにひろみちひこ》経済担当駐米公使がシグールに、「明日の朝食会で大統領からお互いファーストネームで呼ぶように話してもらったら、どうだろうか」と提案した。シグールは少し考えてから「いいアイデアだ」とうなずいたという（『回想「経済大国」時代の日本外交』）。レーガンはマーガレット・サッチャー英首相らと互いにファーストネームで呼び合う仲だった。國廣には、他国の首脳とは違い日本の首相が打ち解けていないとの思いがあった。

翌一月一九日朝、ホワイトハウスのプライベートな食堂で朝食会が開かれた。レーガン夫妻、中曽根夫妻と次女の渥美美恵子《あつみみえこ》、通訳として外務省の齋木昭隆《さいきあきたか》が同席した。

この場でレーガンは、「これからは内わの席ではファースト・ネーム同士でよび合うこととしたい」と切り出し、中曽根は快諾した（「総理訪米〈レーガン大統領との内わの朝食会〉」）。レーガンは中曽根に、「私のことは今後ロンと呼んでほしい。あなたのことは何と呼べばよいか」と尋ねた。中曽根は最初「ヤスヒロ」と答えたが、レーガンがよく聞き取れなかったため、通訳の齋木が「ヤスのほうが短くて分かりやすいのでは……」と提案したという（「オバマ広島訪問の功労者、岸田大臣とケネディ大使」）。

「ロン・ヤス関係」のはじまりである。

もちろん、この席も単なる懇親の場ではない。レーガンは「自分は、ソ連との軍縮交渉に非常に真けんである。われわれの世代で平和を達成しなければ、将来の世代が不幸となる。自分は人生の目標としてこの問題に取り組んでいる。ゼロ・オプション提案も真けんに維持していくつもりである」と語った（「総理訪米〈レーガン大統領との内わの朝食会〉」）。ゼロ・オプションとは、ソ連が中距離弾道ミサイルSS－20などを撤去すれば、米国も同じく中距離弾道ミサイルのパーシングⅡなどの配備を撤回するという提案である。

中曽根に異論があるはずもなかった。すでに前日の首脳会談で中曽根は、ゼロ・オプション提案を支持すると表明していた（「総理訪米〈首のう会談〉」七三三号）。

レーガンは、この日の日記に「中曽根の朝食会。とても愉快。彼の娘は素敵なお嬢さんだ。

私たちは良い関係を築けたと確信している」と記した（“White House Diaries”）。

共通する二人のスタンス

中曽根はレーガンとの間で大局的な議論を望み、「二国間等の個別の問題は外相会談で議論」する旨を大河原良雄《おおかわらよしお》駐米大使に指示していた（「総理が大河原大使に述べられた要点〈一二月一八日〉」）。

レーガンもカリフォルニア州知事時代には、大企業の「取締役会長」のごとく振る舞っていた。レーガンは「最高責任者は広範な政策、全般的な基本ルールを定め、部下の人たちに何をしてほしいかを言うべきだが、そのあとは彼らに任せればよい」というスタイルを取っており、これは大統領に就任してからも引き継がれていた（『銀幕の大統領ロナルド・レーガン』）。

このように二人のスタンスは軌を一にしていた。くわえて、中曽根とレーガンは、ふだんから電話や書簡で頻繁にやりとりをして、意思の疎通を図った。

また、中曽根はこうした「ロン・ヤス」関係の手法を、他国との関係にも援用した。中国の胡耀邦《こようほう》総書記などとも家族ぐるみの親交を深めることになる。

首脳の良好な関係は閣僚や官僚レベルに波及する。たとえば、安倍晋太郎外相とジョージ・シュルツ国務長官も親密な関係を築いた。一九八六年一月頃からは書簡でファーストネームを呼び合っているのが確認できる（「シュルツ国務長《（ママ）》宛本大臣礼状」）。また、当時北米局長などを務めた栗山尚一《くりやまたかかず》は、「よくアメリカ側が言いましたけれども、例えば首脳会談というので『経済の問題を大統領、言ってください』といって上げても、なかなかレーガンはそれを取り上げないということ」があったと振り返る（『栗山尚一オーラルヒストリー』）。結果的に日米関係の悪化が防がれたわけである。

なお、後日、蔦子夫人とナンシー夫人も、互いを「ナンシー・アイビー（蔦）」という愛称で呼ぶことになった。もっとも、一九八三年のナンシー発の書簡では「親愛なるアイビーへ」と記されているが（Letter, Nancy to Ivy）、翌年の書簡では「中曽根夫人」となっている（Letter, Nancy Reagan to Mrs. Nakasone）。ナンシー・アイビー関係は長続きしなかったようだ。

「不沈空母」発言

こうして両首脳が親密となる「ロン・ヤス」関係を築いた日米首脳会談は、一定の成功を収めたように思われた。だが、国内では中曽根の発言が物議を醸していた。

中曽根が、ワシントン・ポスト社主のキャサリン・グラハムとの朝食会で、日本列島を「不沈空母」とするとの発言をしたと報道されたからだ。一九八一年の鈴木訪米に続き、首脳会談以外の場で混乱が生まれていた。

中曽根は実際には「大きな航空母艦」と発言したが、通訳を務めたサイマル・インターナショナルの村松増美が、"unsinkable aircraft carrier" と英訳し、それが「不沈空母」と邦訳されたという。

この件については、「誤訳」としばしば指摘される。だが後年、村松は、中曽根の毅然とした語調を伝えようとしてあえてこのように訳したと語っている。「"Big aircraft carrier" といったら、英語としてはナンセンシカル〔意味をなさない〕ですよ。航空母艦というのは大きいに決まっているわけですから」と村松は説明する（『通訳者と戦後日米外交』）。

ウィリアムズバーグ・サミット

次に中曽根とレーガンが顔を合わせたのは、四ヵ月後である。米国のウィリアムズバーグでのサミットに合わせ、五月二六日から二八日まで中曽根は米国を公式実務訪問した。サミット中の五月二七日午前一一時半から約四〇分間、ホワイトハウスで中曽根とレーガンのテタテが行われた。当初の予定では全体会合も予定されていたが、テタテが予定の時間を超えたため、全体会合は開かれなかった（「日米首脳会談におけるテータ・テート部分設定の経緯」）。

この会談で中曽根は再び野球の譬えを使い、「貴大統領がピッチャーなら、自分はよろこんでキャッチャー役となるのでサインを送っていただきたい。もっとも、たまたま〔ママ〕キャッチャーの側からもサインを出すので、その際は聞いていただきたい」と語りかけた。レーガンは笑いながら「野きゅうではキャッチャーがピッチャーにサインを送ることが重要なことだ」と応じている（「日米首のう会談・テタテート」）。

その後、別室で昼食会が開催された。貿易問題に関して山中貞則通産相が、「お互いの政策についてもっと理解を深め合うことが重要である」と切り出した。オートバイメーカーのハーレー・ダビッドソンが日本の二輪車メーカーの対米輸出を批判したことを踏まえ、「日本側でも『ヤマハ〔発動機〕』が倒産しかけている事実を知ってもらいたい」旨を述べた。

それに対してレーガンは、「自分はうまの方が専門で、オートバイには余り関心がない」と笑いながら述べた。

こうしたやり取りに、中曽根も負けていない。「レーガン政権の支持率は五三％、ナカソネ政権の支持率が五一・八％になったことから考えて、日米両国民のＩＱはかなり接近している」と中曽根は語った（「日米首のう会談・ちゅう食会」）。

この日は中曽根の六五歳の誕生日だったため、レーガンは誕生日ケーキで祝った。米国の記録には、「大統領と首相との間に築かれた関係を象徴する、この心のこもったもてなしを、首相と同僚は明らかに喜んでいた」とある（"Luncheon Meeting - President Reagan and Prime Minister Nakasone"）。

また、この五月二七日のレーガンの日記には、「彼〔中曽根〕は会うたびに前回以上の好印象を与えてくれる。昼食でバースデー・ケーキのサプライズをした。彼が六五歳だとは信じられない。四五歳だと思っていた」と記している。レーガンの日記のなかには、中曽根について「本当の友人だ」「日本で最高の首相」とする記述もある（“White House Diaries”）。

日の出山荘

半年後の一九八三年の一一月九日から一二日にかけて、レーガンは夫婦同伴で国賓として来日した。九日と翌日に中曽根との会談などが開催された。

一一月一一日、レーガン夫妻はヘリコプターと自動車で、東京都西多摩郡日の出町にある中曽根の別荘「日の出山荘」に向かった。劇団四季の浅利慶太が山荘の飾りつけなどに協力し、山荘での昼食は、料亭吉兆の女将、湯木照子が担当した。そして、中曽根・レーガン両夫妻は、萱葺《かやぶ》き、木造平屋建ての古民家「青雲堂」で囲炉裏《いろり》を囲み、中曽根が自ら抹茶を点《た》てた。

このひとときは、レーガン自身にとっても記憶に残るものだった。レーガンは回想録で、「私の職務を楽しいものにしてくれた数多くの快い体験」の例として、「東京郊外の森の中にある中曽根康弘首相のつつましい山荘を訪れ、典型的な日本家屋の床に座って、正真正銘の日本料理で昼食をともにしたこと」を挙げている（レーガン、尾崎訳『わがアメリカンドリーム』）。

レーガン夫妻の日の出山荘滞在は二時間程度に過ぎない。それでも、中曽根とレーガンが

古民家で囲炉裏を囲んだ中曽根とレーガン，1983年11月11日，東京都日の出町「日の出山荘」　両者の親密さを演出，多くのメディアで取り上げられた．左からナンシー夫人，ロナルド・レーガン，蔦子夫人，中曽根康弘

揃いのちゃんちゃんこを羽織る様子をメディアは大きく広く報道し、良好な首脳関係を印象付けた。中曽根は、「まことに外交は手づくりである。現代は特に、その手づくりによる首脳間の信頼とリーダーシップによって、世界は動いている」と記している（『政治と人生』）。

昼食後、中曽根とレーガンは、杉皮葺きの木造平屋建ての茶室「天心亭」で会談を行った。その場に米国の通訳は入れず、中曽根、レーガン、長谷川和年首相秘書官の三人だけだった。

長谷川の証言によると、そこで話し合われた一つは、夜間離着陸訓練（NLP）の問題だった。当時、在日米軍の厚木基地で、米海軍の空母艦載機がNLPを行うことになっていたが、轟音《ごうおん》のため反対運動が起きていた。

中曽根はレーガンに、NLPの場所を硫黄島へ移すよう依頼する。すると、レーガンは一度外へ出て、秘書官が持っていた衛星電話で都内にいたシュルツ国務長官と相談した。話し終えたレーガンは中曽根の提案に同意したという（『首相秘書官が語る中曽根外交の舞台裏』）。この後、紆余曲折《うよきょくせつ》の末、硫黄島でのNLPに両国は合意する（「ロン・ヤス関係」）。

この首脳会談では、会談終了時の発表として、プレス・リマークスという形式が新たに採用された。これは共同声明などに代わるものであり、首脳自身が直接読み上げ、その様子をテレビ中継するものだった（「レーガン大統領訪日と米国の内政外交」）。

プレス・リマークスのメリットは、具体的な成果を首脳自らが対外的に明らかにし、これを文書で残せることがある。さらに、それぞれの首脳の一方的文書であるため共同声明などのような厳密な交渉は必要とせず、法的に将来しばられることもない。他方、デメリットは、双方が好き勝手なことを言ってしまう可能性があることだった（「レーガン大統領の訪日〈評価〉」）。

この約七ヵ月後、一九八四年六月のロンドン・サミットの折にも、六月七日午前一一時半から五〇分間、日米首脳会談が行われ、サミットなどについて意見交換している。

「過去の『背伸び』が本物に」

レーガンが再選を決めた一九八四年一一月七日、中曽根は松永信雄外務次官に、翌八五年一月二〇日に行われる大統領就任式の前に会談を設定するよう指示した。

両首脳はカリフォルニア州で落ち合うこととなったが、中曽根は元日の宮中参賀は欠かせず、一月四日の伊勢神宮参拝も恒例行事となっていた。他方、レーガンは一九八一年以来、年末年始はカリフォルニア州パーム・スプリングス在住の旧友ウォルター・アンネンバーグ元駐英大使夫妻の自宅で過ごすのが恒例であり、元日はフットボールを観戦するとともに乗馬をしていた（北米第一課「総理訪米」）。さらに、新政権の人事固めや予算教書づくりなどのため、一月初頭にはワシントンに戻る必要があった。中曽根の訪米はこうした制約の合間を縫って行われることになる。

栗山北米局長は「ロン・ヤス関係」を背景とした当時の日米関係について、次のように記している。

「過去において首脳会談の度毎《たびごと》に『イコール・パートナー』とか『世界の中の日米関係』といったキャッチ・フレーズが考案されたが、そのいずれも日米関係が『そうあるべきである』という我が方の未来像を表現したものではあっても、その当時における両国関係の実体とはかなりの開きがあったことは否定できない」。だが、状況は変わってきた。「我が国は、今や世界の平和と繁栄の問題について積極的な役割を演ずる意図と能力を持つに至って」いる。それゆえ、「過去の『背伸び』をしたキャッチ・フレーズがようやく本物になってきた」。ただし、これは「当然それなりの責任を我が国が負うことを意味する」（「日米首脳会談について」）。

一九八五年元日に宮中参賀を終えてから、中曽根は米国を公式実務訪問した。一月二日にロサンゼルスのホテルで三〇分のテタテが、午前一一時過ぎより約三〇分間外相と国務長官を交え少人数会談が、そして、一一時四〇分から約一時間ほかの閣僚・官僚も交え拡大会合が開催された。

当時、米国は大陸間弾道ミサイルを迎撃する戦略防衛構想（SDI）を推進していた。拡大会合で中曽根は、SDIについて「完全に理解している」としながらも、「もっともその内容については、必ずしも詳細を承知していない」と情報提供を引き続き求めた。レーガンは「防衛システムであり、かつ非核であるSDIによって、核兵器が全く無力化する日がいずれの日にか到来すると考えている」と「核兵器のない世界」への希望を語った（「日米首のう会談〈拡大〉」一一号）。この四半世紀後には、バラク・オバマが「核兵器のない世界」を語り、ノーベル平和賞を受賞する。

中曽根は、防衛費をGNP比一％に抑える方針について、この年の春から夏に「多分見直されよう」と発言している。こうした点は機微なことだったため、「一切対外的に言及しないことにつき米側と打合わせ」が官僚の間で行われた（「日米首のう会談〈拡大〉」一六号）。

拡大会談の後、午後〇時四〇分から約一時間、ワーキングランチが開催された。中曽根は経済問題について、「米は国内マーケットが大なるため日本などと比べるとどうしても海外へのはん売努力が足りない」と率直に意見した。するとシュルツ国務長官は「そうかもしれないが、アベ・シュルツのチャネルで日本市場の障害を発見・除去しうれば米国商人にとって一層のはげみともなろう」と述べている（「日米首のう会談〈ちゅう食会〉」）。

日本は米国の努力不足を指摘し、米国は日本市場に障壁があるとする。こうした議論はこの後も繰り返される。この一九八五年に米国は債権国から債務国に転落する。経済面における日本への視線はより厳しいものになっていく。

また、この会談で日本がSDI研究に理解を示したことによって、ソ連の公式国際ラジオ局であるモスクワ放送は「米国の戦略路線に対する原則的支持を表明した」と非難した。日米首脳会談は、両国だけのものではない。そこでの一挙手一投足は、第三国でも注目を浴びる。

ユーモア

この四ヵ月後にもボン・サミットの合間を縫って、五月二日午後二時一五分よりドイツ米大使館次席公邸で、日米首脳会談が行われた。

経済問題が話題となった際、木材関税について中曽根は、「正直に言って、加〔カナダ〕からの輸入の方が米からの輸入よりはるかに大きいが、これは加がわが国の住たくのサイズに合わせて合はん〔板〕を作っているのに、米国は米国のサイズをそのまま持ってくるといった米の努力不足の面も大きい」と指摘した。それを聞いたレーガンは、「木材製品の規格の問題をうかがい、他の製品についても米として気をつける要ありと思った」と語っている。

こうしたなかでも、レーガンはユーモアの精神を持ち続けた。「米国人は心の広い人間である」と述べて、次のように続けた。「アメリカでは車にいろいろなスローガンのステッカーをはるが、中にバイ・アメリカン〔米国製品を買おう〕というのがある。しかし、このステッカーは往々にしてトヨタの車にはられている」（「日米首のう会談」一二七五号）。

その後、レーガンは盲腸の手術のために入院した。このとき、中曽根の名前によるレーガンへの公電がしゃれていた。見舞いの言葉を伝えたうえで、先の暗殺事件のエピソードを踏まえ、「ところで、今回の手術の担当医は共和党員でしょうかバイパーティザン〔無党派〕でしょうか」と続けたのである（「総理表敬〈レーガン大統領に対する総理発見まい電についてのはり出し〉」）。日本もジョークを飛ばせるほどの余裕がこの時代にはあったようだ。

両首脳は一〇月にニューヨークで再会することになった。その事前の打ち合わせでポール・ウォルフォヴィッツ国務次官補は、市場志向型分野別（MOSS）協議の新分野の選択など具体的な経済問題に触れる予定だと述べていた。日本は、そのような個別事項を取り上げることは首脳会談にそぐわないと反発したが、米国は取り上げざるを得ないと強気の態度を崩さなかった（「日米首脳会談」一〇月二五日）。

一〇月二五日午前一〇時半から三五分間、ウォルドーフ・アストリア三五階のレーガンのスイートルームで首脳会談が行われた。

結局、個別事項については首脳会談で取り上げられることはなかった。それでも、日米首脳会談も広い議題をカバーするものとなり、MOSSに代表されるように、各分野別、各省庁別に交渉が加速していった。いまや外交は外務省だけが携わるものではない。

また、以前から懸案だったSDIについては、技術産業政策の視点および政治的に西側の結束を補完するとの観点から、日本政府はその研究への参加を決定した。

キャンプ・デーヴィッド会談

その後、一九八六年春に中曽根訪米が計画された。国会の都合で一日のみの滞在という強行日程となるのでリラックスした雰囲気で会談を行うべく、大統領の別荘キャンプ・デーヴィッドでの会談を日本は働きかけた（「総理訪米」九八一号）。

交渉の結果、同地訪問が決まった。米国からは、日の出山荘の歓待のお返しとして、「米大統領としてこれ以上の賓客かん待の方法はない極めて異例のことであり、これは大統領夫妻の中ソ根総理ご夫妻に対する親あいの情の証左」と伝えられた（「総理訪米」三二〇四号）。なお、蔦子夫人は長男弘文が七月の参院選に立候補することの準備もあり、中曽根に同行しなかった。

日の出山荘訪問から約二年半後の一九八六年四月一三日午前一一時一五分頃、米国を公式実務訪問した中曽根は、ワシントンからヘリコプターで日本の首相として初めてキャンプ・デーヴィッドに到着した。

ヘリポートそばの雑木林で数分前から待ち構えていたレーガンが歩み寄り、二人は抱き合った。中曽根は薄茶色のジャケット、レーガンは濃紺のジャンパーという軽装である。中曽根はレーガン自ら運転する白いゴルフカートに乗った。

服装は「ノータイである必要」との連絡が事前に日本に入っていた（「総理訪米」二五四七号）。通常、儀礼では服装をより格式の高いものにすることによって、相手への敬意を示す。だが、逆に親密さを示すためにカジュアルさを演出したのだ。

一一時二〇分より一時間一〇分間、キャンプ・デーヴィッドのローレルロッジで、首脳会談が行われた。レーガンは、この直前の四月七日に公表された「国際協調のための経済構造調整研究会報告書（前川レポート）」を評価した。そのうえで、「前川レポートによると、国民的目標を設定するとなっているが、これは要するに輸入大国になるということと理解しており、これが重要である」と念を押した。

中曽根は、「構造調整問題について自分がこれまで行ってきたことは、自分の考えに従ったものであり、これが米国の要望によってなされたように受け止められることは、国内的に好ましくない。従って対外発表においては、自分の方から説明し、それに対し米側が評価したとか、かん迎したとかという形にすることが望ましい」と注文を付けている（「第一回日米首のう会談〈経済問題〉」）。再び象徴的機能が意識されたわけである。

その後、石造りのアスペンロッジでレーガン夫妻と中曽根の昼食会が開催され、鳥のむね肉料理などナンシー夫人が手料理を振る舞った。

翌四月一四日は、午前一一時六分から二〇分強、ホワイトハウス閣議室で閣僚や官僚を交え会談が行われた。中曽根は、前川レポートについて、「いわば百年振りの整形外科手術というべきラディカルな内容」と述べた。さらに、「エヴェレストよりも高い一万メートル以上の山をのぼるようなくるしい課題に取組む」と、中曽根らしい仰々《ぎょうぎょう》しい表現が並ぶ（「第二回日米首のう会談〈経済問題〉」）。

さらに半月後の五月三日、東京サミットの機に来日したレーガンは、午後一時二〇分過ぎから約一時間、中曽根と会談した。議題は通貨・為替相場の安定策などである。前年のプラザ合意以降、急激な円高によって日本経済が打撃を受けていたからだ。

九月二日には、日米半導体協定が締結され、日本の半導体市場で海外メーカーが販売を拡大することなどに合意した。さらに、海外メーカーの日本市場でのシェアが二〇％を上回ると米国が期待していることを日本政府が認識すると記した、秘密の「サイドレター」も両国政府で交わされた。日本は約束をしたものではなかったが、以後米国はこの二〇％という数字にこだわることになる。

結局、日本市場でのシェアは期待ほどは拡がらず、米国の半導体業界や議会の不満は募った。このような摩擦を背景として、一九八七年四月一七日、レーガン政権は、戦後初となる対日制裁措置を発動する。外国製半導体の日本市場参入が不十分であることなどを理由に、日本製のパソコンやカラーテレビ、電動工具に一〇〇％の報復関税を課したのである。

日米の摩擦は、ロン・ヤス関係をもってしても抑制できなくなっていた。

初の公式訪問

一九八七年四月二九日、中曽根は米国を公式訪問した。二人の会談はすでに一〇回に及んでいたが公式訪問はこれが初めてである。「米側は、元首級の State Visit〔国賓訪問〕と実質的に変らぬ接遇とし、時期も緑の多い最もよい時期を選んだ」という。ただし、日米経済摩擦は深刻になっていた。米議会での中曽根のスピーチも検討されたが、米国は「何かドラスチックなことが入っていて公表するというならよい、そうでないと総理に傷がつきかねない」と慎重だった。中曽根も「この際、大事をとった方が良い」と演説を見送った(「事務次官の対総理ブリーフィング〈第九回〉」)。

翌四月三〇日午前一〇時半から一時間一〇分、首脳会談が行われた。冒頭一〇分間のテタテで、中曽根が「半導体に関する措置は不こうなことであった。ヴェニス・サミット〔六月八日から開催〕前に撤回する旨明らかにしていただけると今次訪米への国民の評価も高まり、政治的に助かる」と経済制裁の撤廃を求めた。レーガンは「深くうなずきつつ」、「そうなることを希望する」と述べた。

また中曽根は、「ヴェニス・サミットについては、いつも通りピッチャー・キャッチャー関係で協力したく、お互い西側の結束のため努力して行こう」とも語りかけている(「総理訪米〈第一回首のう会談―テタテ〉」）。

その後の外相・国務長官らを交えた全体会合でレーガンは、米国の同席者に「先程テ・タ・テでヴェニス・サミット前の制裁撤回の要請があり、自分より解決が見い出〔ママ〕されることを望んでいる旨保証を与えた。この問題で意見のある者は発言して欲しい」と語りかけた。すると、ＵＳＴＲのクレイトン・ヤイター代表は、最新のデータ次第で早く解除するとはしつつも、「今、結論を先取りするのは時期しょう早」と否定的だった（「総理訪米〈第一回首のう会談―全体会合〉」）。結局、解除の時期について米国の言質は取れなかった。

中曽根とレーガンの会談では、安全保障問題が中心議題となってきた。だが、このときは経済問題に多くの時間が割かれ、中曽根が個別の貿易問題に言及せざるを得なかった。

この一ヵ月後、イタリアでヴェネチア・サミットが開かれた。この機に六月八日にレーガンの宿舎を中曽根が訪ね、四〇分あまり日米首脳会談が行われた。

レーガンは半導体の制裁について、「本日午後、改善に比例した五一〇〇万ドル（全体の一七％）相当の部分解除をする旨発表したい」と述べた。だが、これは全面撤回ではなかった。それに対して中曽根は、「わが方としても引き続き努力したいが全面解除を早急にお願いしたい」と求めている（「ＶＳⅡ〈日米首のう会談―経済〉」）。

最後のロン・ヤス会談

その後、ニューヨークでの国連総会を機に中曽根が訪米し、九月二一日に約一時間日米首脳会談が行われた。自民党総裁任期の関係上、首相退任を二ヵ月後に控えた中曽根にとって最後の日米首脳会談である。

中曽根は、「ロン・ヤス憲章」と銘打った個人的な文書を提示した。そこには、「中曽根首相とレーガン大統領は、この五年間、二人が個人的友情と信頼関係を深めることが日米関係の強化に大きく貢献したことを満足の意をもって語り合った」などの成果が綴られ、二人はこれに署名した。中曽根はこの文書をメディアに誇ったが、私的なものだったためか、米政府側は記者団への説明でこの文書について触れることはなかった。

会談でレーガンは、「貴総理は、世界において日本がどのように見られているかを、歴史的な意味において変えた」と述べた。中曽根は、「野きゅうでいえば、自分はレーガン・チームのキャッチャーを退きダッグアウト入りするが、今後ともバッティング・コーチが〔ママ〕応援団長位はやりたいと思っている」と、最後も野球に譬えた（「日米首のう会談」三一八五号）。日米首脳会談で別れの挨拶ができるのも珍しい。往々にして首相は突如交代するからだ。

首脳会談では、中曽根が半導体について「制裁早期解除を期待している」と述べた。だがシュルツ国務長官は「残念ながら、ヴェニスの首のう会談時の部分解除より更に行動をとることを支持するだけのデータとはなっていない」と否定的だった（「日米首のう会談〈経済関係〉」)。結局、制裁自体は一九九一年まで続くことになる。

このとき懸案になっていたのが、イラン・イラク戦争が激化するなかペルシャ湾の航路の安全をいかに確保するかだ。当時、米国の著名な実業家が日本の貢献が不十分だと批判する広告を米主要紙に掲載していた。ドナルド・トランプである。

この件について中曽根は、「自衛隊の派遣は出来ないが、はば広い可能な限りの政府としてのこうけんの方法を検討している」とレーガンに伝えている(「日米首のう会談〈ペルシャ湾、イ・イ紛争〉」)。日本政府は海上自衛隊の掃海艇や海上保安庁の巡視船派遣を検討したが、結局見送られた。掃海艇派遣の計画は海上自衛隊幕僚監部の金庫で眠ることになり、これは湾岸戦争の後、再び日の目を見ることになる(『冷戦終焉期の日米関係』)。

4　昭和の終わりと冷戦の黄昏——竹下・宇野とレーガン、ブッシュ

竹下登

中曽根の後を継いだ竹下登《のぼる》は、一九二四年二月二六日、島根県飯石《いいし》郡掛合《かけや》村(現雲南市)に、造り酒屋の長男として生まれた。ジミー・カーターと同年生まれである。早稲田大学商学部を卒業後、中学の英語教員を経て島根県議会議員、衆院議員に当選し、官房長官、建設相、蔵相、自民党幹事長などを歴任した。田中角栄の後継者と目されたが最終的には袂《たもと》を分

かつ。

竹下は温厚な人柄で知られた。戦時中、妻を厳しく叱責し、その後妻が自殺したこともあり、人前では怒りを露《あら》わにしなくなったという。

米国の資料で竹下は、「中曽根の対外・経済政策のアジェンダにコミットしており、日本で効果的にコンセンサスを形成して実行していく人物である」と評価された。「竹下はソフトで、出しゃばらずに人びとに接する。そのため、全体会合よりテタテの方が快適かもしれない」と分析されている（"Briefing the President in Preparation for his Meeting with Prime Minister Takeshita, Wednesday, January 13 at 11:00 a.m."）。

竹下によると、吉田、岸、池田、佐藤、中曽根ら、明治や大正初期生まれの政治家は、「かつて日本が世界の五大強国の一つだった時代を経験されており、万事につけて気宇壮大《きうそうだい》である」。だが、竹下ら大正末期生まれは「戦前—戦中—戦後にわたる激動の時代に青少年期をおくったため、無理をしないで現実の変化に自分の体を合わせていくような生き方が身についてしまっている」と語る（『証言保守政権』）。

一九八七年一一月に首相に就任した竹下は、レーガンと電話で会談し「ロン・ノボル関係」を作ろうとの提案を受けた（「日米外相会談」）。こうしてファーストネーム外交が引き継がれていった。

竹下はほかにも中曽根流の外交を踏襲する。ＡＳＥＡＮへの二〇億ドルの資金協力を提案し、在日米軍の駐留経費負担の増枠を打ち出した。これは、中曽根が訪米を前に対韓援助によりアジアでの足場を固め、対米武器技術供与などを決定したことと軌を一にしている。

人の褒め方が一味違う

一九八八年一月一二日、竹下は米国を公式実務訪問し、翌一三日午前一一時半より、ホワイトハウスでレーガンとテタテが行われた。竹下は六三歳、レーガンは七六歳になっていた。同席した藤井宏昭《ひろあき》北米局長は、竹下が「相当に緊張して」いたと振り返る。だが、レーガンが「世の中の人は自分のことを俳優が大統領になったと言って皮肉るが、私は大統領になって初めて分かった。大統領は俳優でなければ務まらない」と言うと、竹下が大笑いし、リラックスした雰囲気になったという（『国際社会において、名誉ある地位を占めたいと思ふ』）。

一一時五〇分頃から約四五分間、全体会合が行われた。そのなかでレーガンは、「米国内における保護主義を求める動きに対抗していく上で助けになる」と米国企業の日本市場への参入増加を要望し、牛肉と柑橘の輸入拡大を例示した。それから、「ちゅう食に遅れると、コックがおこる」と冗談を言いながら、全体会合を締め括ることを提案した。

だが、竹下は「一言付言したい」と口を開き、「日本は自由貿易制度で最もおん恵を受けている国であることを想起すべきである。農業者にも、日本が最大の農業輸入国であるとの点に加え、生産者のみでなく、消費者の立場からも考えるよう呼びかけている」と語った。

その後、ワーキングランチが午後〇時四五分頃から五〇分間ほど開催された。竹下が「〔宇野宗佑〕外務大臣は、特許庁長官も歴任しており、科学技術に詳しい」と紹介すると、シュルツ国務長官は「宇野大臣は五九もの閣僚ポストを経験している」と冗談を言った。そこですかさず竹下は「宇野大臣は防衛庁長官もやっているが、この時は、確か二九日間であった」と述べ、「一同爆しょうした」と外務省の記録にはある。

シュルツは米ソ交渉について、「交渉の過程では大統領がかつて提案したことを〔ミハイル・〕ゴルバチョフ〔ソ連書記長〕が自らの『提案』として持ち出し、大統領がこれらを次々にひろってはポケットに収めるとの展開が見られ、こうした様子を見るのはつらかいとすら感じた」と語った。

これを聞いた竹下は、「今の『シュ』長官のお話しは大変きょう味深く、ここにいる人間だけで一人占めしては申し訳ない程印象深かった」と述べた（「日米首のう会談〈その三・全体会合〉」）。竹下の人の褒《ほ》め方は一味違った。

ロンドンとトロント

その約五ヵ月後の六月三日に三五分間、英国の米国大使公邸で竹下とレーガンは顔を合わせる。レーガンはゴルバチョフとの米ソ首脳会談の結果をNATO諸国に説明するためにヨーロッパに寄り、英国訪問中の竹下と落ち合った。さらに、二〇日にも、カナダのトロント・サミットのときに日米首脳会談が行われた。
レーガンは、「ぎゅうにく・かんきつ問題が決着したことは、きんかい《欣快》にたえない」と述べた。日米間では、牛肉・柑橘の輸入自由化で合意が成立していたのである。その際、竹下は約一五〇〇億円を国内の農業対策費につぎ込んだ。これは田中角栄の手法を踏襲したものだ。佐藤政権末期の繊維問題で、通産相だった田中は、「世界の流れは流れとして受け入れ、あとは徹底した国内生産者対策を練り上げる」ことを方針としていた。竹下は、これをこの牛肉・オレンジの問題でも「範とさせていただいた」と証言する（服部『田中角栄』）。

　また、この首脳会談でレーガンは「日本のＯＤＡ〔政府開発援助〕を二倍以上にするとの決定は途上国の安定に寄与し、われわれ全体の利益にもなる」とも語っている。

　これを聞いた竹下は、「わが国は一九四六年から五一年の六年間にガリオア・エロア等に基づき一五億ドルの援助をいただいた」とし、「そういう時代があったことに思いを致しつつ今日わが国が世界に果たすべき役割を自覚している次第である」と述べた。そのうえで「なお、本日同席のわが方スタッフの中にもガリオア・エロアあるいはフルブライトのおん恵を得たものがいることを申し添えたい」と付言した（「日米首のう会談」六三〇号）。竹下は、こうした恩恵を実感している世代だった。

　これがレーガンによる最後の日米首脳会談となった。そしてレーガンは、ドワイト・アイゼンハワー以来約四〇年ぶりに二期八年の任期を全うする。

ジョージ・H・W・ブッシュ

一九八八年一一月の大統領選で、共和党レーガン政権の副大統領ジョージ・H・W・ブッシュが勝利した。現職の副大統領の当選は実に一五二年ぶりだった。

ブッシュは一九二四年六月一二日にマサチューセッツ州ミルトンで、のちの上院議員プレスコット・ブッシュの下に、五人きょうだいの次男として生まれた。竹下やカーターと同年生まれである。

ブッシュは避暑地に別荘を持つ富裕層に属していた。東部エスタブリッシュメントらしく、教派は聖公会である。

全寮制の名門校アンドーヴァーのフィリップス・アカデミーに進学し、学生リーダーを務めた。同校は同志社創立者の新島襄も卒業している。卒業後は海軍の最年少パイロットとして、第二次世界大戦に従軍した。小笠原諸島沖で乗機の雷撃機を日本の対空砲火によって撃墜され、米潜水艦によって救出された経験も持つ。

戦後、イェール大学で経済学の学士号を取得してから、テキサスの石油業界でキャリアを積んだ。テキサス州選出の下院議員を二期務めた後、国連大使、共和党全国委員会委員長、中華人民共和国の米国連絡事務所長、中央情報局(CIA)の長官を歴任した。

ブッシュはエリートであるがゆえに、弱さや優柔不断のイメージが付きまとった。そのため、より庶民的に、より攻撃的に振る舞うことに努めた。大統領選では、福音派の支持を得るべく、ボーン・アゲインなど聖公会では通常使わない表現を使った。

大統領選からほどなくして外務省北米局がまとめた文書には、「現実に経済摩擦は、両国関係者のフラストレーションを極度に高めている」とある。「ロン・ヤス」後の日米関係の先行きは不透明だった。

そこで、「あらゆるレベルでの緊密な協議が必要であり、重要な決定に際しては互いに事前協議・事前通報をルール（no surprise〔サプライズなし〕の原則）とすべきである」とした。「政策の実質のみならず、アプローチの如何が両国の国民感情に影響を及ぼす」からだ（「米国次期政権に対する説明要領」）。両国は負の象徴的機能を回避する必要があった。

経済閣僚出席の真意

ブッシュの大統領就任からわずか二週間後の二月一日、最初の外国首脳として竹下が米国を公式実務訪問した。「最初」というカードを駆使して招待し、日本重視をアピールしたわけである。

同日に、ブレント・スコウクロフト国家安全保障問題担当大統領補佐官がブッシュに宛てた文書によると、「竹下首相は大統領との個人的な関係（「ジョージ・ノボル」）を築くことを切望」していたという（Memorandum, Brent Scowcroft [to the President]）。

これを踏まえ、翌二月二日午前一一時から冒頭二〇分程度、大統領執務室で行われたテタテで、ブッシュは「前例にならい、ファースト・ネームでよびあうことを提案したい」と呼びかけた。竹下も承諾した。「ジョージ・ノボル」関係の誕生である。二人は、ともに六四歳だった。竹下は「同い年は日本ではすぐ友達になるといわれている」と声をかけている。

ブッシュは、竹下と旧知のジェームズ・ベイカー国務長官に触れ、「ベイカーのゴルフの先生はあなたか。彼はヘタだ」と切り出した。対して竹下は、「次はジョージを先生としてたてまつりたい」と、ゴルフ談義に花を咲かせた（「日米首のう会談〈テタテート〉」）。

テタテの使い方にも個性が出る。たとえば佐藤とニクソンは二人だけで議論を進めたが、竹下にとっては場を和ませる時間としての色彩が濃い。

両者が打ち解けたところで、閣議室で全体会合が四〇分程度開催された後、一行は昼食会場に向かった。その途中、「犬に注意」という看板があった。ここはレーガンがリスにえさをやっていた場所だったが、ブッシュが愛犬を連れてくるというので、リスのためにレーガンが出したものである（「日米首のう会談」一一六七号）。レーガンのユーモアは、大統領退任後もホワイトハウスに残っていた。

午後〇時二二分から一時間強、ホワイトハウス本館のファミリーダイニングルームでワーキングランチが開かれた。その予定議題は安全保障で、経済問題は取り上げないこととなっていた。ところが、ロバート・モスバカー商務長官など、米国の経済閣僚が顔を揃えていた。

米国は不意打ちでコメや半導体の交渉を始めるつもりなのか、と日本は警戒する。だが結局、経済案件は提起されず、いかに日米両国がソ連と中国に対する政策を調整していくかなどが議論された（"Luncheon with Prime Minister Noboru Takeshita of Japan"）。

では、安全保障がテーマだったにもかかわらず、なぜ経済閣僚が出席したのか。カール・ジャクソンNSC特別補佐官が岡本行夫《ゆきお》北米局北米第一課長に明かしたところによると、これは、副大統領時代に日米関係の重要性を強く認識したブッシュ自身の指示だったという。ジャクソンは、ブッシュが「新政権の発足にあたって、経済閣僚たちに、日米関係には個別の経済案件よりもっと重要な広がりがあること、そして日米は首脳レベルでは緊密な雰囲気にあることを見せたかったのだ」と説明した（『危機の外交』）。

だが、貿易問題についてブッシュ政権の足元は不穏だった。米側の記者会見ではシグール国務次官補に、「大統領は不均衡の是正を日本にちゃんと求めたのか」との質問が執拗《しつよう》に繰り返された。ブッシュ政権はこうした国内の対日批判に向き合わざるを得なくなっていた。

大喪の礼

ブッシュが大統領に就任する約二週間前の一九八九年一月七日、昭和天皇が崩御していた。二月二四日に執り行われた大喪の礼に出席すべく、その前日にブッシュが来日した。これは、大統領就任後初の外遊となる。この際に米国は、ほかの国からは誰が来るのかといった横並びを気にするような照会を日本にしなかった。それほど日米関係は重視されていたのである。また、前年の年末に昭和天皇の容体が悪化した際にも、万が一の場合にはレーガンが葬儀に参列すると日本政府に極秘裏に伝えていたという(『対欧米外交の追憶』下)。

竹下とブッシュは、二月二三日午後四時から約四五分間、迎賓館の朝日の間で会談した。竹下は、ブッシュの大喪の礼出席に感謝を述べたうえで、来たるパリ・サミットなどについて言葉を交わした(「日米首脳会談」一〇六一号)。

この来日の間に、ブッシュはフランスやサウジアラビアなど一七ヵ国の大統領や国王、首相と会談。弔問外交を積極的に展開していた。

この二月の段階で米国は、竹下について「彼にライバルはいるが、敵はおらず、一九九一年まで総理の座にとどまる可能性が非常に高い」と見通していた(Memorandum, Brent Scowcroft [to the President])。

だが竹下は窮地に陥る。不動産会社リクルートコスモスの未公開株が、賄賂として政・官・財界に配られていたことが報道されたのである。自身の疑惑も浮上した竹下は、一九八九年六月に辞職する。

宇野宗佑と最短の会談

竹下の後任の宇野宗佑は、一九二二年八月二七日、造り酒屋の長男として滋賀県野洲郡守山町（現守山市）で生まれた。祖父正蔵は町長を二期務めた人物で、政治が身近な環境にあった。なお、池田勇人や竹下登などの実家も造り酒屋で、地方の名家にかつて酒屋が多かった。

学徒出陣のため、神戸商業大学（現神戸大学）を中退した宇野は、満洲、朝鮮に渡り戦後ソ連に抑留された。帰国後、滋賀県議会議員や河野一郎衆院議員の秘書を経て、衆院議員に当選し、防衛庁長官、科学技術庁長官、通産相、外相などを歴任している。だが、歴代の首相とは毛並みが異なった。幹事長・総務会長・政務調査会長という自民党三役の経験がなく、派閥の領袖《りょうしゅう》でもなかったからだ。

当時、安倍晋太郎や宮澤喜一など主要な政治家はリクルート事件の疑惑の渦中にいた。そうしたなか、同事件との関連性が低く、竹下と関係が近い宇野に後継者の白羽の矢が立ったのである。

六月三日の就任後ほどなく、宇野は七月一四日からパリ郊外で開催された、アルシュ・サミットに出席した。その際に、記録上では七月一四日午後四時一八分から三四分までパリの米大使公邸で日米首脳会談が開かれている。宇野六六歳、ブッシュ六五歳と、二人も同世代だ。

だが、遅刻した宇野が到着したのは四時二七分であり、さらに写真撮影に二分間かかった。ブッシュは、「もう行かねばならない時間だ。会談はまたの機会に開催できるだろう。日米関係は非常に重要であり、両国は協力していく必要がある」と述べ、その場を後にした（“Meeting with Prime Minister Sosuke Uno of Japan”）。帰り際に立ち話もしたというが、吉田茂とハリー・トルーマンの第一回会談を除けば、正味五分程度の日米首脳会談は歴代最短記録である。

翌七月一五日、サミットのコーヒーブレイクに際して、サミット会場となった高層ビル、グランダルシュの屋上で宇野はブッシュと立ち話をした。ブッシュは、「昨日の会談では時間がなく申し上げられなかったが、貴総理への自分の個人的な保証として聞いて欲しい」と前置きをして、「新大統領、貴総理は新総理であるが互いに連絡を密にして十分な意志そ通を図って行きたい」と述べた（「アルシュ・サミット〈総理・ブッシュ立話―一五日〉」）。

サミット最終日のフランソワ・ミッテラン仏大統領主催昼食会でも、宇野とブッシュは言葉を交わしている。七月一四日の首脳会談よりも、むしろ一五日の立ち話や一六日の昼食会の方が内容があった。

天安門事件をめぐる二枚舌

このとき首脳たちの強い関心は、六月四日に北京で起きた天安門事件だった。民主化を求めた学生たちを中国軍が鎮圧し多くの死傷者を出した事件である。日本はこれに抗議して、ハイレベルの人的交流を中止し、第三次円借款の供与も停止する。

先述の昼食会で宇野はブッシュに、「実は在中・中島〔敏次郎〕大使に対し副首相級の要人から会談要請があるが自分は現時点では過早《かそう》であるので、右会談要請には応じないように指示してある」と明かした。なぜか。「これは、仮に会談が実現すれば中国はこれを全世界に宣伝し、あたかも日中間が通常の関係に復帰したかの如き印象を世界に広める為の道具に使おうとしているからである」。象徴的機能が悪用されることに警戒感を示したのである。

もっとも、この点について日米のスタンスが一致していたわけではない。ブッシュは「在米中国大使が帰任する為、離任あいさつに中国大使が来れば会うこととなるやも知れない」と含みを残している（「アルシュ・サミット〈首のう・外相・蔵相ちゅう食—総理関係〉」）。

アルシュ・サミットは、「中国に関する宣言」を発出し、「我々は、中国当局が、政治、経済改革と開放へ向けての動きを再開することにより、中国の孤立化を避け、可能な限り早期に協力関係への復帰をもたらす条件を創り出すよう期待する」と表明した。

だが、こうした表現を盛り込もうとした日本に対して各国の反応は厳しかった。首脳個人代表《シェルパ》を務めた國廣道彦外務審議官に、ブレント・スコウクロフト米国家安全保障問題大統領補佐官は、「日本は天安門事件の再発を憂慮していないのか」と面罵《めんば》したという。最終的にはブッシュが日本の主張に理解を示したこともあり、同文言が宣言に入った。

しかし、実はその裏で動きがあった。アルシュ・サミットに先立つ七月一日、ブッシュはスコウクロフトをひそかに北京に派遣していたのである。それゆえに、米国が日本の立場を支持したのは当然だったにもかかわらず、その事実を隠し、スコウクロフトは会議の場で日本を批判していたのだ。國廣は約四半世紀後に「私は彼に対してはいまだに不信感を持っている」と回想する（『回想「経済大国」時代の日本外交』）。

サミットは無難にこなしたものの、宇野の立場は厳しかった。サミット直前に愛人スキャンダルが明るみに出ていたからである。リクルート事件とも相まって、七月二三日の参院選では自民党が過半数割れし、宇野は責任を取り八月一〇日に退陣した。わずか六九日の内閣だった。

第3章　同盟の漂流と再定義——ポスト冷戦と日米摩擦

1　「湾岸戦争のトラウマ」——海部とブッシュ

目的の喪失

一九八九年、国際情勢が大きく動いた。二月にソ連がアフガニスタンから撤退し、五月には中ソ関係が正常化した。欧州では東欧革命によって、東側陣営の限界が顕在化していく。九月にポーランド、一〇月にハンガリー、一一月にチェコスロヴァキア、一二月にルーマニアでそれぞれ共産主義体制が倒れていった。一一月にはベルリンの壁が崩壊している。

一二月、地中海のマルタで米ソ首脳会談が行われた。その共同記者会見で、ソ連書記長ミハイル・ゴルバチョフは冷戦の終結を宣言した。ほぼ半世紀にわたり時代を規定してきた冷戦は終焉を迎えていく。

だが、冷戦後の世界は決して理想郷ではなかった。単純な二極の対立では語れない、混沌《こんとん》とした時代が到来したのである。日米同盟にとっても、国際環境の変容は安全保障上の存在意義を揺るがすことになった。ソ連という共通の脅威の消滅によって、目的を見失った同盟は「漂流」していく。

時を同じくして、日本では政局が流動化していた。首相が短期間で交代し、他国の首脳と個人的な信頼関係を築きにくい時期に入る。短命政権が続けば、それだけ過去の政権の約束が引き継がれるかなど継続性の確保に心を砕く必要も出てくる。

海部俊樹

宇野宗佑の後を継いだのは海部俊樹《かいふとしき》だった。海部は一九三一（昭和六）年一月二日、愛知県名古屋市に写真館を経営する家の長男として生まれた。初の昭和生まれの首相である。首相就任時の海部は五八歳。五〇代の首相は、五四歳で就任した田中角栄以来だった。

海部は中央大学専門部法科を卒業後、河野金昇《きんしょう》衆院議員の秘書となった。その後、早稲田大学法学部に入り小渕恵三らとともに雄弁会に所属した。新制大学を卒業した初の首相でもある。同大学院法学研究科修士課程を中退し、二九歳で衆院議員に当選した。河野と親しかった三木武夫から、海部は薫陶《くんとう》を受けることになる。福田赳夫・中曽根康弘内閣では文相を務めた。

海部は大派閥の領袖ではなく、小派閥の幹部に過ぎない。だが、リクルート事件と無関係だったことから、自民党内で支持を得て一九八九年八月に首相に就任した。それゆえ組閣の際、小沢一郎や小渕恵三ら多数派を誇る竹下派の人間が人事を決定し、海部はほとんどタッチすることがなかったという。

海部・ブッシュ会談，1989年９月１日，ホワイトハウス
首相就任20日後に海部俊樹は訪米．大統領就任から８ヵ月の間にジョージ・H・W・ブッシュは、日本の現職首相３人と会談する

逆風自民党下の社会党批判

首相就任早々、海部の訪米が決まり、すぐに日米の官僚レベルで打ち合わせが行われた。そこでカール・ジャクソンNSC特別補佐官が、「スズキ総理訪米の際の日米の役割分担を継続」などとする、全体会合のトーキングポイントを説明した。一九八一年の鈴木善幸訪米から八年が経過していたが、そのときの合意を米国は引き続き重視していた。それだけ首脳会談での言葉は重い（「総理訪米〈事前打合せ〉」）。

また、ジャクソンは、日本に駐留する米軍への一部経費負担（ホストネーションサポート）について、ジョージ・H・W・ブッシュが議会の動きに言及したうえで、「本件については両国外相間で更に話し合わせることとしたい」と述べる予定と説明した。

これに対して有馬龍夫北米局長は強く反論した。「現下の国内政局にかんがみれば、かりそめにも今次訪米に際し米側からHNS〔ホストネーションサポート〕につき日本に圧力が加えられた、ないしは要求が行われたと日本国内で受け取られるようなことになれば、国内で強い批判をじゃっ起し、現政権がく境に立つことはもとより、従来より日本がこの分野で行ってきた努力自体の継続が今後困難となりかねない」。

ジャクソンは、「率直に言って現下の状況において今次首のう会談で米側より本件を全く提起しないという選択しはない」と応酬した。約一時間、議論は平行線だった（「総理訪米〈首のう会談事前打合せ・HNS〉」）。

そうしたなか、八月三一日に海部は米国を公式実務訪問する。九月一日午前一一時から三〇分ほど、大統領執務室でブッシュと会談した。海部五八歳、ブッシュ六五歳である。

ブッシュは、「今後とも日米関係は米国にとって最も重要な二国間関係の一つであるが良好な日米関係にもかんがみ、今後ファースト・ネームでよびあいたい」と呼びかけ、海部も「年長の大統領に対し、日本人としては恐縮であるが、こう栄であり、そうしたい」と応じた。「ジョージ・トシキ」関係のスタートである。

海部はまず、「日本の政党の中では自民党のみが自由と民主主義けん持を掲げている。社会党はスローガンを考えてきているが、まだ非武装中立を掲げている」と述べている。リクルート事件により勢いを増していた社会党への批判であり、自民党のみが日米関係を維持できるアクターであるとの、定番の理屈である。これを聞いたブッシュは頷き、「社会党は真の保護主義政党」であり、「日本に保護主義的政権がたん生すれば対応がより困難になる」と語った（「総理訪米〈日米首のう会談—小人数会合〉」）。

その後、外相や国務長官などがくわわり全体会合が開かれた。先述したように、在日米軍の経費負担に触れるか否かが官僚レベルで議論されていた。日米の会談録を見る限り、結局このテーマでの議論はなく、米国が日本に譲歩したようである。会談終了後には、ワーキングランチが開催された（"Plenary Meeting with Toshiki Kaifu, Prime Minister of Japan"）。

ブッシュ・フォンと混乱

「ブッシュ・フォン」と呼ばれたほど、ブッシュは電話会談を多用した。米政府が公開している記録によると、海部の首相在任中に少なくとも二一回、海部とブッシュは電話会談を実施している。ただし、その電話は海部からかけた方が多かった。

直接電話をすればたしかに話は早い。しかし、それが波紋を拡げることもある。

日本時間一九九〇年二月二三日金曜日の夜、ブッシュが海部に電話をしたいとの連絡が、急遽米国から入った。海部はホテルオークラに宿泊し眠りにつこうとしていたところだった。

電話を受けた海部にブッシュは、五日前の二月一八日の衆院選での自民党勝利に対する祝意を、米国の通訳を介して述べた。そのうえで、「三月四日にカリフォルニアで会って、パーム・スプリングスでゴルフをして、三月五日に会談をしてはどうだろうか」と提案をした。海部は「三月二日に国会で演説をせねばならない。五日には私の演説に対する国会の見解を聞かねばならない」として、「三日と四日なら貴大統領にお目にかかることが可能である」と述べた。

ブッシュは「三日と四日が空いているかは確認する必要がある」と即答を避け、代替案として、「三月一〇日から一一日にキャンプ・デーヴィッドにお招きしたいと思う」と持ちかけた。海部が「その（三月五日）あとは、国会で予算審議が始まるため、いつ私が行けるかについて官僚に確認する必要があると思う」と説明したところ、ブッシュは、「三日、四日を目指そう」と述べた（"Telephone Conversation with Toshiki Kaifu, Prime Minister of Japan"）。

かくして首脳会談の開催が決定した。一般社会であれば、こうして約束をすることは珍しくない。だが日米の首脳である。日程の調整を首脳自身が直接することも、会談の決定から開催まで一週間強しかないのも異例だった。当然、事務方は慌てることになる。

混乱したのは日本だけではない。ジャクソン補佐官によると、「今回の日米首のう会談の提案に至る急拠〔遽〕のオペレーションのイニシアチブは専らブッシュ大統領のみがとった」という。「米側においては、それを実施に移す詳細のつめが全く行われておらず、これを週末にかけて急拠行うといった始末」だった（「日米首のう会談」一七八六号）。

準備期間が極端に短いため、夫人は同伴しないことになった（「日米首脳会談」一〇八三号）。なお、スコウクロフト補佐官は「〔三月〕二日の午後にゴルフをすることも可能であろう」と水を向けた。だが、村田良平駐米大使は「総理としては、ゴルフの申し出に感謝するが今回は会談に集中したいとの御意向である」と断っている（「日米首のう会談」一七五三号）。

パーム・スプリングスとヒューストン

三月二日、海部はカリフォルニア州パーム・スプリングスの空港に到着した。海部は一泊二日の米国滞在である。ブッシュは異例にも空港で海部を出迎え、車に同乗し会場へと向かった。そして、モーニングサイド・カントリー・クラブでテタテが行われた。

これほど多忙のなか、なぜブッシュは海部を招いたのか。それは懸念を率直に伝えるためだった。

ブッシュは海部に、「両国に存在するわきあがってきている不満があることを恐れている。現にいくつかの分野においてはそれは自分のけん悪するしゅう悪さとなって表れてきており、自分としてはこれに全力をつくして闘っていきたい」と語った。「そこで、友人であり、また、選挙後により強力な指導者となられた総理に対し訴えたいのは、どうか戦いに臨む自分を助けてほしい」とブッシュは続けた。日米の経済摩擦が大きく問題化し、それにともなう感情的なこじれが、ブッシュを中心とする米国の行政府だけで対処できる問題ではなくなっていた。

それに対して海部は、「今後とも努力をつくしていきたい」と返答した（「海部総理の訪米〈テタテ〉」）。この約四〇分のテタテに続き、約三〇分全体会合が行われた。二者会談の方が長時間なのはこの頃としては珍しい。ブッシュが首脳会談の実質的機能に力を込めていたことが見て取れる。

翌三月三日午前九時半から一時間五〇分ほど、あらためて全体会合が行われた。ブッシュは、「日米の重要な二国間関係が悪化してしまうことはたえられない」として、「もし米側閣僚が招かれればよく日の飛行機に乗って日本に向かうよう自分として個人的に指示する用意がある」とまで述べている（「海部総理の訪米〈第二回首のう会談〉〈三の三〉」）。

この約四ヵ月後、テキサス州ヒューストンでのサミットの際、七月七日午前一一時半、写真撮影などを含め海部とブッシュの約四五分間のテタテが開かれた。ここで海部は、「『六・四〔天安門〕事件』は良いこととは決して思わない。機会あるごとに中国に反省を求めている」としつつ、「他方、中国をこ立化させるべきでないとの点全く同感である」と語った。そこで「第三次円借かんについては、じょじょに再開したい」と表明する。

それに対してブッシュは、「第三次円借かんのことはわかる」と理解を示し、「はっきり申し上げたいが、第三次円借かんについては、〔米国〕議会の方からは批判のさけび声が挙るであろうが、自分からの批判はないことを保証する」と発言している（「ヒューストン・サミット〈日米首のう会談―テタテート、対ソ支援〉」）。

湾岸危機と電話会談

この会談の一ヵ月後の一九九〇年八月二日、中東で国際情勢が動いた。サダム・フセイン大統領率いるイラクが隣国クウェートに侵攻し併合したのである。ブッシュは法の支配に基づく「新世界秩序」を掲げてイラクを非難することになる。

日本時間八月四日午前九時、湾岸情勢について海部にブッシュから電話がかかってきた。すべてのイラクへのローンやクレジットなどを中止したとして、「貴総理も同様の措置をとることを強く要請する」とブッシュは求めた。海部は、日本政府は米国やほかの西側諸国と同じ見解に立っていることなどを説明し、すでにクウェートの資産を凍結する行動を起こしたと伝えた（"Telcon with Toshiki Kaifu, Prime Minister of Japan on August 3, 1990"）。

日本政府は対応を協議し、五日午後八時五分に一〇分間、海部がブッシュに電話をかけた。イラクとクウェートからの石油輸入の停止などを決定したと伝えると、ブッシュは「本当に助かる」と感謝した（"Telcon with Toshiki Kaifu, Prime Minister of Japan on August 5, 1990"）。

さらに八月一四日午前七時五五分より、再びブッシュから電話があり二〇分間会談が行われた。ブッシュは「経済および軍事両面において、日本ができる限りのサポートをしてくれるよう、強く勧めたい」と表明し、トルコ、ヨルダン、エジプトへの援助に言及した。この点について海部は、「当方の国民は、経済面において可能な限り協力を拡げていくことについて、すでに同意している」と答えた。

他方で、問題となったのは軍事面での協力だった。ブッシュは、「多国籍海軍について、直接的な貢献を検討してほしい。それが日本の戦後史にとって分水嶺となることは認識しているが、もし実現できれば、日本は西側同盟の完全な一員であるというシグナルを真に送ることになるだろう」と依頼した。だが海部は、「憲法の制約と国会決議のため」、「軍事の領域に直接参画することはほとんど考えられない」と断った（"Telcon with Toshiki Kaifu, Prime Minister of Japan on August 13, 1990"）。

のちに海部は、「憲法九条には『交戦権は認めない』と書いてある。総理大臣になったとき、何度もそこを読み返した。戦中、焼夷弾から逃げ惑った経験があったから、武力行使を禁じた『九条』を守ろうと自然に思った」と振り返っている（『海部俊樹回想録』）。

この電話から約半月が経った八月三〇日（米国東海岸では二九日）午前九時三九分、海部がブッシュに電話をかけて、五分間話をしている。海部は「MNF〔多国籍軍〕への援助として、本会計年度の予算から一〇億ドルに増額することを決定した」と述べ、さらに「前線国家への援助のパッケージをまもなくとりまとめる」と表明した。ブッシュは「大変迅速な行動であり、米国で大いに感謝されるだろう」と述べた（"Telcon with Prime Minister Kaifu of

Japan on August 29, 1990")。

数ある電話会談のなかでも、とくにこの日の会話はブッシュの記憶に残ったようであり、回顧録で「八月二九日に私の友人、海部俊樹と話したところ、彼は可能な限りの支援をしてくれた」と言及している（*A World Transformed*）。

支援金の増額要求

一ヵ月後の九月二九日、国連「子供のための世界首脳会議」を機に、午後七時から一時間一〇分、海部がニューヨークのブッシュの宿舎を訪れ会談を行った。

海部は、電話で伝えていた中東貢献策について、「MNF〔多国籍軍〕に対して二〇億ドルの支援を行うこととした。しゅうへん国支援については、貴大統領からの電話の中で言及のあったエジプト、トルコ、ジョルダン〔ヨルダン〕を含め二〇億ドルの援助を行うこととし、また、難民については二千二百万ドルの資金を国際機関に拠出した」と説明した。「重要なことは資金提供のみではなく、わが国としてMNFに対して物資、輸送、いりょうの非軍事的協力を行っている」とも付言している。ブッシュは、感謝を述べつつ、「この機会に日本のこうけんが遅帯《滞》なくできる限りじん速に行われることを期待している旨申し上げたい」と述べた。

また、ブッシュは、「日本の憲法上の制約は十分理解している。いかに実現されるかは承知しないが、日本が軍隊を中東における国際的努力に参加せしめる方途を検討中と承知するが、そのような対応が有益であること及び世界から評価されるであろう旨自分から申し上げておきたい」と述べた。

それに対して海部は、人的協力を可能にする国連平和協力法の策定を決定したとして、「同法の下で創設される協力隊には日本全国から隊員をぼ集し、日本として資金のみならず共にあせを流す協力を実現したいと考えている」と話した（「日米首のう会談〈湾がん情勢及びわが国の対中東こうけん策〉」）。もっとも、同法案は国会での理解を得られず、廃案となる。

さらにブッシュは、「日本が米国の他の同盟国との比較においても最も手厚いHNS〔ホストネーションサポート／一部経費負担〕を提供して来たことを十分承知しているが、九一年にHNSの一層の増額が実現できれば米連邦議会に対するよい印となるので、日本のこれまでのHNSに対してけい意を表しつつ右要請を行いたい」と表明した。

海部は「HNSは湾がん危機と直接には関係なくむしろより長期的な日米安保体制の効果的運用に関連することであってわが国として当然に努力すべき課題であるとの認識からこうけん策の項目からは外れた。ただしこうけん策に含まれていないからわが国として重視していないと誤解しないでいただきたい」と説明した。ブッシュは「別の問題であるとは理解している」と応じている（「日米首のう会談〈HNS〉」）。その後、ブッシュの意向に沿う形で、一九九一年一月に光熱水費を新たに負担する特別協定が署名された。

湾岸戦争と「素人」の外交

一一月二九日、イラクが期限までにクウェートから撤兵しなければ「あらゆる必要な手段」の行使を認めるとする国連安保理決議第六七八号が採択された。そして、米国などのNATO諸国、エジプトをはじめとするアラブ諸国など二八ヵ国が多国籍軍を組織した。

こうしたなか、年明け早々の一九九一年一月一日午前九時、海部にブッシュから電話があった。海部が何事かと緊張したところ、「ハッピー・ニューイヤー！」とブッシュの明るい声が聞こえたという。こうした会話ができるほど「ブッシュ大統領とは、心の通じ合う仲だった」と海部は回想する（『政治とカネ』）。もちろん湾岸情勢についても意見交換をしている。

現地時間一月一七日未明、「砂漠の嵐」作戦が実行された。多国籍軍によるイラク空爆である。二月二四日に地上軍が投入されてから一〇〇時間で、イラク軍は撤退した。

空爆開始後の日本時間一月二四日午前一〇時、海部がブッシュに電話をかけた。その前に開催された日米蔵相会談で、橋本龍太郎蔵相がニコラス・ブレイディ財務長官に追加で九〇億ドルの拠出を約束したことから、海部が「九〇億ドルの貢献を決断した」とブッシュに伝えたのである（"Telcon with Toshiki Kaifu of Japan on January 25［24］, 1991"）。

しかし、この合意が問題となる。橋本とブレイディは親しかったため、両者は橋本の通訳のみを交えて話をし、両国の外交官を同席させなかった。その結果、橋本とブレイディの認識にはすれ違いが生じていたのだ。

第一に、九〇億ドルをいつ時点の為替レートで計算するかが明らかではなかった。第二に、九〇億ドルは米国だけに払うのか、多国籍軍全体に払うのかを詰め切れていなかった。橋本は多国籍軍支援と発言したと主張するが、ブレイディは米国だけのためだと解釈していたのだ（『橋本龍太郎外交回顧録』）。

当時駐米大使を務めた村田良平は、「プロの外交官同志の交渉なら必ずつめたポイントである」と指摘する（『村田良平回想録』下）。「素人」たる政治家の交渉が嵌《はま》った陥穽《かんせい》だった。

「湾岸戦争のトラウマ」

解放されたクウェート政府は、一九九一年三月、関係各国への感謝広告を『ワシントン・ポスト』などの新聞に掲載した。だが、そこに日本への言及はなかった。合計一三〇億ドルもの経済的支援をこの戦争で行ったにもかかわらずである。

このことを記者に伝えられた海部は、「へえ？　あんなに（クウェートの）大使が喜んでいたのになあ」と不思議そうな表情を浮かべ、「多国籍軍に兵隊を送っていないからじゃないか……」と口にした。その後、海部は駐日クウェート大使を呼び出して抗議することになる。

いくら資金を拠出しようとも、人的貢献がなかったがゆえに、日本の貢献は国際社会に評価されなかった。したがって、目に見える人的貢献が必要である。このような論調が日本では勢いを増していく。いわゆる「湾岸戦争のトラウマ」である。

当時、米国の日本に対する視線は厳しかった。たとえば、一九九〇年の『ニューヨーク・タイムズ』の世論調査では、五八%が日本の経済競争力をソ連の軍事力以上の脅威と見なしていた。米国の『ニューズ・ウィーク』誌も、ソニーによるコロンビア・ピクチャーズの買収を受けて「日本がハリウッドを侵略する」との特集を組むなど、対日批判が高まっていた時期である。

村田良平駐米大使は、当時の日米関係は「時として敵対的とすら形容しうるほどギスギスしたもの」だったと回想する。「底流は日本経済・技術分野での大国化がもたらした日本への警戒感、不信感であった」（『村田良平回想録』下）。日米間の信頼は揺らいでいた。

その後日本政府は、イラクが敷設した機雷を除去すべく、四月にペルシャ湾に海上自衛隊掃海艇を派遣した。自衛隊の海外派遣はこれ以前からも検討されており、憲法上や実務上の問題について議論が重ねられてきていた。それがこのときに結実したのである（『自衛隊海外派遣の起源』）。

社会党などは激しく反対したものの、派遣後は国民から総じて評価された。続く宮澤喜一内閣も、国連平和維持活動（PKO）協力法を成立させて、一九九二年九月にはカンボジアPKOに参加し、約一年間で一二〇〇人の自衛隊員が活動に従事することになる。

両首脳による共同記者会見

ペルシャ湾への自衛隊派遣が決定される少し前、海部は四月四日午後一時二〇分から一時間、カリフォルニア州ニューポート・ビーチで、ブッシュとのテタテに臨んだ。

ブッシュは、「連合国に続いて力強いパートナーとしていただいた支援を感謝していることをお伝えしたい」と礼を述べた。海部は、「湾がん危機を通じて日本は終始ジョージの側に立ってきた」と応えた。国民の意識にも触れ、「世論調査でも多国籍軍の行動を支持し、ブッシュ大統領の決断を支持する割合が半数を超えるまでになっており、良いことだと思っている」と語った（「日米首のう会談〈テタテート：湾がん後の日米関係〉」）。

だが、懸案はまだ残っていた。「九〇億ドル」の件である。ブッシュは日本の支援について、「どうか九〇億ドル全額を支払うよう努力していただけないであろうか」と依頼した。「米議会を引き合いに出してそのかげにかくれようとする訳ではないが、議会において反日感情を再ねんさせたくない」とブッシュは続けた。

海部は、「国会の制度上、差益や差損に対応して円建ての拠出を上下することは出来ない」と理解を求めた（「日米首のう会談〈テタテート：多国籍軍に対するわが国の支援〉」）。九〇億ドルは補正予算編成時の為替レートで一兆一七〇〇億円拠出すると国会で決めていた。さらに七億ドルは英国をはじめとする多国籍軍支援に回したため、実際に米国に出したのは七八億ドル相当となった。

ただし、「九〇億ドル」の問題について、米政府も一枚岩ではなかった。後日、ロバート・キミット国務次官は小和田恆《おわだひさし》外務審議官に「ブッシュ大統領のプレゼンテーションは国務省が本件につき想定したよりも強いラインであったことは意外であった」と語った。「大統領発言は多分財務長官からのフィード・インに基づくものであろう」と言うのである（「オワダ外審とキミット国務次官との会談」）。財務省が強く支援金の額にこだわっていたが、国務省とは温度差があったのだ。

続いて午後二時二〇分から一時間二〇分、北米局長や国務次官補などがくわわり全体会合が開催され、その後、両首脳による共同記者会見が行われた。とくに米国の世論へ働きかける象徴的機能を考えてのことである。二人が並ぶ姿はテレビで放送され、ブッシュは日本の湾岸戦争への貢献について最大限の賛辞を贈った（『歴史としての日米関係』）。

日本重視のメッセージ

共同記者会見から三ヵ月後の七月一一日、メイン州ケネバンクポートにあるブッシュの別荘に海部は夫人の幸世《さちよ》とともに招かれた。ブッシュはこの地の教会に埋葬されることを望んでいたほど、特別な場所だった（実際にはテキサス州のブッシュ大統領図書館の敷地内で眠っている）。

湾岸戦争で日米関係に不協和音が流れた後も、ブッシュはこうして日本が重要な国であるというメッセージを発し続けた。北米局北米第一課長を務めた岡本行夫は、「湾岸戦争で日米が決定的に断絶しなかったのは、ジョージ・H・W《ママ》・ブッシュという政治家がいたゆえであった」と回想する（『危機の外交』）。このときもブッシュは、メディアの前で海部をモーターボートに乗せ自ら操縦桿を握り、親密さをアピールしている。

　午後三時半から一時間半、海部とブッシュは別荘の応接間のソファーで会談した（「日米首脳会談〈討議項目〉」）。そして「九〇億ドル」の件について、日本政府が七〇〇億円（当時のレートで五億ドル）を追加で拠出することになった。ブッシュは「自分から、日本は五億ドルを支払ってプレッジ〔約束〕を満たしたと議会を説得する」と述べ、海部も「国会等に対しては日本が戦闘行為終了後の中東における平和回復活動に必要な資金を拠出したと説明していく」と語った（「日米首脳会談〈「九〇億ドル」問題〉」）。

　こうして「九〇億ドル」の問題も一段落ついたが、海部は国内政治で足をすくわれる。小選挙区制導入など政治改革関連法案をめぐり、海部が解散権の行使を示唆した旨が報道されると自民党内で反対が拡がり、いわゆる「海部おろし」が行われたからだ。結果的に海部は解散権を行使できず、自民党総裁の任期満了をもって一一月に職を辞した。

2　通訳不要の首相——宮澤とブッシュ、クリントン

宮澤喜一

一九九一年一一月に宮澤喜一が首相に就任した。宮澤は一九一九年一〇月八日、内務官僚を経て山下汽船に勤めていた宮澤裕の長男として東京に生まれた。本籍は広島県福山市である。父はその後衆院議員となった。

東京帝国大学法学部を卒業後、宮澤は大蔵省に入省した。その英語力には当時から定評があり、池田勇人蔵相の秘書官として、一九五一年のサンフランシスコ講和会議にも参加していたことは先に見た。広島から参院議員に当選し、その後衆議院に転じた。経企庁長官、通産相、外相、蔵相、副総理などを歴任したが、総務会長以外に党の要職はほとんど経験していない。

首相就任後、宮澤がブッシュ大統領と初めて言葉を交わしたのは、一二月二〇日午後九時半、通訳なしでの電話会談だった。宮澤七二歳、ブッシュ六七歳と同世代だった。米国の記録によると、ブッシュは「キイチ」と呼びかけているが、宮澤は「大統領閣下」と言い、ブッシュのファーストネームを呼ぶことはなかった（"Telcon with Kiichi Miyazawa, Prime Minister of Japan on December 20, 1991"）。

ただし、これは両者の関係が悪かったことを意味しない。二人は旧知の仲であり、宮澤は「私はブッシュさんという人は自分と同じ時代の人だと非常に強く感じて、最初から好きな人でした」と回想する（『宮澤喜一』）。初の電話会談でファーストネームを呼ばないのは、宮澤なりの敬意の表明だったのだろう。

ブッシュ来日——最初の首脳会談、日本開催

首相臨時代理だった伊東正義と、パリでのサミットが重なった宇野宗佑を除けば、新首相就任後初の日米首脳会談は、すべて米国で開かれていた。しかも吉田茂がサンフランシスコ、田中角栄がハワイで行った以外は、ワシントンで行われている。「ワシントン詣で」と揶揄されたゆえんである。そうした歴史のなか、宮澤は最初の日米首脳会談を日本で開催した。

一九九二年一月七日午前にブッシュは、伊丹空港に夫婦同伴で国賓として来日した。まず京都を訪れ、「つる家」で海部前首相主催昼食会に参加した。そして、ヘリコプターで奈良県橿原《かしはら》市に向かい、米玩具店「トイザらス」の日本二号店の開店式典に出席した。米企業の日本市場進出をアピールしたわけである。その後特別機で東京に向かった。

翌一月八日午前一一時半より約五〇分間、官僚は同席したが通訳なしのテタテが行われた。ブッシュは「是非自分を助けて欲しい」と語りかけた。「自分が求めているのは具体的なものであり、最善の数字である」と、米国企業の日本市場への進出加速を求めたのである。

それに対して宮澤は、「あなたが成功することは私が成功するために必要であるとみている」としつつも、「自分は官僚に対して指示することはできるが、問題は官僚がビジネス界を説得できるかどうかであり、それは別の問題である」と言質を与えなかった。なお、機微

な内容ゆえか、この会談の記録は存在自体が部外秘とされた（「ブッシュ大統領訪日〈第一回及び第二回テタテート首脳会談〉」）。

続いて午後〇時半から約五五分間、蔵相や財務長官らをくわえて全体会合が行われた。ここには通訳も出席している。ブッシュは「現在米国では未だかつてなかったほど強力な保護主義的圧力に直面」していると語り、「これは『アメリカ第一』という言い方で主張されているが、これが孤立主義のことを意味していることは明らかである」と断じた（「第一回日米首脳会談〈全体会合〉〈別電一・日米関係一般〉」）。約四半世紀後、「アメリカ第一」を掲げるドナルド・トランプ大統領が誕生することになる。

ロバート・ステンペル・ゼネラルモーターズ会長（左）と握手する宮澤とブッシュ（中央），1992年1月8日，迎賓館赤坂離宮　日米経済摩擦が過熱するなか，首脳会談に際し米国は経済関係者を同行した

晩餐会でのブッシュの体調不良、退席

ワーキングランチの後一時間余り、ブッシュは天皇と赤坂御所でテニスを行った。だが、ブッシュの体には限界が来ていた。ブッシュの外遊は日本だけ

でなく豪州、シンガポール、韓国を一一日間で回る過密なスケジュールで、日本が最後の訪問国で疲労が蓄積していた。主治医は首相官邸の宮澤主催晩餐会を欠席するように助言したが、ブッシュはそれを退けた。

果たして、晩餐会のさなかブッシュは体調不良のために嘔吐し倒れた。宮澤はブッシュを支えつつ、シークレットサービスに指示を出し、ブッシュがテレビに映らないよう配慮する。ブッシュは運ばれて退場したが、バーバラ・ブッシュ夫人は「私がいまここを外すと、世界に wrong signal（誤ったシグナル）を与えるから、私はここにいます」と語ったという（『聞き書 宮澤喜一回顧録』）。ネガティブな象徴的機能を緩和しようとしたのである。

会場は深刻な空気に包まれた。それを一変させたのは、乾杯の後、宮澤にスピーチを求められたブッシュ夫人だった。夫人はマイケル・アマコスト駐日大使に目配せしたうえで、こう語り始めた。「これはすべて大使の責任です。今日の午後、彼は大統領とペアを組んで、天皇陛下、皇太子殿下とテニスをやらせていただきましたが、惨敗しました。それでジョージが気分をこわしたのです！」（アマコスト、読売新聞社外報部訳『友か敵か』）。

のちにブッシュは「気を失ったことは全然覚えていない。自分はしん秘主義者ではないが、最後に記おくにあるのは、うつくしいひかりが見えてしずかなてん国にいるような心地であったことである」と語っている（「ワタナベ大臣のブッシュ大統領表けい」）。ちなみに米政府は「インフルエンザによる胃腸炎」が原因だったと発表した。

快復したブッシュは、翌一月九日には午後一時四〇分より約三〇分間の宮澤とのテタテに臨んだ。本来であれば全体会合も行われる予定だったが、ブッシュの体調が考慮され中止となった。

この場でブッシュは、宮澤を同年夏に、また天皇を翌年に米国に招待した。そして、「もし自分が〔一一月の大統領選で〕再選されなかったら、どうなるかな。そういうことはまずないから心配しないでくれ」と続けた（「ブッシュ大統領訪日〈第一回及び第二回テタテート首脳会談〉」）。その後も宮中晩餐会は短縮され、ほかのスケジュールはキャンセルされた。

同日、宮澤とブッシュは、「日米グローバル・パートナーシップに関する東京宣言」と「行動計画」を発表した。そこでは具体的な努力目標が設定された。すなわち、日本の米国製自動車部品購入総額を、一九九〇年度の約九〇億ドルから九四年度には約一九〇億ドルへ倍増することなどが明記されていた。

急遽行われたバーバラ・ブッシュ夫人のスピーチ，1992年1月8日，迎賓館赤坂離宮　米大統領歓迎晩餐会でブッシュ大統領が突然体調を崩し退席．機転を利かせた話で雰囲気を変える．手前は宮澤

行動計画の経済・貿易関係をめぐっては、事前に議論が煮詰まってお

らず、ブッシュが東京に到着した一月七日の夜から事務レベルでの交渉が実質的に開始され、完成したのは九日の昼近かった。北米局長だった松浦晃一郎《まつうらこういちろう》は、「ブッシュ・宮沢会談は、四回とも非常によい雰囲気で行なわれましたが、それにひきかえ事務レベルの折衝は、経済・貿易関係をめぐってかなりとげとげしいものがありました」と振り返る(『歴史としての日米関係』)。

行動計画は何とかまとまったものの、米国には不満が残った。のちに訪米した佐藤行雄北米局長は、「ブッシュ大統領訪日は失敗であったというのが、米政府内外の関係者の一致した見方であった」との所感を残している。米国にとって、目に見える成果は乏しかったのである(「日米関係について」)。

湾岸戦争に勝利したブッシュは、米国内で戦争終結直後に史上最高の支持率八九%を記録した。だが時代は、冷戦と対テロ戦争、そして二つの対イラク戦争間の「二重の戦間期」に入っていく(『現代アメリカ外交の変容』)。次第に勝利の陶酔が冷め、景気回復が実感されないなか、米国の世論の関心は経済問題に移っていった。ブッシュが一九九〇年九月に「新世界秩序」を主張したのは、冷戦の終焉を受けて、米国が孤立主義的なスタンスに回帰することを危惧したからだった。

ブッシュは、このアジア太平洋訪問を「雇用創出の旅」と意義付け、大手自動車会社の首脳陣など一八人の米国のビジネスマンを引き連れていた。日本では、「仕事、仕事、仕事」

と連呼せざるをえなかった。大統領選まで一年を切っていた。

もっとも、ブッシュの行動は特異なものではない。相互依存が深まるにつれ、商業上の目的を帯びた外交も世界的に拡がっている。このブッシュ訪日も「商業外交」の例と言える（*Diplomacy*）。

宮澤訪米――英語による直接発信での評価

この二〇日後の一九九二年一月三〇日に、国連安保理首脳会議の開催に合わせて、宮澤はニューヨークを訪れた。その際、同日午後五時四五分から約二〇分間、ウォルドーフ・アストリアのブッシュのスイートルームで、日米首脳会談を行った。

先のブッシュの体調不良について宮澤は、「貴大統領のつかの間の病気は、結果として貴大統領と日本国民をより近づけることになったと考える」と声をかけた。そして「自分は、フォード米大統領が訪日された際に同大統領の着ておられたズボンのたけがやや短すぎ、それがテレビで放えいされたが、かえって日本国民は同大統領に親しみをおぼえることとなったことを思いだしている」と語った（「ミヤザワ総理安保理サミット出席〈日米首のう会談・総理訪米〉」）。日米関係に精通している宮澤らしい気遣いである。

両者は電話会談の機会もしばしば持っている。米国の記録では、一九九二年六月二九日以降、電話では、宮澤がブッシュに「ジョージ」と呼びかけていることが確認できる（"Telcon with Prime Minister Miyazawa of Japan"）。もちろん、会談以外の場ではそう呼んでいた可能性もあるが、ようやく記録に残る場でファーストネームを呼べるだけ、心理的な距離が縮まったのだろうか。

ファーストネームで呼びかけるようになった電話の翌六月三〇日から七月二日まで、宮澤は米国を公式実務訪問した。七月六日からのミュンヘン・サミットを控え、日米の意見を擦り合わせることが目的だった。七月一日午後三時四〇分より五〇分間、ホワイトハウス閣議室で全体会合が行われた。

今回は米国には「一月の失敗を繰り返してはならない」という意識が強く働いていた。「首脳会談やその後の報道関係に対する対応において、経済面での個別案件に焦点があたらないように米側が種々配慮した」という（「宮澤総理訪米について」）。

会談でブッシュは日本の内需拡大策について、「内需し激策には、政治的てい抗があるのか。だれもが声援を送る話ではないのか」と尋ねた。宮澤は「ビジネスもかん迎している。問題は、新たな予算に官僚機構がてい抗することである」と答えている（「日米首のう会談〈全体会合：日本の内需拡大策〉」）。なお、米国の記録では、やや細部は異なるが、宮澤の発言の後に「笑い（laughter）」と記されている（"Meeting with Prime Minister Kiichi Miyazawa of Japan"）。続いて午後五時半から一時間半、キャンプ・デーヴィッドでブッシュ主催夕食会も行われた。

この訪米で宮澤は、米ABCテレビのインタビューや、『ワシントン・ポスト』論説委員との懇談で英語で直接発信している。事前に米国政府が指摘したように、「英語で直接日本の立場を語れる宮澤総理は、この時期の対米世論対策における『戦略的資産』」だった（「日米関係について」）。宮澤がブッシュと当たり前のように通訳を介さず会話する場面は、日本のテレビでも放送され、上々のパフォーマンスとなった。

また、宮澤がワシントン駐在記者を前にスピーチをした際、「サンフランシスコ・ジャイアンツと東京ジャイアンツがワールド・シリーズで争う日がくると考えているか」との質問を受ける一幕があった。宮澤は「わからない」としながら、「冗談だが、日本のチームの一つは『ホエールズ』といいかつて捕鯨をしていた会社が所有していたが、もう（捕鯨を）止めてしまった」と述べ、会場は「大拍手」に包まれた（「総理外遊海外報道振り〈訪米を中心に〉」）。日本の捕鯨への批判を念頭に置いた機知に富んだ発言であり、宮澤の本領発揮である。

ビル・クリントン

一一月に米大統領選が実施され、共和党ブッシュは敗れた。勝利を収めたのは、「大事なのは経済なんだ、バカヤロウ！」と叫んだ民主党のビル・クリントンだった。

クリントンは、一九四六年八月一九日にアーカンソー州ホープで生まれた。実の父はその三ヵ月前に自動車事故で亡くなっている。初の第二次世界大戦後生まれで、ベビーブーマー世代の大統領である。教派は南部バプテストであり、ほとんどの日曜日に一張羅のスーツを着て自分の聖書を持ち、教会の日曜学校に通う子どもだった。

家庭は貧しいアイルランド系で継父ロジャー・クリントンはアルコール中毒であり、家庭で暴力を振るった。継父への反発から、ビルがクリントンの名字を名乗るようになったのは、高校生のときである。なお、同じく高校生の頃、クリントンはジョン・ケネディ大統領と握手をする機会があり、これをきっかけに政治家を志すようになったことはよく知られる。

ジョージタウン大学を卒業したクリントンは、初のカトリック系大学出身の大統領であり、同大学で経済的・社会的正義についての考え方が養われたという（*Religion in the Oval Office*）。その後クリントンは、オックスフォード大学でローズ奨学金を受け、さらに、イェール大学ロースクールで法務博士の学位を取得し、アーカンソー州司法長官、州知事を歴任して大統領の座を射止めた。

クリントンの世代にとって、日本が経済大国であることは自明であり、日本は安全保障上の同盟国以上に経済的に手強いライバルとして映った。

宮澤は、「自分と同じ時代の人」であるブッシュと比べ、「クリントン大統領は、やはり私とは時代の違う人でしたね」と回想する（『宮澤喜一』）。宮澤七三歳、クリントン四六歳、日米首脳会談史上、最大となる二七歳差だった。首脳といえども人間であり、両者の相性は重要である。

クリントン政権は経済問題をはじめ国内への関心が強く、大統領就任演説では外交への言及は字数にしてわずか三％に過ぎなかった。そのため日米関係の先行きにも不透明感が拡がった。くわえて、民主党政権は一二年ぶりだったため、日本政府はクリントン政権の中枢に十分な人脈も持っていなかった。

「クリントン大統領が破ったわけです」

一九九三年四月一六日に宮澤は渡米した。このときに閣僚は同行していない。まず宮澤とクリントンがテタテで会談するなか、クリントンは「我々は経済面で難しい問題を抱えている」として二つの提案をした。第一に、年に二回は会うこと。「我々が年に二回会うことによって、他の国々や夫々《それぞれ》の国民に対して、我々がこの二国間関係を重視しているというシグナルを送ることができる」との考えからだ。すでに一九八五年以降、日米首脳会談は年に複数回開催されていたが、それを言明したわけである。そして、「第二の提案は構造的な問題やセクターの問題について対処するための枠組みを作ることである」とクリントンは続けた。宮澤はこの二つを快諾した。

その後の官僚を含めた少人数会合で宮澤は経済問題について、「日本の巨大なインバランス〔貿易の不均衡〕は非常に恥ずかしいものである」としつつ、数値目標の設定には反対した。対してロイド・ベンツェン財務長官は、「成功が計測可能であることは重要であると思う」と述べ、溝は埋まらなかった。米国は日本の経済成長も求めていた（北米第一課「日米首脳会談」）。日本ではバブルが崩壊し、一九九三年の経済成長率は第一次石油危機時の一九七四年以来のマイナスを記録する。

会談後の共同記者会見では、双方の意見の相違が明らかになった。クリントンが「分野ごとにどのような合意を目指すべきかという点で、首相との間に食い違いが残っている」と発言したからだ。クリントンが重視したのは、自国向けの象徴的機能だった。

それに対して宮澤は、「日米の経済的繁栄は自由貿易の原則に基づきはぐくまれるべきで、管理貿易や一方的措置の脅しによっては実現できない」と主張した。のちに宮澤は、「ふつうは記者会見では対立点を出しませんね。しかし、それをクリントン大統領が破ったわけです。私が破ったのではありませんよ」と振り返っている（『宮澤喜一』）。

クリントン来日――日米間の同床異夢

この約三ヵ月後、東京サミットに合わせてクリントンは来日した。七月六日午後四時半過ぎより約五五分間、テタテが開催された。その後、全体会合が約二〇分開かれたが、時間の制約上、両首脳がテタテの内容を紹介しただけで終わった。

七月七日から九日までのサミット開催後も、九日午後九時五〇分より一時間半、宮澤とク

宮澤喜一（右）とビル・クリントン，1993年7月9日，ホテルオークラ「久兵衛」　東京サミット中の二国間会談．鮨屋で親密さを演出しメディアで報道された．左端は栗山尚一駐米大使

リントンはホテルオークラ内の鮨屋《すしや》「久兵衛」で懇談した。

当時、米国が中国に与えている最恵国待遇を更新するか否かが注目されていた。中国は人権問題を抱えているから更新するべきではないという意見が米国にはあった。

宮澤は、「最恵国待遇というのは大した問題ではないから、与えるのが普通だ」と話した。クリントンは「与えることによって中国の民主化が進むかもしれないな」と述べたところ、宮澤は「そこは違う。民主化が進むとは限らない」と率直に議論をしたという（『宮澤喜一』）。

この来日でクリントンは、七月七日に早稲田大学で講演した後、参加者と対話し、近くの商店街を歩いて住民と言葉を交わした。九日早朝には神宮外苑を散策し、偶然見かけた草野球の選手たちと歓談している。こうした言動はメディアで広く扱われた。

七月一〇日に発表した共同声明では、日米は「建設的なグローバル・パートナーシップを創設する」と宣言した。宮澤・ブッシュの共同声明の「グローバル・パートナーシップ」という表現を踏襲した形である。

この共同声明には、日米政府が「措置及び政策の実施状況を評価する」とも明記された。そして、「この評価は、両国政府により評価される関連情報ないし関連データからなる一連の客観的基準に基づいて行われる」ことになった。

だが、この「客観的基準」は、日米の妥協の産物であり同床異夢だった。日本は、これを「ここまで到達しなければならないという目標ではない」とした。だが、米国は「ベンチマーク」という表現を用いて、「結果が出なければ法的な政策をためらわずに適用する」との解釈を示した（『日本の対米貿易交渉』）。

当時駐米大使だった栗山尚一は、こうした不安定な関係の背景には日米の相互不信があったと解説する。日本には、一度数字を出すと米国はそれを約束とみなし、目標が達成されないと制裁など一方的措置を正当化しようとするとの不信感があった。実際に日米半導体摩擦ではこのようにして制裁が発動されていた。

他方、米国にも日本への不信感があった。栗山曰く、日本はいつも曖昧なことしか言わず、いざとなると法律論を使って約束ではないと主張する。したがって、数字になった明確な目標を定め、日本に圧力をかけていくことが必要との考えである（『日米同盟』）。

この一週間余り後、日本では内政が大きく動いた。衆院選で自民党が過半数の議席を割ったのである。自民党単独政権の時代は終わりを告げた。

3　北朝鮮核危機と経済摩擦――細川・村山とクリントン

細川護熙

一九九三年八月九日、細川護熙《もりひろ》を首班とする非自民連立政権が成立した。自民党が政権を担い社会党がそれを牽制《けんせい》する、いわゆる五五年体制が終焉したのである。連立政権の時代が始まり、選挙制度改革で政治環境も変わっていく。選挙の顔としての党首と外交の顔としての首相の役割が、ますます意識されるようになっていく。

細川は、一九三八年一月一四日、東京で旧熊本藩細川家第一七代当主の細川護貞《もりさだ》と温子《よしこ》の長男として生まれた。護熙ものちに第一八代当主となる。温子の父はフランクリン・ローズヴェルトとの首脳会談が実現しなかった五摂家筆頭の近衛文麿である。

細川は上智大学法学部を卒業後、政治の道に進む近道だと朝日新聞社に入社した。ここには伯父の近衛文隆の影響があった。政治家として将来を嘱望されながらシベリア抑留で死去した伯父の志を継ぐべく、政治家を目指したのである。

約五年間の記者生活を経て自民党参院議員に当選した。その後熊本県知事を経て、日本新党を結成して代表に就任し、再び参院議員となり、のちに衆議院に鞍替えした。

就任時に国務大臣経験がなかった首相は、一九四七年に就任した社会党の片山哲以来であり、日米首脳会談経験者のなかではもちろん初である。

非自民政権の「日米安保堅持」の明言

就任直後の細川は、ニューヨークの国連総会に出席した。その機に九月二七日午後三時二〇分過ぎから約一時間二〇分、ウォルドーフ・アストリアのクリントンのスイートルームで、日米首脳会談が行われた。細川五五歳、クリントン四七歳である。清新な印象を与えた細川だがクリントンの方が若かった。

クリントンは、「日本で政治改革が成功したあかつきには、総理に米国にお越しいただき、やり方を教えていただきたい」と述べ、一同は笑いに包まれた(「日米首のう会談」五五一四号)。細川はクリントンについて、「ともに改革を目指す指導者として強い共感を覚ゆ」と日記に記している(『内訟録』)。

細川は、「日米安保条約をけん持していきたい」と自民党政権からの政策の継承も明言した。当時、日米は両国で世界のGNPの約四割を占めており、両国の協力は不可欠だった。

経済については、新たな枠組みである日米間のフレームワーク合意に基づく協議が同月から始まっていた。これに関連して細川は、「明年一月下旬から二月の首のう会談までに良い、目に見える結果が出るようにしたい」と語った。クリントンは期待を示しつつ、「何《いず》れかの時点で進展がなければ、自分の貴総理を支持していく能力は損なわれていくこととなる」と釘を刺すことも忘れなかった（「日米首のう会談」五五一四号）。

会談終了後、共同記者会場に移動するエレベータのなかで細川は、「大統領は、どれくらいゴルフをされるのか」と声をかけた。クリントンは「週一回である。今度米国を訪問される時に、ご一しょにいかがか」と誘うと細川は快諾した（「日米首のう会談〈別電九〉」）。もっとも、このゴルフも空手形で終わった。

その約二ヵ月後、一一月一九日から二〇日にかけて、アジア太平洋経済協力（APEC）の首脳会議が初めて開催され、各国首脳が米国シアトルで一堂に会した。サミットと同じく、この多国間会議の合間を縫って二国間の首脳会談も開かれる。

細川護煕とビル・クリントン，1993年11月20日，シアトル　初のAPEC開催時に合間を縫って首脳会談が行われた

日米首脳会談も一一月一九日午前一一時四五分から三〇分弱テタテが、午後〇時二四分から約四五分間、全体会合が行われた。
細川はフレームワーク合意について、数値目標は排除されるべきである旨を主張した。自動車問題についても、米国の日本市場における右ハンドル車の販売努力の不足などを指摘したという(『内訟録』)。かつて中曽根康弘がロナルド・レーガンに、日本のサイズに合わせた木材の合板を米国が作らないと批判したのと同様のロジックである。

この首脳会談で細川は、クリントンに所得税減税を翌年実施する旨を伝えた。問題となったのは、減税分を埋める財源をいかにして確保するかだった。こうした事情もあり、この後、国民福祉税の構想が浮上していく。

物別れ──経済問題の行き詰まり

日米当局者間で経済問題が議論され続けたが、その合意点はなかなか見出せなかった。そのようななか一九九四年二月一〇日、細川は米国を実務訪問した。

首脳会談までに何とか議論をまとめるため、翌二月一一日午前一時から四時という異例の時間帯に、羽田孜外相とUSTRのミッキー・カンター代表が会談した。最大の桎梏《しっこく》である客観基準について、カンター自らがグラフを書きながら「過去のトレンドを維持する」という内容で妥協できないかと提案した。だが羽田は、「グラフが書けるということは結局数値目標に他ならない」と拒否した(『日本の対米貿易交渉』)。

落とし所が見えぬまま、同日午前一一時三五分から一時間三五分、日米首脳の少人数会合が大統領執務室で開かれた。首脳による懸案の決着という、首脳会談の実質的機能に注目が集まった。

クリントンは、「われわれは行きず〔づ〕まりに直面しているので、れい却期間を置くことが最善であると考える」と表明した（「日米首のう会談〈少人数会合〉〈二の一〉」）。だが、細川は「できる限り早く合意に達することが重要であり、頭をひやすことなく、可能な分野から交渉を進めていくことが可能だと考えるので、事務当局につめさせたい」と、交渉の継続を求めた。

それに対してクリントンは、「政府調達や保険についても、立場はとおく離れているという報告を受けているので、交渉担当者に協議することなく合意することは出来ない」と切り返した。さらに、「ここ約一〇年間で三〇の日米貿易協定」は「実効的ではなかった」とまで言い切った。これには細川も、「一九八〇年のNTT調達取極めの結果、NTTの外国製品調達は八〇年の一七百万ドルから九二年の七億八千万ドルへと四六倍になった」と反論した。

最後は、ウォーレン・クリストファー国務長官が、「交渉をやめてしまうと、交渉担当官が失業してしまう危険がある」と笑い、「一定のれい却期間の後、今後どうするかについては交渉担当者の手に委ねることとしたい」と議論を引き取った（「日米首のう会談〈少人数会合〉〈二の二〉」）。この後、冷却期間として、日米政府高官の交流が一時停止することになる。

細川は日記に、「経済関係でお互い鋭く応酬し合うも、雰囲気は極めて温かく、日米関係を壊すような事態だけは何としても避けたしとの思いが双方に強くにじむ」と記している。会談後、壁の写真などをクリントンは細川に説明し、大統領の椅子に細川は座った。執務机の上には細川の著書（*The Time to Act is Now*）があり、随所にアンダーラインが引いてあったという（『内訟録』）。

この会談の約二週間後に実施された『朝日新聞』の世論調査では、二ヵ月前の調査と比べて厳しい数字が並んだ。日米関係の現状については、「うまくいっている」が三七％から二〇％へ急落し、「そうは思わない」が四二％から六四％へ急増した。一九八二年の調査開始以来、最悪の評価である。もっとも、首脳会談で米国の要求を拒否した日本政府の態度については、「当然だ」二〇％、「やむをえない」五七％という回答だった。

北朝鮮核危機——メディアに伏せられていた問題

実は当時、メディアには詳細が伏せられていたことがある。この首脳会談では、経済問題以上に、核開発疑惑が浮上し緊迫していた北朝鮮情勢について時間が割かれていたのだ。

この時期、国際原子力機関（ＩＡＥＡ）の特別査察要求を、北朝鮮が拒否し、ＮＰＴからの脱退も表明していた。くわえて、能登半島沖に向けて中距離弾道ミサイル「ノドン一号」の発射実験も行っていた。

細川は日記に、今後六〜一八ヵ月以内に北朝鮮が韓国に軍事侵攻する確率は五〇％以上と記しており、「信じ難きこととなり。われわれはみな極楽トンボなるか」(『内訟録』)とある。もし戦争が起きれば、米国と韓国は勝利を収めただろうが、その代償は大きい。ある試算では、少なくとも米国の死傷者は三万人、韓国は四五万人と見積もられていた(*Going Critical*)。

結局、このときは、ジミー・カーター元大統領が特使として訪朝し、北朝鮮の金日成《キムイルソン》主席と交渉して、エネルギー供給と引き換えに核開発の凍結を約束させた。

この危機に際して米政府は日本に、一〇〇〇以上もの項目について協力を内々に要請していた。たとえば、朝鮮有事発生時に米軍艦船が故障した場合の曳航《えいこう》などであり、その多くは集団的自衛権行使と関わるものだ。日本の答えはほとんど不可だった。「日本の国内事情」を繰り返し説明するだけの日本に、米国は「我々は同盟国ではないのか」と苛立《いらだ》つ。

羽田外相は、米国の有力上院議員たちと懇談した。「もし、朝鮮半島で何かあったら、一体日本はどうするつもりだ」と尋ねられた羽田は、国会答弁のように「憲法の範囲内で、やることはやる」と答えた。ある議員は、「アメリカの若者をそんな遠くまで送り、危険にさらさせるのに、日本は何もしない。そんな話はないだろう」と批判した(『同盟漂流』)。

いざ有事となっても、米国に頼り日本はほとんど何もできない。米国では、日米が対等な関係ではないと不満が募ったのだ。同盟関係が緊密に過ぎれば、自国の利害とは異なる相手の戦略に巻き込まれてしまう可能性がある。これを避けるために相手との距離を保てば、自国が危機に陥ったときに、見捨てられてしまうかもしれない。「同盟のジレンマ」である。

とかく、適度な同盟関係を保つのは難しい(「日米同盟をめぐる対立軸」)。

そうした折、日本では細川による唐突な国民福祉税創設の発表が蹉跌《さてつ》となり、細川は退陣する。細川の後継となったのは、副総理兼外相の羽田孜だった。だが、連立政権から社会党が離脱し羽田政権は少数与党の苦杯をなめ、日米首脳会談を開催することなく、わずか六四日で幕を下ろす。

村山富市

一九九四年六月三〇日に、村山富市《とみいち》社会党委員長を首班とする、自民党、新党さきがけとの連立政権が誕生した。村山は一九二四年三月三日、漁師の家に一一人きょうだいの六男として大分県大分市で生まれた。カーター、ブッシュ、竹下と同年生まれである。二〇歳のとき学徒出陣で二等兵として陸軍に入隊した経験を持つ。戦後、明治大学専門部政治経済科を卒業し、大分県職員労働組合書記、大分市議・県議を経て衆院議員に当選した。国会対策委員長などを歴任し、社会党委員長に就いていた。

社会党の首相は片山哲内閣以来四七年ぶりだった。衆院議員として一貫して野党にいたため、国務大臣の経験はない。

村山は外国語を解せず、外国人と話した経験もあまりなかった。そこで、村山は後述のナポリ・サミットの前に宮澤喜一に面会を申し入れ、外国首脳との付き合いについてレクチャーを授けてもらった。宮澤は「言葉なんかはたいしたことないし、どうぞ気楽にいいたいことを言って下さい」と述べ、村山の緊張をほぐしたという（『そうじゃのう…』）。政党は異なれど外交では継続性が重要となる。

村山の首相就任後ほどなく、七月八日からイタリアでナポリ・サミットが開かれ、各国首脳との二ヵ国間会談も開催された。その最初が日米であり、八日にクリントンの宿舎で村山とクリントンは相まみえた。村山七〇歳、クリントン四七歳と日米首脳の歳の差は開いた。

村山富市とビル・クリントン，1994年７月８日
ナポリ・サミット時の日米首脳会談直後．村山は首相就任から，わずか８日後にこの会談に臨んだ

村山は、「一年で四回政権が交代し、突然社会党の委員長が総理になったことに、ある意味でおどろかれているかも知れない」とクリントンに語りかけた。そして「自分は、自由、民主主義というものを大切にし、どんなことがあっても戦争はくり返してはならない、ふ通の人々の生活を向上させていかなければならないという気持ちを持って社会党に入党した」と身の上話

をした。また、村山は「日本には『三本のや《〔矢〕》』ということわざがある」と述べながら、村山政権は社会党単独ではなく、自民党・新党さきがけと連立を組み強固な基盤の上に成り立っていると説明した。

　これを聞いたクリントンは「大変きょう味深くお話をうかがった。〔……〕自分にとって、総理の人となり、総理の目標とされていることを、よりよく理解する機会を与えていただいた」と述べた（「日米首のう会談〈首のう同士のかお合わせ〉〈別電三：日本の政局と経済政策〉」）。

　ここで注目されたのが、村山が日米安保の堅持をクリントンに明言したことである。外務審議官だった林貞行によると、会談後に記者会見に向かう途中の別室で村山は、「ついに言ってしまった。総理になった時から覚悟はしていたけど、（社会党内に）根回しもしていないし、帰ったら大騒ぎだろうなあ」とつぶやいた（「普天間返還交渉に踏み出す」）。

　村山は帰国後の七月一八日、国会での所信表明演説で日米安保条約堅持、自衛隊合憲を表明した。両者に疑義を呈してきた社会党が正式に方針を転換し、主要政党が日米同盟を所与のものとするようになる。

　他方、クリントンの関心は、北朝鮮の核問題だったようである。自身の回顧録では、村山が「北朝鮮問題に関するアメリカとの協力関係には変化がない」と明言したことに触れている（『マイライフ』下）。

　その後、インドネシアで開催されたＡＰＥＣ首脳会議で二人は再会し、一一月一四日、ジャカルタ市内で会談した。北朝鮮問題が関心を集めるなか、日米韓三ヵ国の首脳会談も、村山、クリントンと、金泳三韓国大統領の間で急遽開催された。とくに二〇一〇年代に拡がっていく、日米を軸とした多国間首脳会談の先駆けと言えよう。

年が明けて、一九九五年一月一一日にも、ホワイトハウスで日米首脳会談が行われ沖縄の基地問題などが話し合われている。

「同盟漂流」

六月一五日、カナダ・ハリファックスでのサミットに合わせ、日米首脳会談が現地で開催された。クリントンは「就任当時、宮沢喜一首相との間で、米政府は財政赤字削減を、日本政府は成長を約束した。財政赤字の削減は進んでいる」と述べた。低迷する日本経済への不満を表明したのである。また、クリントンは自動車問題について、解決されなければ制裁を発動することを村山に伝えた。それに対して、村山は制裁の違法性を主張して対抗した。

結局、自動車部品をめぐる日米の摩擦で、米政府は日本製の高級自動車に一〇〇%の報復関税をかけた。これに対して、日本政府は世界貿易機関（WTO）に提訴した。クリントン政権は数値目標を主張し続けたが、国際的な支持を得られず断念する。米国の経済が活力を取り戻し、日本の経済が長期にわたる低迷にもがくなかで、この後両国の経済摩擦は沈静化していく。

この時期には、安全保障や経済などをめぐり、日米間で幅広く軋轢《あつれき》が生じ、「同盟漂流」がささやかれていた。日本が自国や周辺の防衛に徹すれば日米同盟や西側陣営に「貢献」できるといった、日本にとって受け入れやすい役割分担の構図は、もはや過去のものとなりつつあった。

二つのレポートと来日延期

村山政権の発足からほどなくして、細川政権期に設置された防衛問題懇談会（樋口廣太郎《ひぐちこうたろう》座長）が、「樋口レポート」と呼ばれる報告書を提出した。そこでは、冷戦後の安全保障環境を見据え、多角的安保体制確立の必要性が提言されていた。

これが米政府内で議論を呼んだ。同報告書が日米安保を軽視していると捉える者もおり、日本の米国離れが懸念されたのである。他方、米国でも一九九四年一一月の中間選挙で与党民主党が敗退し、クリントン政権の内向き志向も強まるのではないかと、米国の知日派は危惧していた。そこで、一九九五年二月にジョセフ・ナイ国防次官補らが、「東アジア戦略報告（ナイ・レポート）」をまとめ、問題を抱える東アジアに一〇万人の米軍を維持することなどを表明した。米国のコミットメントを強調し、日米両国の関係をつなぎ止めようとしたのである。

その一方で、これは在沖米軍基地の固定化を沖縄に懸念させた。さらに、九月には沖縄で米軍兵士三人による少女暴行事件が発生し大問題になる。日米両政府は、沖縄に関する特別行動委員会（SACO）を設置し、在日米軍のあり方を規定する日米地位協定の運用改善に合意した。

こうした折、一一月一六日から大阪で開催されるAPEC首脳会議を機に、クリントンは来日予定だった。だが、米国議会で予算が通らない状況が続き、一一月一四日から一九日まで政府機関が閉鎖に陥る。そのため、訪日予定直前にクリントンから村山に訪日中止の電話が入った。米国は代わりに翌年一月を提案したが、村山は了承しなかった。このとき村山はすでに辞意を固めていたようである（『外交証言録　湾岸戦争・普天間問題・イラク戦争』）。

後述する日米安全保障共同宣言は、この来日で発表される予定だった。これについて村山は、「社会党の総理がこんな問題までやらされたんじゃあ、あとあとどうかな」という気持ちがあったと回想する。これも首相退任を決意した一因だった（『村山富市回顧録』）。

年が明けて一九九六年一月五日、村山は退陣を表明する。

4　日米安保再定義——橋本・小渕・森とクリントン、ブッシュ

橋本龍太郎

村山の後任の橋本龍太郎は一九三七年七月二九日、大蔵官僚でのちに衆院議員となる橋本

龍伍の長男として東京に生まれた。実の母はほどなくして病で亡くなっている。

慶應義塾大学法学部卒業後に呉羽《くれは》紡績に入社したが、父の急逝にともない、岡山の選挙区を引き継いで衆院選に出馬し、最年少の二六歳で初当選を果たす。父龍伍は佐藤栄作との親交が深かったため、佐藤夫妻が橋本の結婚式で媒酌人となった。

橋本は、厚相、運輸相、自民党幹事長、蔵相、通産相などを歴任した。外相を務めたことはないものの、細川や村山と異なり閣僚経験は豊富である。もっとも、通産相のときに激しく米国と貿易交渉をしたため、米国の一部には橋本への懸念もあった。

実は橋本は沖縄に思い入れがある。海軍のパイロットだったいとこが沖縄で戦死していたからだ。いとこは、継母になじめなかった橋本を慰めてくれていたという。

また、「恩師」の佐藤が一九六五年に沖縄訪問から戻ってから、若い国会議員に沖縄で街頭演説をするよう声をかけた。そのとき佐藤は、「ひめゆりの塔と魂魄の塔は必ず寄れ、それから米軍機のうるさいのも、広大な基地も、経済が基地に依存している姿も、全部見てこい」と言い渡した。宇野宗佑自民党青年局長を団長に、小渕恵三や橋本らが派遣された。橋本は「どこでも非常に木が低い、それだけしか育っていない。その姿の中に沖縄戦の苛烈さを見る思いがした」と振り返る（『同盟漂流』）。

サンタモニカ――一泊四二時間の強行訪米

一九九六年一月に首相に就任した橋本は、早期の日米首脳会談を望んだ。そもそもクリントンが訪日の予定をキャンセルし次の日程を探っていたため、本来であれば、日本から首脳会談を申し入れるのは不自然ではあった。それでも橋本がイニシアティブをとり、訪米が実現する。

ただし、日本では国会会期中だったため、二月二三日金曜日午後九時半に羽田を発ち、米カリフォルニア州サンタモニカで会談し、一泊して二五日日曜日午後三時半に羽田に戻るという強行軍だった。月曜日の予算委員会に間に合うようにしたのである。

このとき大きな懸案だったのが、沖縄普天間飛行場の返還だった。大田昌秀沖縄県知事からは、返還を希望する基地として、具体的に普天間に言及してほしいという要望があった。ただし、代替の基地が定まっていなかったため外務省は慎重だった。橋本は往路の飛行機のなかでも、普天間飛行場に言及するかどうか逡巡《しゅんじゅん》していた。

二月二三日午後七時から一時間程度、橋本が宿泊するホテルで、日米首脳会談が行われた。会談の冒頭、橋本はクリントンに書類の束を見せ、「官僚からこんな分厚いのを渡された」と話しかけ、クリントンも「私のポケットにもたくさん入っている」と応じた。

クリントンは「若くてエネルギッシュで、強い総理大臣が日本に誕生したことをとても喜んでいる」と述べた。ただし、橋本五八歳、クリントン四九歳と、橋本の方が年上である。

橋本は「日米間でいくつかの経済の個別問題があることは知っているが」と切り出した。

機先を制されたクリントンは、「未解決の問題には、半導体、フィルム、保険、航空貨物がある」と列挙したが、「いままでのようにやっていけば、うまく行くだろう」と経済問題を締めくくった。

安全保障問題については、クリントンが「沖縄について率直にお話し頂けますか」と切り出した。そこで橋本は、「現在、日本を取り巻く国際環境に照らせば、普天間の返還は困難だと承知するが、沖縄県民の要求を伝えるとすれば、それは普天間である」と普天間に言及する（『外交証言録　湾岸戦争・普天間問題・イラク戦争』）。

実は、クリントンへの官僚たちによるブリーフィングで普天間の名前は出ていた。会談直前、クリントンはアンソニー・レーク国家安全保障問題担当大統領補佐官にその名前を確認した。レークが即答できずにいると、クリントンは「そうそう、Futenma Futenma」と思い出し、白いカードにメモして右胸のポケットに忍ばせたという。

ただし、橋本の発言は曖昧に聞こえたため、米国の受け止め方は割れた。「できないという意思表示だ」という見方と、「あれは日本特有の言い方で、難しいが、そこを何とかという意思表示だ」との見解である（『同盟漂流』）。ともあれ、日米のトップ会談でその名が出たことにより、普天間飛行場の移設は事務レベルで検討が進められていく。ここでは外交の「素人」の大胆さが吉と出た。

なお、この会談が終わりに近づいたとき、橋本は「『リュウ』と呼ばれるかな、と思っていたのですが」と水を向けた。するとクリントンは「私を『ビル』と呼んでもらえるなら、そう呼ぼうと思っていたんです」と述べた。そして、これからはファーストネームで呼び合うこととなった。久々のファーストネーム外交の復活である。

クリントン来日、防衛庁長官初の同席

この約三ヵ月後の四月一二日、橋本とウォルター・モンデール駐日大使が会談し、ついに普天間飛行場の県内移設と全面返還に合意した。だが、この移転の実現は難航し、のちに鳩山由紀夫政権で大きな問題となる。

四月一六日午後、クリントンがヒラリー夫人同伴で羽田空港に国賓として到着した。同日、橋本と少人数の会談を一時間以上行った。続いて一五分ほど開催された全体会議では、臼井《うすい》日出男《ひでお》防衛庁長官が出席している。防衛庁長官が日米首脳会談に出席したのは、実はこれが初めてだった。

両首脳は東アジア情勢をめぐり意見交換した。折しも、中国が台湾周辺でミサイルを発射して第三次台湾海峡危機が起きており、この前月には米国は空母を台湾海峡に派遣していた。「同盟漂流」と呼ばれた状況を打開すべく、橋本とクリントンは共同記者会見会場で、二一世紀も日米同盟が引き続き重要とする「日米安全保障共同宣言」に署名した。クリントンは「力強い宣言であり、日本の安全、世界の自由、平和、繁栄に強いシグナルを送った」と評

価した。

安保再定義に尽力してきたウィリアム・ペリー国防長官は、「この首脳会談は私にとって、ようやく辿りついた一つのクライマックスだった」と振り返る（ペリー、春原訳『核なき世界を求めて』）。なお、ペリーは、黒船を率いて浦賀に来航したマシュー・ペリー提督の遠縁にあたり、若い頃に沖縄に駐留したこともあった。

このような進展が見られた背景には、クリントン政権内部の動きもあった。政権初期には、日本を経済的競合相手とみなす経済チームが対日政策のイニシアティブを握っていた。だが、その結果、安全保障を中心とする中長期的国益が損なわれているという危機感を強める関係者が増え始め、対日政策が見直されることになったのである（『ビル・クリントン』）。

この共同宣言では、日米「共通の価値」が明記された。冷戦期に引き続き、日米同盟の紐帯《ちゅうたい》の根拠が価値の共有に求められたのだ。いわば手段としての価値である。

さらに、このときの共同記者会見で橋本が、「民主主義、人権、開かれた経済といった普遍の価値」に言及していることが注目に値する。価値の普遍性を強調すれば、定義上、それは自由主義陣営のみにとどまるものではなく論理的帰結として拡大を志向することになる。

日米関係での価値の役割は、冷戦期、両国を結び付ける手段としての論理が濃厚だった。だが、冷戦後、価値の普及を射程に収めるものへと重点が移ってきたのである（「価値外交の系譜における『自由で開かれたインド太平洋』」）。

その後、クリントンは在日米海軍横須賀基地を訪問した。台湾海峡に派遣され、帰還したばかりの空母インディペンデンスのフライトデッキで、「台湾沖に行ったことでインディは荒波を鎮めることに貢献しました」と演説している。米国の海外プレゼンスが依然重要であること、クリントンが軍を大切にし最高司令官としての務めを立派に果たしていることを示す機会だった（『同盟漂流』）。また、この来日でクリントンは、世田谷区にあるクライスラーの営業所を訪問し、経済面での成果をアピールすることも忘れなかった。

橋本龍太郎とビル・クリントン，1996年４月17日，赤坂離宮庭園　日米同盟の再確認と，対象地域をアジア太平洋地域へ拡大する「日米安全保障共同宣言」に署名．日米関係は新たな段階に入った

翌四月一八日、クリントンは国会で演説したうえで、橋本主催の昼食会に出席した。この場で、クリントンと立ち話をする機会を得た大田昌秀沖縄県知事は、「近い将来、できうれば早い時期に沖縄にお出でいただいて、

じかに基地の実情をご覧になっていただきたい」と求めた。クリントンは「一寸《ちょっと》困惑した表情を浮かべられた」と大田は回想する（『沖縄の決断』）。この四年後、九州・沖縄サミットの際にクリントンは沖縄訪問を果たすことになる。

その後も多国間首脳会議の場を利用して、橋本とクリントンは二国間の会談を行った。フランスのリヨン・サミットの機に六月二七日に、国連総会の折に九月二四日に、フィリピンのマニラでのAPEC首脳会議に際して一一月二四日に、それぞれ会談している。

夜一〇時からのトリプル三杯

一九九七年四月二四日に橋本はアンドリューズ空軍基地に降り立ち、米国を公式実務訪問した。同夜、クリントンから懇談に誘われた橋本は二つ返事で快諾した。

夜一〇時過ぎにホワイトハウスを訪れた橋本に、クリントンは大統領執務室のドアの上に掲げた日の出の写真を見せた。カメラ好きの橋本が撮った写真であり、橋本の署名入りである。前年のサンタモニカ会談のときに贈ったものだった。

クリントンはバーボンを飲もうとした橋本を制し、クリントンがお気に入りの「ブッシュミルズ・ブラック・ブッシュ」を出そうとしたが、あいにく切れていた。「じゃあ、なんでもいい。アイリッシュ・ウィスキーなら」と言い、二人はトリプルで三杯飲んだという。橋本が北朝鮮への食糧援助をめぐる国内問題を語り、クリントンは聞き役に徹した（『同盟漂流』）。

翌四月二五日午前一一時から四時間、昼食をはさみながら首脳会談が開かれた。まず大統領執務室でテタテが行われた。クリントンは、日本の貿易黒字などを引き合いに出しつつ、「保守的でいくぶん孤立主義的な議会」を抑えようとしているが、「保護貿易主義者を食い止めるのに苦労するだろう」と述べている。クリントンも国内の保護主義のロジックを使い、自らへの支援を求めたのである。それに対して橋本は、日本の構造改革・行政改革について説明した（"Meeting with Prime Minister Ryutaro Hashimoto of Japan," April 25, 1997）。

その二ヵ月後の六月二〇日から、コロラド州でデンバー・サミットが開催された。その際も、一九日午後三時半から三〇分間、橋本とクリントンは会談している。

安保再定義とアジア通貨危機

九月には日米防衛協力のための指針であるガイドラインが改定され、漂流した同盟に一定の区切りがつけられた。この改定で注目を集めたのが「周辺事態」の概念である。日本有事を超える対米防衛協力に日本政府は踏み込んでいく。一連の再定義は、のちの小泉・ブッシュ関係の土壌を用意することになる。

一一月には、両首脳はAPEC首脳会議に出席すべく、カナダのバンクーバーを訪れた。一一月二四日午後一時五五分から三五分、日米首脳会談が行われた。

トム・フォーリー駐日大使が新たに着任したことを受け、橋本が「トム・フォーリーはすでに勤勉に働いている。彼は米国下院議長だったので、私は彼が少し怖かった。私を監視させるべく、貴大統領が送り込んだのだと思っている」と述べると、クリントンは「そのとおりだ」と返した（"Meeting with Prime Minister Ryutaro Hashimoto of Japan," November 24, 1997）。橋本とクリントンの掛け合いも堂に入ってきた。

安全保障面では一段落ついたが、同年七月から始まったアジア通貨危機が新たな問題となっていた。タイ・バーツの暴落に端を発しロシアやブラジルにまで経済危機が拡がった。橋本内閣は、アジア全体を多国間で支援する枠組み、「アジア通貨基金（AMF）」構想を打ち出していた。だがAMFには米国が含まれていなかったため、日本からの挑戦だと捉えた米国は猛反対し、日本はこの構想を断念せざるを得なかった（『ビル・クリントン』）。

両首脳は、電話でもアジア通貨危機や日本経済の状況について密に連絡を取っていた。たとえば、一九九八年一月に橋本は電話で、「日本の国会の野党やメディアの一部は、現在の最良の財政政策は私をクビにすることであると考えている。後継者が誰かは言わずに」と恨み節を述べ、クリントンが「辞めてはいけない、踏みとどまって戦うんだ」と励ます一幕もあった。

なお、この電話会談の最後に橋本は、クリントンの妻ヒラリーによろしくと言ったが、クリントンから橋本の妻への言葉は記録されていない（"Telecon with Ryutaro Hashimoto, Prime

Minister of Japan")。

その後、五月に英国バーミンガムでサミットが行われた。このサミットからロシアが正式に加盟し、G7はG8となる。この機にも日米首脳会談が開かれた。冒頭の写真撮影でクリントンは、「首相に七月下旬のワシントン公式訪問を招請する」と誘った。橋本は「光栄だ」と快諾する。

だが、橋本の公式訪問は実現しなかった。七月の参院選で自民党が敗退した責任を取り、橋本は退陣したからである。

小渕恵三

続く小渕恵三は、一九三七年六月二五日、製糸から精密機械工業まで担うようになる光山社の創業者、小渕光平の次男として群馬県吾妻《あがつま》郡中之条町で生まれた。橋本と同年生まれである。

父光平は、のちに衆院議員に当選したが、その選挙区は福田赳夫や中曽根康弘と同じ群馬三区であり、選挙は熾烈を極めた。財力を使い果たした小渕家には、脳溢血のため急逝した光平の葬儀代を出す余裕すらなく、費用を用立てたのは派閥の領袖の佐藤栄作だった。

小渕自身も一九六三年に衆院選に出馬し、初当選を果たした。福田と中曽根に挟まれ、小渕は「ビルの谷間のラーメン屋」と自嘲《じちょう》したが、その後議席を維持し続けた。

小渕は、早稲田大学第一文学部卒業後、同大学院政治学研究科に進学し、政治学修士号を取得している。なお、日米首脳会談を経験した首相のなかで、日本の正規の修士号以上を持つのは、小渕ただ一人である。

大学院在学中に、小渕は世界一周の旅に出た。まだ海外旅行が珍しかった時代に、選挙でのアピールの材料になるとの計算があった。

このとき米国でロバート・ケネディ司法長官に手紙を書き、面会を取り付けた。第1章で触れた早稲田大学での講演を聞き、感銘を受けていたからである。無名の二〇代の小渕にケネディは二〇分も時間を割き、温かく語りかけた。この対応に小渕は、「将来、どんな地位になろうとも誰とでも会おう」と心に誓った。これが市井の人にでも直接電話をかける「ブッチホン」の原点になったという(『平成の宰相たち』)。

総務長官・沖縄開発庁長官、自民党幹事長、外相などを歴任した小渕は、竹下内閣の官房長官として、昭和天皇崩御にともなう改元の際に「平成」の新元号を発表したことで知名度を上げていた。

一九九八年七月に成立した小渕政権の日米関係は前途多難だった。米大統領が東アジアを訪問する際は日本に立ち寄るのが通例だったにもかかわらず、その前月にクリントンが訪中した際、日本を素通りしたからである。日本の頭越しの訪中はニクソン・ショックを想起させ、経済摩擦での日本たたき「ジャパン・バッシング」から、存在感が薄くなる日本の素通り「ジャパン・パッシング」へと評された。

九月二二日、国連総会の機にニューヨークで、六一歳の小渕と五二歳のクリントンは顔を合わせた。

首脳会談は当初、郊外のロックフェラー邸で行う予定だった。「初顔合わせとなる首相と大統領がくつろいだ雰囲気のなかで落ち着いて話し合えるようにしたい」との米国の要望によるものだった。しかし、霧による悪天候のために移動用のヘリコプターが運航できず、急遽小渕とクリントンがともに宿泊していたホテル、ウォルドーフ・アストリアに変更された。

もともと「初対面のあいさつが目的」だったため通訳しか同席しなかったが、両首脳はクリントンの部屋でお茶を飲みながら、予定された一五分間を大幅に上回って話し込んだ。そこで、二人は「ビル」「ケイゾー」とファーストネームで呼び合うことを約束した。

会談の前月に北朝鮮が中距離弾道ミサイル「テポドン一号」を発射していたことを受け、両首脳は北朝鮮に毅然とした厳しい態度で対応することも確認した。

この二ヵ月後の一一月一九日にクリントンが来日した。もともとクリントンは、マレーシアのクアラルンプールでのAPEC首脳会議後にインドとパキスタン歴訪を予定していた。だが、両国の核実験への制裁により中止となったため、代わりに日本と韓国を訪れた。当初の外遊日程では訪日は翌年となっていたが、クリントン自身が実現に強い意欲を示したという。

その背景には、先述の「ジャパン・パッシング」により、同盟国を軽視していると批判されたことがあった。他方日本には、金融機関への公的資金投入や減税を具体的に迫る米政府に対する反発も燻《くすぶ》っていた。

この来日でクリントン周辺は、テレビを通じての市民との「対話集会」にこだわった。これは、日本との軋轢に配慮し、「日本国民に直接メッセージを伝えたい」という狙いがあったからだ。実際、TBSが放送する筑紫哲也キャスターの番組「NEWS23」で一般市民との対話集会が実現している。

一一月二〇日、銀座のてんぷら屋「天一」で、両首脳は昼食をともにした。「シイタケがおいしいですね」と語りかけるクリントンに、小渕は「シイタケは貿易摩擦と無縁なのがありがたい」と応じ笑いを誘った。その後、迎賓館で約一時間半会談が行われた。

この首脳会談の前日、小渕は小沢一郎自由党党首と会談し、参院での少数与党を解消すべく自民党と自由党の連立政権の発足が進んでいた。この党首会談に力を注いだ小渕は、首脳会談について十分に準備する余裕がなかった。クリントンが到着した一一月一九日昼も小沢との会談などに追われていた。

それでも小沢との話し合いが功を奏し、米国が早期成立を求めてきたガイドラインの関連法案は、連立政権で見通しがつくことになった。連立政権には公明党もくわわるが、のちに自由党は離脱することになる。

もっとも、クリントンも内政で躓いていた。この年の一月に、ホワイトハウスの女性インターンだったモニカ・ルインスキーとの「不適切な関係」が表面化したからだ。これをめぐり、クリントンは司法妨害罪と偽証罪に問われ、一二月には下院による大統領の弾劾につながった。最終的には、提起された罪状について上院の弾劾裁判で無罪となる。

他方、小渕は普天間飛行場の移設問題に力を入れ、二〇〇〇年のサミットを沖縄と九州で開催することを決定する。沖縄の経済振興を支援する配慮を示しつつ、基地負担に苦しむ沖縄の理解を得て、さらにクリントンに基地問題の深刻さを理解させようとしたのである。先述のとおり小渕は若かりし頃に橋本らと沖縄を訪れた経験もあり、沖縄への思いが強かった。

沖縄サミットへの決意と支持

クリントン来日の五ヵ月後、一九九九年四月二九日に小渕は千鶴子《ちづこ》夫人同伴で渡米し、五月二日から四日にかけて中曽根以来実に約一二年ぶりに国賓待遇の米国公式訪問となった。

ホワイトハウスでの首脳会談で小渕は、沖縄でのサミットを「ぜひ成功させたい」と決意を語った。クリントンは「ガイドライン関連法案が衆院を通過したことを評価する」としつつ、「沖縄でのサミットは大変よい考えだ」と述べた。

この翌月にはドイツのケルンでサミットが開催された。そこでも、六月一八日に小渕とクリントンは約三五分間会談している。

小渕政権は順調であるように思われた。だが、小渕は二〇〇〇年四月二日に脳梗塞を発症し昏睡状態に陥ったため、サミットの開催を見ることなく、小渕内閣は総辞職した。現職の首相が職務不能となったのは大平正芳以来だった。

小渕は目を覚ますことなく、五月一四日に六二歳で亡くなった。クリントンは回顧録で「小渕はわたしの、そしてアメリカの友人だった。両国の絆は重要で、小渕は若いころからそれを大切にしてきた。彼にはもっと長く活躍してほしかったと心から思う」と悼《いた》んでいる（クリントン、楡井訳『マイライフ』下）。

森喜朗

小渕の後任となった森喜朗《もりよしろう》は、一九三七年七月一四日、石川県能美《のみ》郡根上《ねあがり》町（現能美市）に、陸軍軍人森茂喜の長男として生まれた。祖父喜平は根上の村長・町長を務め、茂喜も戦後同町長となっている。橋本、小渕、森と三代続けて一九三七年生まれだった。

早稲田大学商学部に入学しラグビー部に入るが、わずか四ヵ月で退部。代わりに雄弁会に入る。OBの海部俊樹も森たちの面倒を見たというが、その人脈のトップは竹下登だった。

大学を卒業後、政治家になる第一歩として新聞記者を志し、産経新聞社が発行する『日本工業新聞』の記者となった。その後、政界入りしてからは福田赳夫の派閥に所属し、文相、通産相、建設相、自民党幹事長などを歴任した。そして、外交の経験はほとんどないまま首相となる。有力者の話し合いでの首相選出が不透明なイメージを拡げ、森内閣の支持率は低迷した。

支持率低迷と任期満了近い二人の首脳

二〇〇〇年五月五日、両首脳はホワイトハウスで会談した。森六二歳、クリントン五三歳である。普天間飛行場の移転問題などが話し合われたが、踏み込んだ議論はなかったようだ。その後、六月八日に日本武道館で小渕の内閣・自民党合同葬儀が行われ、クリントンも参列した。このとき日米首脳会談が開催され、両首脳は韓国の金大中《キムデジュン》大統領ともそれぞれ会談するなど弔問外交を行っている。

翌七月二一日にクリントンは那覇空港に到着した。同日から二三日にかけて開催される沖縄サミットに参加するためである。米大統領が二ヵ月連続で来日するのは初めてであり、かつ沖縄の本土復帰後初の米大統領の沖縄訪問だった。

ただし、時期が悪かった。このときクリントンは、中東和平の問題でイスラエルのエフード・バラク首相とPLOのヤーセル・アラファト議長を相手に、キャンプ・デーヴィッドで一五日間にわたり協議をしているさなかだったからだ。

森曰く、「中東和平問題が解決しなかったら、大統領がバラク首相とアラファト議長を沖縄に連れて来たらいいじゃないですか」とクリントンに公電を打ったという。それに対して、クリントンからは「ぎりぎりまで交渉を続けてから日本に行く。必ず行く。ただし、いろいろなセレモニーは欠席させてくれ」との返事があった（『森喜朗』）。実際、クリントンは、キャンプ・デーヴィッドの協議を中座し、サミットに出席している。

サミットの合間を縫って、七月二二日朝、沖縄県名護市のザ・ブセナテラスで約四〇分間、日米首脳会談が行われた。大統領訪日の際、関東地方以外で日米首脳会談が開催されたのは、これが初めてである。

クリントンは、米軍駐留について森に感謝の意を表し「軍の存在によって引き起こされる緊張を緩和していきたい」と述べたと回想する（『マイライフ』下）。ただし、この会談でも基地問題などについて、踏み込んだ議論はなかったようである。支持率の低迷する森と、任期満了を控えたクリントンの間で大きな成果は望むべくもなかった。

その四ヵ月後の一一月一六日にも、ブルネイの首都バンダルスリブガワンでのAPEC首脳会議のときに、日米首脳会談が開かれた。クリントンにとっては、これが最後の日米首脳会談である。二期八年の任期を全《まっと》うした民主党の大統領は、実にフランクリン・ローズヴェルト以来だった。一方、日本政治は不安定であり、クリントン一人で七人の首相に向き合い、羽田以外の六人と首脳会談を行っていた。

ジョージ・W・ブッシュ

民主党クリントンの後を襲い、二〇〇一年一月に共和党ジョージ・W・ブッシュが第四三代大統領に就任した。ブッシュは一九四六年七月六日に、ジョージ・H・W・ブッシュの長男として、コネチカット州ニューヘイブンで生まれた。クリントンと同年生まれである。親子二代で大統領に就いたのは、第二代と六代のアダムズ親子以来二度目だった。

ブッシュは、父と同じくフィリップス・アカデミーに学び、イェール大学で歴史学の学士号を取得した。一九七五年にはハーバード大学で経営学修士号（MBA）を取得しており、米大統領唯一のMBA保持者である。ただし学業成績は低空飛行だった。テキサスの石油産業で働いた後は、テキサス州から下院議員に立候補したが落選を経験している。

スポーツやパーティ、飲酒にのめりこみ、飲酒運転で逮捕され、薬物にも手を出したこともあったという。名門一家の「放蕩息子」だった。

しかし、四〇歳の誕生日の翌日から禁酒を決断した。また、もともと熱心なクリスチャンではなかったが、毎週聖書研究会に通い、毎朝聖書を読むようになり信仰が深まっていったという。ブッシュ曰く、洗礼を受けたのはイェール大学の特定教派に属さない教会だったが、両親と聖公会の教会などに通っていた。だが、結婚後は妻の教派である主流派のユナイテッド・メソジスト教会に所属した。メソジストは規則正しい生活を重んじる。

ブッシュは、「私は信仰がなければ、禁酒できなかっただろう。また、もし禁酒できなかったら、信仰がここまで強くなったとは思えない」と振り返る（ブッシュ、伏見訳『決断のとき』上）。ブッシュはボーン・アゲインだとも公言している。こうした宗教体験は福音派に近く、福音派はブッシュを支持することになる。

その後、テキサス州知事を務め、二〇〇〇年の大統領選に立候補した。そこでの相手はクリントン政権の副大統領アル・ゴアだった。最終的に一般得票数ではゴアが五四万票、〇・〇五％上回ったが、大統領選挙人の得票数ではわずか五票の僅差でブッシュが当選する。一般得票数で敗れながら選挙人得票数で勝利したのは、第二三代のベンジャミン・ハリソン以来一一二年ぶりだった。ブッシュは外交経験や海外経験が乏しく、日米関係にとっては不安も残った。

それでも、知日派で知られるリチャード・アーミテージ元国防次官補らが、超党派の「アーミテージ・レポート」をまとめて日米関係の再強化を準備していた。アーミテージは、ブッシュ政権で国務副長官に就任し、日米関係で重きをなしていく。NSC日本・朝鮮担当部長を務めたマイケル・グリーンによると、同政権には日米間に米英間の歴史的な「特別な関係」に類似したものを構築するという構想が当初からあったという（グリーン、上原訳『安倍晋三と日本の大戦略』）。

森・ブッシュ会談、翌月の森辞任

森とブッシュは、二〇〇一年三月一九日にホワイトハウスで顔を合わせた。森六三歳、ブッシュ五四歳である。まずは少人数会談が行われた。

この前月、日本の水産高校の漁業実習船えひめ丸が、米海軍の原子力潜水艦グリーンビルに衝突されて水没し、高校生ら九人が亡くなっていた。森はこの事件に言及し、「事故は遺憾だった」と述べた。それに対してブッシュは「今回の不幸な事件は深く遺憾に思う」と表明し、「できることはすべて行う」と約した。

経済については、ブッシュが「公正な見方かどうか別にして（日本が）不良債権問題について全力で取り組んでいないとの見方が米国にはある」と遠回しに述べ、「可能な限り不良債権処理にあたってほしい」と迫った。それに対して森は、「経済財政諮問会議でこの問題の検討にすでに入っているので、半年ぐらいで結論を出したい」と応じた。

こうして初の会談は終わったが、この二人の首脳会談が再び開催されることはなかった。支持率が低迷するなか四月二六日に森が辞任したからである。

第4章　蜜月と短期政権――「戦時の同盟」

1　アフガニスタン戦争とイラク戦争――小泉とブッシュ

緊迫する国際環境

二〇〇一年の九・一一米国同時多発テロの後、米国はテロとの戦いに突入していく。同年からのアフガニスタン戦争と二〇〇三年に始まるイラク戦争を受けて、同盟の意義を再確認していた日米同盟は「戦時の同盟」となる。折しも、北朝鮮の核・ミサイル開発が本格化し、日本にも大きな懸案となっていた。それぞれの脅威は異なりつつも、緊迫する国際環境が日米同盟のかすがいになる。

他方で、二つの戦争で米国が疲弊するなか、中国をはじめとする権威主義の国々が台頭してくる。ソ連崩壊後、世界は米国一極体制と形容されたが、次第に「多極化」や「無極化」と呼ばれる時代に入っていった。

日本国内では、二〇〇一年一月に中央省庁が再編され一府二二省庁から一府一二省庁となった。橋本龍太郎政権の行政改革による首相権限強化が功を奏して誕生した「強い」首相の体制のもと、森喜朗の後任となる小泉純一郎は、ジョージ・W・ブッシュとの間で蜜月の時代を築いていく。

だが、小泉後は衆参のねじれ国会などで首相の国内の政治基盤が揺らぐ。首相も毎年交代を繰り返し、米大統領との信頼関係の構築は困難となっていく。

小泉純一郎

二〇〇一年四月、「自民党をぶっ壊す」と改革を訴えた小泉純一郎が自民党総裁選を制し、首相に就任した。小泉は一九四二年一月八日、神奈川県横須賀市に衆院議員の小泉純也の長男として生まれた。祖父又次郎は逓信相、父純也も防衛庁長官を務めた。なお、環境相となる進次郎は次男である。

慶應義塾大学経済学部を卒業した小泉は、ロンドン大学に留学した。父の急死にともない衆院選に出たものの苦杯をなめた。福田赳夫の秘書として修業後、衆院議員に当選する。

小泉は強固な支持団体を持たず、街頭演説などに力を入れた。「ワンフレーズ・ポリティクス」と呼ばれた、端的な言葉による小泉の話法は、激しい選挙戦を戦うなかで形成されたようである（『平成の宰相たち』）。

厚相や郵政相を務めたが、外交・安全保障関係の主要ポストに就いたことはなく、外遊や外国要人と会談した経験も少なかった。それゆえか、首相就任直後の記者会見では、「日米友好関係」を基礎にしていくと述べた。ブッシュが電話で「日米同盟」の強化への協力を求めた際も、「日米友好関係」という表現を使っている。これに不安を覚えて同盟の重要性を進言したのが、安倍晋三官房副長官だった。小泉は翌五月の所信表明演説で、「日米同盟」と表現するようになる（『外交を喧嘩にした男』）。

異例のキャンプ・デーヴィッドと『真昼の決闘』

二〇〇一年六月三〇日、ブッシュの招きに応じ小泉は米国を実務訪問した。日米の事務方はホワイトハウスでの会談を想定していた。だが、突然、キャンプ・デーヴィッドでの開催を、米政府のハイレベルが決定したようである。それほど日本を重視する姿勢をブッシュ政権は見せていた。

米大統領が初対面の外国の首脳をいきなりのキャンプ・デーヴィッドに招くことは異例である。そのため、駐米大使だった柳井俊二は「正直言って非常にびっくりしました。本当に破格の待遇だったですね」と回想する（『外交激変』）。

小泉は、紺のラルフローレンの米国製ボタンダウンシャツを身にまとい、ヘリコプターでキャンプ・デーヴィッドに降り立った。モスグリーンのシャツ姿のブッシュは、ゴルフカー

小泉純一郎とジョージ・W・ブッシュ，2001年6月30日，キャンプ・デーヴィッド　大統領の保養地に初対面の首脳を招くのは破格の待遇だった．２ヵ月半後の「9.11」に際し小泉は，いち早く米国を支持．ブッシュときわめて密接な関係を築く

トの助手席に小泉を乗せ、自らハンドルを握った。小泉五九歳、ブッシュ五四歳である。

まず、少人数の会談が開かれたが、ここでは小泉が話した時間の方がかなり長かったようだ。

小泉は、「私の父は日米安全保障条約改定時の防衛庁長官だった。『安保反対』で一色の中、一人でその重要性を説いて回った。私はずっとそれを見ていた。だから日米同盟の重要性は肌で感じている」と語った。だが実際には、小泉の父が防衛庁長官だったのは池田勇人内閣と佐藤栄作内閣であり、安保改定時の岸信介内閣ではない。首脳の言葉はいつも真実、とは限らない。

それに対してブッシュは、「我々には

共通点がある。一つ目は、最初の国政選で落選したにもかかわらず、首相や大統領になったこと。二つ目は、偉大な父に恵まれ、正しいことをするリスクを取る必要を学んだことだ」と語った。

二人は、外交の経験が浅いことも共通していた。だからこそか、馬が合ったようであり、親密な関係を築くことになる。

小泉は、「日米関係が良ければ良いほど日本は他国との関係も良くなる」と語った。かつて岸信介が、東南アジアとの関係改善を梃子に日米関係強化を図ったロジックとは逆である。

会談の途中で小泉は、「『ハイ・ヌーン（真昼の決闘）』という映画をごらんになったことはありますか」と尋ねた。ブッシュが「いや、見たことがない」と答えると、小泉はあらすじを解説し始めた。ゲイリー・クーパー演じる保安官が、孤軍奮闘し悪漢を倒すというストーリーである。小泉は孤立し一人になっても構造改革を進めることを言おうとしたのだという。両者は全体会合を急遽取りやめ、約一時間四〇分にわたって少人数での話を続けた。

会談の最後には、ブッシュが「さあ、そろそろ『真昼』になったね」とジョークで締めくくった。会談後の昼食会でも、小泉は『真昼の決闘』の話を続けた（『外交激変』）。

このときの共同会見冒頭、小泉はブッシュから「サインボールをもらった」と英語で述べ、ブッシュにボールを投げてキャッチボールに興じてみせた。

コリン・パウエル国務長官は後日、小泉の第一印象について、「コイズミは本当に面白い。

私に会った途端、『日米関係はエルビス・プレスリーの歌にある。その答えは、I want you, I need you, I love you だ』と口ずさみ出したのだから」と語っている。

だが、小泉はただのお調子者ではない。プレスリーが米陸軍に一時入隊したときの上官がパウエルだったことを意識したうえでの、周到な発言だった(『外交を喧嘩にした男』)。

この会談で設置が決まったのが、幅広く外交問題を話し合う「日米戦略対話」である。日本は竹内行夫外務次官、米国はアーミテージ国務副長官をヘッドとして、翌年八月から始まった。その後三、四ヵ月に一回の頻度で、東京とワシントンで交互に開催され二年ほど続く。これは外務省が行う二国間の政策協議としても、従来のものよりワンランク上であり、丸一日、あるいは一日半という十分な時間をかけ、イラク問題、中国の台頭、朝鮮半島情勢などについて、議論されることになる(『外交証言録 高度成長期からポスト冷戦期の外交・安全保障』)。

小泉・ブッシュ関係も、官僚機構の密接な関係に支えられたものだった。

「個別の経済問題は、政治問題にしない」

初会談の約一ヵ月後、七月二一日と二二日にイタリアのジェノヴァでサミットが開催された際、二人は再び顔を合わせた。ブッシュは会場のドアを開けるなり、小泉に「ハイ、クーパー」と呼びかけたという。さらに九月の訪米時、ブッシュは『真昼の決闘』のポスターのカラーコピーを用意して、自らサインをして小泉にプレゼントしている（『外交激変』）。

これに対して、東京大学総長を務めたフランス文学者で映画評論家としても知られた蓮實《はすみ》重彦《しげひこ》は、「相手がもう少しまともな教養の持ち主だったら、日本から首相が来て、まともな顔で『ハイ・ヌーン』がいいと言ったら、嫌みだと取りますよ」と小泉を批判した。同映画は元共産党員や社会主義者が撮った、「強烈な共和党批判の映画」であり、「しかも単なる民主党映画ですらなく、国民は信頼できないというシニカルな話」だからだ（「アメリカ映画の知性を擁護する」）。ただ、先述したように、この映画と同時代の共和党ドワイト・アイゼンハワー大統領もまた、『真昼の決闘』を愛好した一人だった。

他方で、懸案になっていたのが日本経済の脆弱《ぜいじゃく》さだった。ブッシュ政権内には、「さらなるデフレ対策を講じるよう、明確に日本に求めるべきだ」とする意見があった。だがブッシュはこれを採用せず、「個別の経済問題は、政治問題にしない」という方針をとった。外圧を避け日本の自主性を尊重する姿勢を示すことで、ビル・クリントン政権との違いを明確にしようとしたのである（『外交を喧嘩にした男』）。

なお、このジェノヴァ・サミットでは日米二ヵ国間の首脳会談は行われず、この頃からサミット前後に必ず日米首脳会談を開くわけではなくなっていった。APEC首脳会議や国連総会など、日米首脳が顔を合わす機会がほかにも増えていたためだと思われ、そうした折にも二ヵ国間会談がしばしば開かれていた。

九・一一、半月後の訪米

約二ヵ月後に時代が動く。二〇〇一年九月一一日、国際テロ組織アルカイダのメンバーが四機の飛行機をハイジャックし、ニューヨークの世界貿易センターのツインタワーに二機を、バージニア州アーリントンの国防省（ペンタゴン）に一機を衝突させた。もう一機は、乗客が犯人を制圧しようとし、ペンシルベニア州シャンクスビルに墜落した。この米国同時多発テロで三〇〇〇人近くが命を落とす。ブッシュは「テロとの戦争」を宣言し、日本やNATO諸国などに協力を求めた。

九・一一は、日本にも無関係ではなかった。世界貿易センターでは二四人の日本人も命を奪われていた。

小泉は米国支持を打ち出し、早くも九月一九日には自衛隊艦隊の派遣など「七項目の措置」を発表した。当時の官房長官、福田康夫は、ここで念頭に置かれたのが一九九〇年～九一年の湾岸危機・戦争の苦い体験だったと振り返る。湾岸戦争の際「一三〇億ドルを拠出しても国際社会からあまり評価され」なかったため、「われわれは『七項目』において、日本の意思として、自衛隊活用の方向性を打ち出しました」と証言する（「政権中枢からみた『対テロ戦争』と日米関係」）。

九月二四日、小泉はニューヨークの現場を視察し、その足でワシントンに向かった。宿泊先のブレアハウスで小泉は「Fight Terrorism!」と記帳している。

九月二五日の会談で小泉は、「自分は大統領と共にいる。テロとの戦いで大統領を助ける」と励ました。ブッシュは何度も「ありがとう」と繰り返した（『外交を喧嘩にした男』）。また小泉は、「ゲイリー・クーパーはひとりで戦ったが、今度は全世界が味方についている」とも声をかけている。

こうした小泉の言動はブッシュの印象に残った。回顧録でも、九・一一について小泉が、「アメリカだけではなく自由と民主主義に対する攻撃だ」と述べたことを取り上げている（『決断のとき』上）。

アフガニスタン戦争、深まる親交

一〇月七日、米国を中心とした有志連合が、アルカイダを匿《かくま》うアフガニスタンを攻撃した。二〇二一年まで長きにわたるアフガニスタン戦争の始まりである。この際も小泉は米国を支持する旨をブッシュに伝えた。

その約二週間後の一〇月二〇日、上海でのAPEC首脳会議の際、日米首脳会談が行われた。このとき、小泉は流鏑馬《やぶさめ》に使う二メートル近い弓と鏑矢《かぶらや》をブッシュに贈呈した。その木箱には、恒久の平和を願った老子の言葉「天長地久」を小泉が揮毫《きごう》していた。

会談で小泉は、「日本は武力行使には参加できないが、自衛隊に役割を与えることに、国民の間で理解を得つつある」と語った。ブッシュは「軍事作戦自体に参加しないことは、日本との友情に比較して、第二義的なことであり、日本の米国への支持に自分は心の底から感謝している」と謝意を示した。

さらに、この約一週間後の一〇月二九日、いわゆるテロ特措法が成立し、米軍への給油が可能となった。そして一一月九日、米艦船などへの給油や給水を目的として、海上自衛隊の自衛艦をインド洋に派遣する。くわえてパキスタンなどに緊急援助を実施するなど、矢継ぎ早の対応を行った。

翌二〇〇二年二月一七日にはブッシュ夫妻が来日し、翌二月一八日、昼食会を含めて二時間弱、外務省飯倉《いいくら》公館で首脳会談が行われた。ブッシュは「コイズミは偉大な改革者だ。全幅の信頼を置いている」と語り、日本経済については具体的な要求をしなかった（『外交を喧嘩にした男』）。「経済であまり要求はしないという約束を米国は守ってくれた」との安堵《あんど》の声が、小泉周辺で上がった。

同日夜にブッシュ夫妻は西麻布の居酒屋「権八」で小泉らと会食した。ブッシュは神戸ビーフのヒレ肉ステーキを気に入り、「首相をテキサスのステーキランチに招きたい」と上機嫌だった（『歴代首相のおもてなし』）。

なお、小泉は離婚していて独身だったため、首相夫人の代役を福田康夫官房長官夫人の貴代子が務め、迎賓館でローラ夫人をもてなしている。

日米首脳会談はこの四ヵ月後、カナダのカナナスキスで開催されたサミットの際も、六月二五日夜に約四〇分間、行われている。

「悪の枢軸」への訪問――「ジュンイチロウが決めたことだから」

ブッシュは二〇〇二年一月の一般教書演説で、イラク、イラン、北朝鮮を「悪の枢軸」と呼ぶ、いわゆるブッシュ・ドクトリンを宣言する。そうしたなか小泉は、北朝鮮の平壌《ピョンヤン》を訪問し金正日《キムジョンイル》総書記と会談することを画策していた。「悪の枢軸」と名指しした北朝鮮に米国の同盟国の首相が赴くことは、波紋を拡げかねなかった。

八月二七日、来日した国務副長官のアーミテージらに、小泉訪朝の計画について日本側が伝えた。アーミテージが手はずを整え、翌日、小泉がブッシュに電話をかけた。するとブッシュは「小泉、お前が言うことについて、俺が反対するわけがない」と語りかけた。そこで田中均《ひとし》アジア大洋州局長のアドバイスに従い、小泉は「自分は、アメリカの利益は絶対に害さない」と明言したという（『日朝極秘交渉』）。八月三〇日、小泉は九月一七日に訪朝することを記者団に発表した。

外務次官だった竹内行夫は、ニクソン・ショックの裏返しを想定し、日本は米国に礼を尽くして丁寧に説明する手順を踏んだと回想する（『外交証言録 高度成長期からポスト冷戦期の外交・安全保障』）。

アーミテージは後日、「実は、我々は当時、小泉訪朝に反対だった。だが、大統領が『ジュンイチロウが決めたことだから』と言うので、それ以上は何も言えなかった」と外務省幹部に漏らしている（『外交を喧嘩にした男』）。竹内の後任の外務次官谷内正太郎《やちしょうたろう》も、「日米関係で個別の問題が浮上する度に『ブッシュ大統領が小泉首相を困らせてはいけないと言っている』ということは、米政府関係者からよく聞かされた」と回想する（『外交の戦略と志』）。同様のエピソードは、ロン・ヤスの時代にも聞かれたものである。

その後、九・一一から一年の機に訪米した小泉は、九月一二日夕方にニューヨークのウォルドーフ・アストリアのスイートルームで、日米首脳会談を約二五分間行った。

北朝鮮についてブッシュは、「訪朝を心から歓迎する。早く結果を聞かせて欲しい」と述べた。あと一週間を切った小泉訪朝へのお墨付きをとった格好である。ただしブッシュは「大量破壊兵器、ミサイル、通常兵力に大きな関心を持っている。これは日本、米国、韓国にとっても懸念材料だ」と念を押してもいる。そして、小泉訪朝時に北朝鮮は日本人を拉致したことを認め謝罪するが、今日に至るまで拉致問題は解決していない。

他方ブッシュ・ドクトリンで、とくに標的とされたのが湾岸戦争以来の宿敵たるイラクだった。イラク問題に議題が移ると、小泉は突然椅子から立ち上がった。二、三歩前に進み出ると、両手と両足を左右に開いて身構えた。そして「日本には、『横綱』という大相撲のチャンピオンがいる。横綱は自分からは決して仕掛けない。相手が仕掛けてきた時に、初めて受けて立つ。米国は横綱相撲を取るべきだ」と主張した。

小泉はこうしてイラクへの米国による先制攻撃の自制を促したのである。もちろん、これは外務省が用意した発言要領にはなかった。ブッシュは小泉の言葉に耳を傾けつつも、「問題は、イラクとあと何回約束すればいいのかだ。我慢にも限界がある」と述べた（『外交を喧嘩にした男』）。

イラク戦争――「スパッと『支持する』でいいんだ」

二〇〇三年三月二〇日、米国は英国とともにイラクを攻撃し、イラク戦争が開始された。その直前にぶら下がり会見で、小泉は米国の決断への支持を表明し、国民に語りかけている。当時を振り返り、小泉は「同盟国が困っているときに支持しないなんてあり得ません。人間でも国家でも友情の本質は『A friend in need is a friend indeed.（まさかのときの友こそ真の友）』なのです」と語っている（小泉『決断のとき』）。

官房副長官補に就いていた谷内正太郎は、事前に「アメリカの行動について、その立場を理解し、支持する」と「アメリカの行動を支持する」という二つのフレーズを用意し、小泉に諮《はか》っていた。小泉は、「こういう時は『理解して』なんて持って回った言い方をすべきではない。同盟国が覚悟を決めて決断したときは、スパッと『支持する』でいいんだ」と言ったという（谷内氏へのインタビュー）。

小泉の言動は米政府で好意的に受け止められた。当時駐米大使だった加藤良三は、「何より小泉総理のアメリカ支持の決断が早かったのが本当によかった。小泉さんの国会答弁、記者会見での発言をアメリカはいち早くキャッチして伝えたため、ホワイトハウス、国務省、国防省、軍首脳に大きな安堵感が生まれました」と回顧する（『日米の絆』）。

イラク戦争については、フランスをはじめヨーロッパの同盟諸国でも反対が強かった。ややもすれば、キリスト教文明圏とイスラーム文明圏の「文明の衝突」とも見なされがちだった。そのため非キリスト教文明圏でアジアの同盟国日本の支持は、ブッシュ政権にとって貴重だった。

ただし、日本国内では米国の単独主義を危険視する声も高まった。『朝日新聞』の世論調査では、七七％が米国のイラクへの軍事行動に反対している。日本政府は日米同盟と国際協調をいかに両立させるかに苦悩する。

日本と米国との関係について、かつて文芸評論家の江藤淳は、「自己同一性《アイデンティティ》の回復と生存の維持という二つの基本政策は、おたがいに宿命的な二律背反の関係におかれている」と論じた。「自己回復を実現するためには『米国』の後退を求めなければならず、安全保障のためにはその現存を求めなければならない」のである（『一九四六年憲法』）。

だが、小泉にとってこれらは二律背反ではなかった。米国との協力を深めることで独自の発言力を増そうとする発想は、アイデンティティと生存の両立の延長線上にあると言えよう。

クロフォードのブッシュの牧場へ

開戦から四〇日を経た五月一日、ブッシュはイラクでの主要な戦闘の終結を宣言した。しかし、フセインは捕縛されたものの、米国が開戦の重要な事由として挙げた大量破壊兵器の備蓄は発見されなかった。さらに、イラクの治安は悪化の一途をたどっていく。

そうしたなか、五月二二日に小泉が米国を実務訪問した。事務当局は当初、会談場所をキャンプ・デーヴィッドと想定していた。だが、イラク攻撃をいち早く支持した小泉への感謝から、ブッシュの一声でテキサス州クロフォードのブッシュの牧場となった。キャンプ・デーヴィッドよりも、ブッシュにとってはプライベートな場所である。

イラク戦争前、ブッシュが国際的に孤立した際に小泉は各国首脳に電話をかけ、国連決議案に賛成するよう説得した。これを「私は決して忘れない」とブッシュは周辺に語っていた。

ブッシュは、ヘリコプターで私邸に到着した小泉を迎え、自ら小型トラックを運転して、牧場内を案内した。夕食前には、プールサイドで約二時間、アルカイダのテロ活動、イラク戦争をめぐる各国の動きなどについて二人で話をした。夕食会では、小泉が昨年贈った矢について、いつか自身の大統領図書館を作ったら「一番いい場所に飾りたい」とブッシュは述べた。実際、いま矢はテキサス州のブッシュ大統領図書館で目立つように展示されている。

翌五月二三日、ブッシュはＣＩＡ幹部から毎朝受けている「インテリジェンス・ブリー

小泉純一郎とジョージ・W・ブッシュ，2003年5月22日　小泉は米国のイラク攻撃もいち早く支持．ともにラフな服装でテキサス州のブッシュ私邸での会談となった

フ」に小泉を一時間同席させた。日本の首相が立ち会ったのは初めてである。

この前月、「ブーツ・オン・ザ・グラウンド」との表現で、自衛隊地上部隊のイラク派遣を米国が求めていた。日本政府・与党には新法制定を首脳会談で発表するよう小泉に求める動きもあった。だが、小泉は「国会で通るかどうかわからない法律を、口約束することはできない」と退けたという。

会談で小泉はイラクについて「積極的に貢献する」とは述べたものの、「日本が主体的に何をするか考えたい」として、具体策への言及は避けた。それでもブッシュはうなずき、「目に見える協力が役立つ」とだけ注文した（『外交を喧嘩にした男』）。結果的には、この二ヵ月後に、自衛隊派遣を可能にするイラク復興支援特別措置法が成立した。小泉は不言実行したのである。

他方で、この年の一月、北朝鮮は核不拡散条約（NPT）からの脱退を宣言し、四月には核兵器保有を明らかにしていた。これを受け、五月のクロフォードで両首脳は北朝鮮の核兵器を許さないことなどで一致した。ブッシュは「拉致された日本国民の行方が完全に解明されるまで、米国は日本を完全に支持する」とも表明している。

BSEをめぐる対立と靖国神社参拝問題

一〇月一七日夕方、タイのバンコクでのAPEC首脳会議に出席する途上、ブッシュは一年八ヵ月ぶりに来日した。ワシントンからバンコクに飛ぶには、給油のためどこかに立ち寄る必要があると知らされると、ブッシュは「日本だ。コイズミに会いたい」と即答したという。

迎賓館で開催された会談で、ブッシュはイラク復興への日本の経済的支援に謝意を示した。それに対して小泉は、「日本は憲法の下で戦闘行為に参加しないが、復興支援・人道支援で役割を果たす」と述べた。だが、自衛隊派遣の日程への具体的な言及を避け、活動内容についても「任せてくれ」との発言で済ませた（『外交を喧嘩にした男』）。二人の信頼関係のなせるわざである。人道・復興支援と輸送のために、陸上・航空自衛隊のイラク派遣が実現するのは一二月になる。

この後も、二人は立て続けに会談を行っている。二〇〇四年六月には、ジョージア州シーアイランドでのサミットの前に会談した。また、国連総会の機に九月二一日にニューヨークのウォルドーフ・アストリア三五階のブッシュ宿舎で会談を行っている。

小泉とブッシュは親密な関係を保ったが、両者が容易に合意できなかったこともある。牛海綿状脳症(BSE)をめぐる問題である。BSEは英国を中心に発生し、さらに二〇〇三年一二月に米国でも発生が確認されたため、日本は同国からの牛肉・牛肉製品の輸入を停止した。

二〇〇四年九月二一日に開かれたニューヨークでの会談では、輸入再開について小泉が「あくまで科学的に判断する問題だ」と述べた。ブッシュは「専門家が既に十分議論した。この問題が良好な日米関係に影を落としてはならない。これは政治問題だ」と珍しく声を張り上げた。ブッシュには、全米の畜産業者や食肉加工業者の票を確保したい事情もあった。

こうした両首脳の激しい応酬を公表するのは日米関係にマイナスになるとの判断から、会談後の記者発表では伏せられた(『外交を喧嘩にした男』)。再び負の象徴的機能が懸念されたわけである。くわえて、チリのサンティアゴでのAPEC首脳会議の際、一一月二〇日にも日米首脳会談が開催されている。

次に両者が会談の機会を持ったのは、二〇〇五年一一月、韓国の釜山《プサン》でのAPEC首脳会議を前に、ブッシュが再来日した際である。ブッシュの来日は二年一ヵ月ぶりで、日米首脳会談も一年ぶりだった。この間に小泉は、郵政民営化法案の成立問題に取り組んでおり外交全般への関心が薄かったという。さらに、BSE問題にくわえ、在日米軍の再編をめぐっても日米間で議論が行われており、ブッシュに積極的には会いたくない事情もあった。だが、米国産牛肉の輸入について一定の進展があり、米軍再編も一〇月末に中間報告が発表され一段落がついていた（『外交を喧嘩にした男』）。

一一月一五日午後、ブッシュは伊丹空港に到着した。翌一六日、小泉と金閣寺を訪問し、午前一〇時一五分より一時間一五分、同年四月に開館したばかりの京都迎賓館で、日米首脳会談が行われた。初の関西での日米首脳会談である。

この頃、小泉の靖国神社参拝などをきっかけに、中国や韓国との間で歴史認識問題が懸案となっていた。小泉は「日本国内には日米関係よりも国際協調を進め、他国との関係を強化して日米関係を補完すべしとの意見もあるが、自分はそのような立場はとらない。日米関係が良好であるからこそ、中国、韓国、ASEAN等をはじめ各国との良い関係が維持されてきている」と語った。政権発足当初から変わらぬ主張である。

ブッシュは「それは正しい考えであり、賛成である」と述べ、歴史認識問題に直接的に言及することはなかった。

小泉最後の日米首脳会談

翌二〇〇六年六月二八日から三〇日にかけて、小泉は国賓待遇として米国を公式訪問し、二九日午前九時四五分より約一時間半、ホワイトハウスで小泉にとって最後の日米首脳会談に臨んだ。

小泉は核問題に言及しつつ、ブッシュと拉致被害者家族との面会を感謝した。ブッシュは、「横田早紀江《さきえ》さんとの面会は大統領に就任して以来最も感動した場面だった」旨を語った。また「中国とはどうなっているのか」と問うブッシュに、小泉は「靖国という一つの問題によって首脳会談を行わないのは納得できない」と述べ、それ以上のやりとりはなかった。

会談後の共同会見で、小泉は「米国の皆さん、『ラブミー・テンダー(僕を優しく愛して)』くれてありがとう」と英語で述べ、プレスリーの歌にかけたジョークで締めくくった。

同日の晩餐会では、テキサスの「コーベビーフ」が出た。これは、日本の神戸ビーフではなく、和牛と米国の肉牛を掛け合わせた米国産牛である。日本が米国産牛肉の輸入を再開したものの、制限が残るなかでの選択だった。

ここで供されたのが、白ワイン「クロ・ペガス・シャルドネ〝ミツコ・ワイナリー〟04年」である。その名は日本出身のオーナー夫人に由来する。米政府は、相手の国出身者が米国で作ったワインを饗宴《きょうえん》で出すことも多い。移民国家ならではである(『ワインと外交』)。

その後、小泉とブッシュはエアフォースワンに乗り、テネシー州メンフィスのグレースランドに向かった。プレスリーの邸宅にブッシュが小泉を招待したのである。小泉がサングラスをかけてプレスリーの曲を歌う様子は、広く報道された。

2 不安定な日本政治――安倍・福田・麻生とブッシュ、オバマ

安倍晋三、一〇〇回目の首脳会談

小泉は自民党総裁の任期を終え、五年五ヵ月の政権に終止符を打った。小泉の後を継ぎ二〇〇六年九月に安倍晋三が首相に就任する。

安倍は一九五四年九月二一日、毎日新聞の記者でのちに衆院議員となる安倍晋太郎の次男として、東京に生まれた。母方の祖父は岸信介であり、父方の祖父も衆院議員の安倍寛《かん》である。成蹊大学法学部政治学科を卒業後、南カリフォルニア大学に留学し、神戸製鋼所に入社して約三年半勤めた。

父晋太郎が中曽根内閣で外相に就任した際、その秘書官となった。父は首相の座を射程に収めながらも、病に倒れ亡くなった。その姿を間近で見ていた安倍は、チャンスがめぐってきた際にはつかまねばならないとの思いを強くする。

その後、安倍は衆院議員に当選し、森・小泉内閣で官房副長官を務めた。北朝鮮の拉致問題で名を上げ、当選三回、閣僚未経験ながら自民党幹事長に抜擢され、さらに、官房長官に

就任。そして、二〇〇六年九月、戦後最年少の五二歳で首相に就任した。閣僚経験よりも「選挙の顔」になることが優先されたと言える。

安倍はベトナムのハノイでのAPEC首脳会議を機に、二〇〇六年一一月一八日午前一一時二〇分より約一時間三〇分、初の自らの日米首脳会談をブッシュと行った。約三〇分間のテタテに続いてワーキングランチが約一時間行われた。ブッシュは六〇歳になっていた。

その後も両者は会談を重ねる。翌二〇〇七年四月には安倍が米国を実務訪問し、二七日にキャンプ・デーヴィッドで日米首脳会談が開かれた。テタテと全体会合が約四五分ずつ、ワーキングランチが約一時間である。このとき両首脳はテタテで「ジョージ」「シンゾー」と呼び合うことで合意し、ファーストネーム関係が成立した。

なお、日本はゴルフを打診したが、ブッシュは「首相と一緒にゴルフをしたいとは思うが、自分はイラク戦争が続いている間はゴルフをしないと決めている」と固辞している。

この二ヵ月後、ドイツのハイリゲンダム・サミットの際の六月六日に約五〇分間、二人は会談し、さらに、九月の豪州シドニーで開催されたAPEC首脳会議の際も、八日に約三五分間、日米首脳会談がインターコンチネンタルホテルで行われた。なお、筆者のカウントでは、これが一〇〇回目の記念すべき日米首脳会談だが、そのように認識した関係者はいなかったようである。

そうしたなか、二〇〇七年七月の参院選で自民党が惨敗、安倍は持病の潰瘍性大腸炎が悪化して九月に辞任した。衆参の多数党が異なるねじれ国会が現出し、その後の政権はこの状況に苦しめられていく。

「影の外務大臣」福田康夫

安倍の後継を決める自民党総裁選を制したのは福田康夫だった。

福田は一九三六年七月一六日、大蔵官僚だった赳夫の長男として東京で生まれた。早稲田大学政治経済学部経済学科を卒業後、丸善石油（現コスモ石油）に入社し一七年間勤めた。

福田が政治家を志した形跡はなく、弟が父の後継者と目されていた。だが弟が病を患い、政治の道へと進むことになる。首相となった父の秘書官を経て、一九九〇年に群馬三区から初当選を果たした。このとき五三歳であり政治家としては遅咲きである。

当選後は外交族の道を歩み、森喜朗内閣と小泉内閣で三年以上官房長官を務めた。ただし、閣僚経験は官房長官のみであり党三役や派閥の領袖の経験はない。

官房長官在任時、田中角栄の長女である田中真紀子外相と外務官僚との軋轢が表面化した。そうしたなか、外交に関する重要案件は官邸に持ち込まれた。折しも、官邸機能の強化によって官房長官の影響力も高まっていた。福田は外務官僚のみならず、ハワード・ベーカー駐日大使など米国にも頼られる存在となり、「影の外務大臣」と呼ばれるまでになっていた。

福田によると、ベーカーとの会談は、八〇回は下らない（ベーカー、春原訳『ハワード・ベーカー』)。

また、親子で日本の首相に就任したのは、初めてである。福田の首相就任時の七一歳は、父が首相に就任した年齢でもあった。

父が政権トップ、石油業界出身の共通性

二〇〇七年九月の首相就任から一ヵ月半ほど経った一一月一五日、福田は首相初の外国として米国を実務訪問した。翌一六日午前一〇時二五分より約一時間、ホワイトハウスで日米首脳会談が行われた。福田七一歳、ブッシュ六一歳である。

ブッシュは「とても興味深いのは、我々の父親も大統領であり、総理大臣であったこと、さらには、我々自身お互い、石油業界の人間であることである」と語った。両者は、首相、大統領と呼び合っている。福田曰く、ファーストネームを使う必要性を感じなかったという。

この会談の約二週間前、ねじれ国会のもとでテロ特別措置法が失効し、自衛隊は一時撤収することになった。福田は海上自衛隊によるインド洋での給油活動の早期再開に向けて、補給支援特措法案の成立に全力を尽くすと説明した。ブッシュはその努力に感謝した。

引き続き、午後〇時五分より約四五分間、ブッシュ主催昼食会が開かれた。米国が用意したのは、小泉の最後の訪米時同様「コーベビーフ」であり、ブッシュの地元テキサス州産の牛あばら肉だった。日本はこのときも米国産牛肉の輸入制限を続けていた。

その後、新テロ特措法に基づく自衛艦による給油活動は、野党が多数を占める参議院で否決された。それを即日衆議院で三分の二の多数をもって、自民党と公明党は再可決し成立させた。のちに福田は「対米関係はもちろん、インド洋は国際社会が協力し合う場となっていましたから、多くの国から感謝されました。しかしその割に、かかる費用は年数十億円」とコストパフォーマンスが高かった旨を語っている。

その後、二〇〇九年一一月に鳩山由紀夫政権は同法を延長しないことを決定し自衛隊は撤収する。鳩山政権は、代わりにアフガニスタンへの新たな支援策として五年間で五〇億ドルなどを拠出することになる（「政権中枢からみた『対テロ戦争』と日米関係」）。

洞爺湖サミット

二〇〇八年七月六日、ブッシュは新千歳空港に到着し、翌七日から九日にかけて開かれた北海道洞爺《とうや》湖サミットに参加した。これがブッシュの大統領として最後の来日であり、意外にもブッシュは国賓として訪日することはなかった。

七月六日午後三時三〇分より約一時間半、ザ・ウィンザーホテル洞爺で、日米首脳会談が行われた。初の北海道での開催である。

ブッシュは会談で拉致問題を決して忘れないと述べ、共同記者会見では一冊の本を掲げた。拉致被害者横田めぐみの母、早紀江の著書『めぐみ、お母さんがきっと助けてあげる』の英訳本である。「自分も娘を持つ父親として、自分の娘が消えてしまうということがどのようなことであるのか、想像できない」とブッシュは語った。

また会談では、サミットで最大の課題となる気候変動問題について話し合われた。ブッシュは「もし中国やインドが私たちと同じような要求を共有しなければ、問題の解決はできない」と述べ、G8だけで長期目標に合意することに否定的な考えを示した。

会談は予定の一時間を超え、最後の約二〇分は閣僚らを外し首脳二人で話した。気候変動に関する長期目標について福田が直談判をするとブッシュは、「建設的な宣言を出そう。後は事務方を通じて調整する」との歩み寄りを示唆したという。最終的にサミットでは、二〇五〇年までの温室効果ガス半減という長期目標が盛り込まれることになった。

なお、『朝日新聞』が内部告発サイト「ウィキリークス」から提供を受けた米公電によると、ブッシュは「アフガンに中身のある支援をする必要がある」と福田に強く要求したという。そして、「(陸自の) CH47大型輸送ヘリを派遣するか、軍民一体型のPRT (地域復興チーム) を担当するか」と求めたが、福田は「陸自の大規模派遣は不可能」と返答したとされる。

サミットの主要議題だった気候変動問題で米国から譲歩を引き出し、会合を成功裏に終わらせるため、日本は自衛隊のアフガニスタン本土への派遣を決断するのではないか。こうした読みが米国にはあったという。だがこの目論見は外れることになる。

いずれにせよ、福田は無事にサミットで議長としての役割を全うした。福田の父赳夫は、一九七九年の東京サミットの開催を前にして総裁選で敗れており、その無念を晴らした形になる。

福田康夫とジョージ・W・ブッシュ，2008年7月8日　洞爺湖サミットで

だが、福田はねじれ国会のもとで政権運営に行き詰まる。福田は後継の首相のもとで解散総選挙を行う道筋をつけるべく、動き出した。

拉致問題については、日本と北朝鮮で調査団を作り、共同調査を行う交渉を進めていた。いよいよ翌月には発表できるほど中身が詰まってきたが、そのとき金正日が大病となったとの情報がもたらされた。北朝鮮は拉致問題で大きな決断を下せる状況ではなくなった。「自分にしかできない役割が一つなくなったという点で、退任を決断する一つの材料になりました」と福田は回想する（福田氏へのインタビュー）。

麻生太郎とブッシュ、バラク・オバマ

福田康夫が一年で首相を退任し、続いて二〇〇八年

九月に首相に就任したのは、麻生太郎だった。

麻生は一九四〇年九月二〇日、実業家の麻生太賀吉《たかきち》の長男として福岡県飯塚市に生まれた。母は第一回日米首脳会談に同席した和子であり、吉田茂は麻生太郎の祖父にあたる。さらに、妻の父は鈴木善幸、妹は寬仁《ともひと》親王妃信子だ。母と同じく麻生もカトリックで、洗礼名はフランシスコである。

父の衆院議員就任をきっかけに、麻生は小学三年生のときに東京に移り住み、学習院大学政経学部を卒業した。「特別大学院生」として米国スタンフォード大学や英国ロンドン・スクール・オブ・エコノミクスにも留学し、政治学を専攻している。

その後、家業の麻生セメントを継いだ。一九七六年のモントリオール五輪ではクレー射撃の代表となっている。五輪選手だった唯一の首相である。衆院議員に当選後は、経企庁長官、経済財政政策担当相、総務相、外相、自民党幹事長などを歴任した。

麻生の首相就任直前の九月一五日、米国の投資銀行リーマン・ブラザーズが経営破綻し経済危機が発生した。世界はこの危機への対応を迫られ、日本でも衆院解散は先延ばしとなる。

一一月二二日から始まるペルー・リマでのAPEC首脳会議の折、麻生は米側宿舎で、同日午前一〇時四五分より約三〇分間、ブッシュと会談を行った。麻生六八歳、ブッシュ六二歳である。ブッシュの任期は残り二ヵ月弱で、この会談の一八日前の米大統領選で「チェンジ」を掲げた民主党バラク・オバマの当選が決まっていた。

これがブッシュにとって最後の日米首脳会談となった。ここでブッシュは、任期の八年間で確固たる日米同盟を築き同盟が深化したと総括した。麻生は、日米同盟は日本外交の第一原則であり、ブッシュ政権下での同盟深化を評価する旨を述べている。

ブッシュは拉致問題について、「自分はそれがデリケートな問題であることは十分分かっており、オバマ新政権にもきちんと引き継いでおく」旨を語った。

ブッシュの後を襲ったオバマは、一九六一年八月四日にハワイ州ホノルルで生まれた。母はカンザス州出身の白人、父はケニア出身で二人はハワイ大学の学生だった。二歳のときに両親が離婚し、オバマは母方の家庭で育てられた。インドネシアに移住し、現地の学校に通いつつ米国の通信講座も受講した。その後、祖父母とともにハワイに戻った。

オバマは、クリスチャンの両親に育てられなかった初の米大統領である。母は無神論者であり、オバマが三歳のときに再婚した相手はイスラームだった。そのため、オバマにはクリスチャンであることを自ら選択したという自負がある（*Religion in the Oval Office*）。なお、オバマ自身もイスラームとのデマがあるが、実際には会衆派のキリスト連合教会に所属し、のちに特定の教派に属さないクリスチャンとなった。

ロサンゼルスのオクシデンタルカレッジを経てコロンビア大学に編入し、政治学の学士号を取得した。ニューヨークとシカゴのコミュニティ組織などで働いてから、ハーバード大学ロースクールに進学している。シカゴに戻り、法律事務所のアソシエイトなどを務めた。

こうした経歴とオバマのまじめな性格は無関係ではないだろう。後述するとおり再び首相に就く安倍晋三は、「オバマとは、仕事の話しかしませんでした。首脳会談や会食の場で、私がジョークを言っても、彼はすぐに本題に戻す。雑談にも応じない。弁護士出身だけあって、仕事の話も非常に細かい。正直、友達みたいな関係を築くのは難しいタイプです」と振り返っている（『安倍晋三回顧録』）。

その後、オバマはイリノイ州議会の上院議員に転身し、同州選出の連邦上院議員も務めた。そして、二〇〇九年一月二〇日にアフリカ系米国人初の大統領となる。

ホワイトハウスに招いた最初の外国首脳

二〇〇九年二月二四日、オバマはホワイトハウスを訪問する最初の外国首脳として麻生を迎えた。しかもこの日は、オバマの施政方針演説が行われる当日だった。

NSCアジア担当上級部長だったジェフリー・ベーダーによると、これは米外交政策のなかでアジアが優先されていることを示すためだった。オバマ政権は、中東での対テロ戦争からの脱却を目指しアジア太平洋への関与を深める「リバランス政策」を追求していく。

ちなみに、ベーダーは首脳会談の前に、日本でのオバマへの支持率が九〇%なのに対して、麻生はわずか一〇%に過ぎないとブリーフしたという（ベーダー、春原訳『オバマと中国』）。

二月二四日午前一〇時半頃より約一時間二〇分、日米首脳会談が行われた。麻生六八歳、

麻生・オバマ会談，2009年2月24日，ホワイトハウス　バラク・オバマの大統領就任後，麻生太郎は外国首脳による初のホワイトハウス訪問に．アジア太平洋重視を周知させるためでもあり，多くのメディアが取り上げた

オバマ四七歳、両首脳間の年齢の開きは大きかった。

オバマは、核抑止を含む対日防衛についてのコミットメントを表明した。また、世界第一位と二位の経済大国として、世界経済の回復に向けて全力を尽くしていくことで二人は一致した。ただし、この翌年には日本のGDPは中国に抜かれることになる。

このとき麻生の現地滞在は約二四時間にすぎない。共同文書は作成されず、晩餐会のような華やかな舞台や、共同記者会見も行われなかった。河村建夫官房長官によると、オバマの施政方針演説当日の会談に配慮し、「首相が最初から『会談に付随する儀礼的なものは一切いらない』と申し入れていた」。

なぜそうまでして日米首脳会談を開いたのか。ある外務省幹部は「首相が大統領とホワイトハウスで会うことに意味がある。映像が全世界に流れるだろう」と語った。麻生内閣が支持率低迷に喘《あえ》ぐなか、まさに象徴的機能に期待が集まったのである。

両首脳はこの五ヵ月後の七月、イタリアのラクイラ・サミットに出席する。七月八日夜、そのワーキングディナーの際に約二五分間、双方の通訳のみを交えて会談を行った。

だが翌八月、日本では衆院選で自民党と公明党が大敗し、下野することになる。

3　対等性の模索――鳩山・菅・野田とオバマ

鳩山由紀夫とマニフェスト

米国の政権交代から約九ヵ月後の二〇〇九年九月、日本でも政権交代が実現し、民主党、社会民主党、国民新党の連立政権が誕生した。その首班となったのが、民主党代表の鳩山由紀夫である。

鳩山は一九四七年二月一一日、大蔵官僚でのちに参院議員となる鳩山威一郎《いいちろう》と安子の長男として東京に生まれた。曽祖父和夫は衆院議長、祖父一郎は首相を務めた。安子の父はブリヂストンの創業者石橋正二郎であり、その資産は鳩山由紀夫らの政治活動の重要な資金源となる。

東京大学工学部を卒業後、鳩山は米国スタンフォード大学大学院でオペレーションズ・リサーチを研究し博士号を取得している。海外の正規の博士号を持つ首相は鳩山のみである。

専修大学経営学部助教授を務めた後、自民党衆院議員を経て新党さきがけを結成した。細川護熙政権では官房副長官を務め、その後、民主党を結成する。長らく野党にいたため、村山富市同様、国務大臣の経験がないまま首相に就任した。

政権交代を起こした衆院選における民主党のマニフェストでは、「主体的な外交戦略を構築し、緊密で対等な日米同盟関係をつくります」と標榜していた（「Manifesto 2009」）。この表現をあえて強調したことは、対等な日米同盟関係をいまだ確立できていない、と民主党が認識していたことを意味する。

たしかに、日米が対等ではないとの認識は中曽根康弘をはじめ自民党の首相も首脳会談で語っていた。だが、あくまで水面下のことである。鳩山政権は、対等ではないことを公言し、政治的な争点としたところに特徴があった。

鳩山政権が日米関係で大きな混乱を巻き起こしていくのが、沖縄の米軍基地をめぐる問題である。前章で見たとおり、普天間飛行場の返還と辺野古沖への移転で日米両政府は合意していた。だが、鳩山は普天間飛行場の移設先として、「最低でも県外、できれば国外」と発言した。

両政府の合意を破棄するかのような鳩山の発言について、ビル・クリントン政権で国防長官を務めたウィリアム・ペリーは、「その合意を後押しした当事者の一人としては、とても大きな絶望感を覚え、落胆したことだけは記しておきたい」と回顧している（ペリー、春原訳『核なき世界を求めて』）。

このペリーは、かつて「日米同盟は逆ピラミッドのような構造だと感じる」と語り、「だから、いつも両面から支えていかないと倒れてしまう感じがしてならない」と吐露したことがある（『同盟漂流』）。まさに、この不安定な構造が揺らいでいたのだ。

官僚との軋轢、米政府の驚愕

民主党のマニフェストには、「官僚丸投げの政治から、政権党が責任を持つ政治家主導の政治へ」との項目もあった。「私たちが政権交代によってもっとも実現したかったのは、いわゆる官僚中心の日本の政治を国民の手に取り戻すということでした」と鳩山は振り返る（『誰がこの国を動かしているのか』）。だが、性急に変化を求める姿勢は官僚との軋轢を生む。

たとえば、外相に就任した岡田克也である。組閣、認証式を終えて、外務省に登庁した岡田による藪中《やぶなか》三十二《みとじ》外務次官への第一声は、「国家公務員法九八条に基づき、事務次官に対し、徹底した密約調査を命じる」だった。九八条には「上司の職務上の命令に忠実に従わなければならない」とある。藪中は、「いやはや、これは先が思いやられるな、と言うのが正直なところだった」と回想する（『外交交渉四〇年』）。もっとも、この調査によって冷戦期に結ばれた日米の「密約」の存在が、かなりの程度裏付けられることにもなる。

のちに、『朝日新聞』がウィキリークスから当時の米国の機密公電を入手した。それによると、鳩山内閣発足直後、外務省のある局長が「民主党は官僚を抑え、米国に挑戦する大胆な外交のイメージを打ち出す必要を感じたようだ」と分析し、「愚か」と批判したとの記載がある。さらに別の幹部も、「国内には日本が対等に扱われていない、という感覚があり、民主党はそれを政治的に利用した」と解説していた。ほかにも「鳩山政権の普天間移設問題での対応と政治利用」への不満を述べる外務官僚の様子も記録されている。

首脳会談とは政治家と外交官が協同するものである。したがって、そこに不信があれば、大きなネックとなる。

鳩山は首相就任一週間後にニューヨークで国連総会に出席した。その際、九月二三日に三五分間、ウォルドーフ・アストリアで日米首脳会談を行った。鳩山六二歳、オバマ四八歳である。

会談で鳩山とオバマは日米関係の強化で一致した。もっとも、インド洋での給油活動の扱いや、基地の見直しなどの各論には触れていない。

オバマは、「話し上手ではないが感じのいい鳩山は、日本ではここ三年足らずのあいだで四人目の首相であり、私が就任してからは二人目だった。これは、過去一〇年にわたって硬直し、迷走していた日本の政治を象徴していた」と振り返っている（オバマ、山田ほか訳『約束の地』下）。

翌月の一〇月一〇日、鳩山は北京の人民大会堂で、日中韓首脳会議に臨んだ。その冒頭に鳩山は、「今までややもすると、日本は米国に依存しすぎていた。日米同盟は重要だと考えながら、アジアをもっと重視する政策を作り上げていきたい」と発言する。

『朝日新聞』が入手した公電によると、この鳩山の発言は「米政府の最上層を驚かせた」と、カート・キャンベル国務次官補が日本側に伝えている。そして、「もし米国政府が公に、日本より中国との関係を重視したいと表明したら、日本がどう思うか、想像してほしい」と強い調子で迫ったという。

「トラスト・ミー」とオバマの失望

一一月一三日、シンガポールのAPEC首脳会議を前に、オバマが来日し鳩山と首相官邸で会談を行った。

首相公邸での晩餐会で、オバマは鳩山に「アジアの状況に鑑みて、日本と米国はこの同盟体制の求心力を再確認する必要に迫られている」と伝え、「沖縄における米軍基地（普天間）を巡って口論を続けていてはそれもおぼつかない」と指摘した。

それに対して鳩山は、米軍基地問題によって沖縄県民にのしかかっている負担を軽減すると約束したことを説明し、理解を求めた。この問題で「自分を信頼して欲しい（トラスト・ミー）」という言葉で締めくくった。オバマは信用していると応じた（『オバマと中国』）。

鳩山・オバマ首脳会談，2009年11月13日，首相官邸　民主党政権発足から2ヵ月，混迷を見せ始めた沖縄基地問題などを討議．鳩山由紀夫の「トラスト・ミー」発言が，のちに不信を招いた

翌一一月一四日にオバマは、港区のサントリーホールで米国の対アジア政策に関する演説を行っている。この約二ヵ月後に一九六〇年の安保改定から五〇周年を迎える。オバマは当時のドワイト・アイゼンハワー大統領の演説を引用しつつ、「対等と相互尊重のパートナーシップを守るべく常に努力していきます」と言明した（「オバマ大統領のサントリーホールでの演説」）。安保改定から五〇年を経てもなお、日米間では対等が強調され続けていた。

この約五ヵ月後の二〇一〇年四月一二日から、四七ヵ国と三国際機関が参加し核セキュリティ・サミットがワシントンで開催される。ただし、この際に米国は、鳩山との首脳会談を多忙を理由に断り、実務者協議も見送った。米国は「確実に失敗に終わると確信していた首脳会談は望んでいなかった」という。ベーダーは「私から見て、鳩山政権には戦略的な一貫性がないのは明白だった」と手厳しい。

それでも米国のセッティングにより、サミットの晩餐会で鳩山はオバマの隣に座った。「一〇分間、みなさん食事をしていてください」と、晩餐会の冒頭にオバマは宣言した。この一〇分が鳩山との「意見交換」に割かれた時間だった。

鳩山は沖縄問題について、国内で自らが難しい政治的立場に置かれていることを説明した。すると、オバマはそれを遮《さえぎ》り、「要点だけ話そう。昨年の十一月、あなたは私に『トラスト・ミー』と言った。それはこの問題を何とかするから自分を信頼してほしい、という意味だったはずだ。私はあなたがそうすると信じている。しかし、まだそうなってはいない。すぐにでも実現すべきだ」と迫った(『オバマと中国』)。

結局、鳩山は普天間飛行場の新たな移設先を見つけられず、五月二八日に日本の外相と防衛相、米国の国務長官と国防長官による日米安全保障協議委員会、いわゆる2+2で、辺野古沖への移転が確認された。反発した社民党は連立政権を離脱し、窮地に立たされた鳩山は六月二日に辞職を表明する。「政権与党の仕事に国民が徐々に聞く耳を持たなくなってきた」と鳩山はこのとき語った。

菅直人政権と三・一一

続く首相には、二〇一〇年六月八日に菅直人《かんなおと》副総理兼財務相が昇格した。菅は一九四六年一〇月一〇日、宇部曹達《ソーダ》に勤める菅寿雄《ひさお》の長男として山口県宇部市に生まれた。クリントン、ジョージ・W・ブッシュと同年生まれである。日本の学年では、鳩山と同学年だった。

東京工業大学（現東京科学大学）理学部卒業後、弁理士となり市民運動に参加していた菅は、一九七四年の参院選で市川房枝の選挙活動を指揮したことが契機となって政界に入り、八〇年の衆院選で初当選を果たした。新党さきがけに参加し、橋本龍太郎内閣で厚相として入閣している。その後、鳩山らとともに民主党を結成し、党代表、幹事長などを歴任していた。

菅の首相就任直後には国際会議が続いた。六月二五日と二六日にカナダのオンタリオ州ムスコカでG8サミットが、続いて二六日と二七日にはトロントでG20サミットが開かれる。この機会に、二七日に約三五分間、菅はオバマと会談した。菅六三歳、オバマ四八歳である。懸案となっていた普天間飛行場の移設問題について、菅は、「日米合意を踏まえ真剣に取り組んでいきたい」旨を述べた。

この三ヵ月後にも国連総会を機に九月二三日に約一時間、ニューヨークで日米首脳会談が行われた。会場はウォルドーフ・アストリアである。なお、歴代の首相や大統領が宿泊し、繰り返し日米首脳会談の舞台にもなってきた同ホテルは、二〇一四年に中国の保険会社に買収され、その後、同ホテルでの日米首脳会談は開催されていない。

九月二三日には、前原誠司外相とヒラリー・クリントン国務長官との間で外相会談も行われた。そこでクリントンは、対日防衛義務を定めた日米安保条約第五条が尖閣諸島に適用さ

菅・オバマ首脳会談，2010年９月23日，ニューヨーク　前原誠司外相，ヒラリー・クリントン国務長官が事前に会談．不安定化しつつあった日米同盟強化で一致．右からバラク・オバマ，菅直人，一人おいて前原外相，福山哲郎官房副長官，藤崎一郎駐米大使

れることを明言する。この会談の二週間ほど前に、尖閣諸島沖で中国の漁船が海上保安庁の巡視船に衝突する事件が発生し、緊張が高まっていたなかでの発言だった。

その後、横浜でのＡＰＥＣ首脳会議に合わせて、オバマが来日し、一一月一三日にも約一時間、パシフィコ横浜会議センターで菅と会談を行っている。

二〇一一年三月一一日には、東日本大震災が発生した。発生直後から米軍は「トモダチ作戦」と呼ばれる災害救援活動を開始した。最終的に約二万五〇〇〇人の兵員、一八九機の航空機、二四隻の艦艇が投入された。日頃の日米の共同訓練や協力関係が実を結んだものだった。

日付が変わって三月一二日午前〇時一五分から一〇分間、菅とオバマは電話会談をしている。オバマは、犠牲者と被害者への哀悼の意と悲しみに対する深い共感を表明し、「米国として日本に対する可能な あらゆる支援を行う用意がある」と発言した。菅は深く感謝した。

その約二ヵ月半後、フランスのドーヴィル・サミットを機に、菅とオバマは日米首脳会談を四五分間行った。このときオバマは菅を九月前半に米国に招待し、菅も快諾した。

しかし、この招待は実現しなかった。支持率の低迷する菅が九月に退陣したからである。

野田佳彦――民主党政権下、唯一の米国実務訪問

菅に続き二〇一一年九月二日、野田佳彦《のだよしひこ》財務相が首相に就任した。野田は一九五七年五月二〇日、自衛官の父の長男として千葉県船橋市に生まれた。早稲田大学政治経済学部政治学科を卒業し、松下政経塾に一期生として入塾した。千葉県議会議員を経て、細川護熙を補佐して日本新党結成に参加し、衆院議員となった。その後、新進党、民主党に所属する。

首相就任後二〇日ほどが経った九月二一日に、午後〇時二〇分から約三五分間、国連総会の機に日米首脳会談が国連本部で行われた。野田五四歳、オバマ五〇歳である。

オバマは、東日本大震災に関連して、米国はいかなる支援も惜しまないと表明した。それに対して野田は、「普天間飛行場移設を含む米軍再編については、引き続き日米合意に従い協力して進めていきたい」と、政権の継続性を担保した。さらに、「発災以前からの内政・

外政上の課題を解決し、安定した政権を作るのが自分の使命である」とも述べている。

その約二ヵ月後の米国ホノルルでのAPEC首脳会議のときにも、一一月一二日正午過ぎから約五五分間、日米首脳会談が開かれた。ここで、米国が旗振り役となっていた環太平洋パートナーシップ協定（TPP）が議論される。野田は「今般、日本政府として、TPP交渉参加に向けて、関係国との協議に入ることとした」と表明しオバマは歓迎した。

さらに、この約五ヵ月半後、野田は米国を実務訪問した。実務訪問は、鳩山・菅政権では実現しておらず、民主党政権下初であり、麻生以来三年ぶりとなった。二〇一二年四月三〇日正午過ぎから約二時間、日米首脳会談と昼食会がホワイトハウスで開かれ日米同盟の深化・発展やTPPの前進で一致した。同年一一月二〇日、カンボジア・プノンペンでのASEAN関連首脳会議の際も、約二五分、野田とオバマは会談している。

このように日米の首脳会談が順調に積み重ねられていった。だが、消費税率引き上げやTPP推進をめぐり民主党は党内の対立を深め、八月に成立した消費増税関連法をめぐって増税反対派が多数離党して党が分裂した。そして二〇一二年一二月の衆院選で民主党は一敗地に塗《まみ》れ、下野することになる。

第5章　安定政権の登場——自由で開かれた国際秩序を求めて

1　「希望の日米同盟」——安倍とオバマ

史上最長政権へ

第二次吉田茂政権から石破茂政権までの間に、三二人の日本の首相が誕生した。対して、米大統領は、ハリー・トルーマン以降ジョー・バイデンまでで一四人である。四年の任期が基本的に固定されている米大統領に比べ、日本の首相の在任期間は短い。とくに小泉純一郎が退陣した二〇〇六年以降、七年連続で日本の首相は交代する。こうしたなか首脳同士が信頼関係を打ち立てるのは困難だった。

だが、第二次安倍晋三政権の登場により、新たな局面が現れる。安倍の首相在職期間は、第一次政権を含めて約八年九ヵ月となり、歴代首相の最長記録を更新する。これは、戦後のどの米大統領よりも長い。長期政権になればその弊害も出てくるが、外交では在任期間の長さが大きな資産となる。

安倍晋三再登板、「右派」政権への警戒

二〇一二年九月、安倍晋三は再び自民党総裁に就任し、一二月の衆院選で政権を奪還して、首相に選出された。

安倍は第一次政権の反省点をノートに書き留めて読み返してきたという。では、第二次安倍政権で何を目標としたのか。興味深いのが、外務官僚出身の谷内正太郎初代国家安全保障局長の証言である。谷内は安倍政権が発足してほどなく、「谷内正太郎覚書」と呼ばれる、外交・安全保障の指針を安倍に手渡している。この覚書で大目標に掲げていたのが、「双務的ないし対等な日米関係を作ること」だった。

あらためて対等とは何か。谷内は、「究極的には日米相互防衛条約のイメージです。米韓同盟のように、米国の領土が攻撃されたら、自衛隊が助けに行くような同盟関係ですね」と振り返る（谷内氏へのインタビュー）。日米の役割が対称である日米同盟を作ろうという発想は、岸信介政権にも見られたものだった。

その一環として目指したのが、集団的自衛権の行使だった。安倍自身も著書で「集団的自衛権の行使とは、米国に従属することではなく、対等となることです」と主張している（『新しい国へ』）。ここからは、対称な役割が対等な関係を担保するとの発想が垣間見える。

首相に就任した安倍は、ベトナム、タイ、インドネシアを訪問。その後、二〇一三年二月に安倍は米国を実務訪問し、二二日に約一時間四五分、ホワイトハウスで首脳会談およびワーキングランチを行った。安倍は五八歳、バラク・オバマは五一歳になっていた。

安倍はTPP（環太平洋パートナーシップ協定）について、コメや小麦のために聖域を設ける余地があるとの約束を得ようとしていた。だが事前の折衝では、米国の高官がオバマの言質を得られるかどうかはわからないと牽制した。

会談で安倍は、集団的自衛権行使に関する憲法解釈を変更する方針を伝え、普天間飛行場の辺野古沖への移転という約束を必ず守るとも述べた。オバマはそれを淡々と聞いていたという。

安全保障の話の後、安倍はTPPの話題を持ち出した。前年末の衆院選で、自民党は「聖域なき関税撤廃を前提にする限り、TPP交渉参加に反対」と公約していた。「日本には一定の農産品、米国には一定の工業製品というように、貿易上のセンシティビティ（慎重に扱うべき事柄）がある。センシティビティを除くことができれば、TPP交渉に参加できる。最終的な結果は、交渉の中で決まっていくということでどうか」と安倍は尋ねた。それに対してオバマは、「自分はそれで差し支えない」と述べたという（『安倍晋三回顧録』）。首脳会談後の共同声明では、日本のTPPへの交渉参加が盛り込まれることになる。

この後、六月の英ベルファストG8サミットでは、日米首脳会談が開かれず、両首脳は短

日米韓首脳会談，2014年３月25日，デン・ハーグ米国大使公邸　第２次安倍政権は右派的と米国から見なされたためか，２国間の首脳会談が当初あまり開かれなかった．左から朴槿恵韓国大統領，バラク・オバマ米大統領，安倍晋三首相

時間「立ち話」をしたのみと外務省は発表した。その二ヵ月後の九月に、ロシアのサンクトペテルブルクでのG20サミットの折には、五日午後三時一五分頃より約一時間、安倍とオバマは首脳会談を行った。

だが、翌二〇一四年三月二四日にオランダのデン・ハーグで、五三ヵ国と四国際機関出席の核セキュリティ・サミットが開かれた際にも、日米二ヵ国間の首脳会談は行われなかった。この機に韓国の朴槿恵大統領を交えた日米韓首脳会談や、オバマと習近平国家主席との米中首脳会談が開かれているにもかかわらずだ。

このように、二〇一二～一四年初頭までの時期は日米首脳会談が密に開催されたとは言い難い。その背景には、歴史認識問題をめぐり、右派的と見なされた安倍への警戒感が米国にあったとされる。

たとえば、二〇一三年一二月に安倍は靖国神社に参拝しているが、オバマ政権は在日米国大使館を通じて、「日本の指導者が近隣諸国との緊張を悪化させる行動をとったことに、米国は失望している」との声明を発表している。なお、この声明は、ジョー・バイデン副大統領が主導したものだったという（『自壊する官邸』）。

鮨屋会談と西側の結束

二〇一四年四月二三日、オバマが国賓として来日した。ビル・クリントン以来、約一八年ぶりの国賓としての来日である。ミシェル夫人は学期中の娘たちとともにワシントンに残った。国賓の米大統領で夫人が同伴しなかったのは、ジェラルド・フォード以来である。なお、二〇〇九年一一月のオバマ来日の際も、ミシェル夫人は同様の理由で同伴していない。

四月二三日、安倍とオバマは銀座の鮨店「すきやばし次郎」で夕食をともにした。この店は米国のセレブリティに人気があることから、外務省が推薦したものだった。

カウンター席に着き、安倍はオバマの杯に「大吟醸・特製ゴールド賀茂鶴」を注いだ。そして、雑談もせずに、すぐに仕事の話となった。この夕食に同席した谷内正太郎は、「いまひとつ親密な感じではなかったですね」と回想する（谷内氏へのインタビュー）。

安倍によると、オバマは「安倍内閣の支持率は六〇％、私の支持率は四五％だ。シンゾウの方が政治的基盤が強いのだから、ＴＰＰで譲歩してほしい」と求め、「自分はこの店に来るまで、アメリカの車を一台も見ていない。これは何とかしてもらわなければ困る」と語った。

それに対して安倍は、「アメリカの車は、右ハンドルに変えず、左ハンドルのまま売ろうとしている。テレビのCMだって、ドイツ車メーカーはさんざん流しているけど、アメリカは流していません。東京モーターショーにも、アメ車は出展していないんだ」と説明した。そして、「そういう努力をしていただかなかったら、売れるはずがないでしょう」と畳みかけた。

東京モーターショーの話は、甘利《あまり》明《あきら》特命担当大臣（経済財政政策）から事前に聞き、自動車の話題が出ると予想して、準備をしていたという（『安倍晋三回顧録』）。こうした米国の努力不足を指摘するロジックは、細川護熙がクリントンに語ったものと同じである。

この鮨屋会談では、TPPに関して豚肉の差額関税の話も出た。事前の閣僚級会談で日本はキロ当たり七〇円を提示していたが、米国は二五円を主張して譲らなかった。

オバマは「豚肉にかかる関税の引き下げは、少なくとも五〇円でどうか」と提案した。安倍は「いや、それは難しい」と言いつつ、「首脳同士の政治決断として、あなたの提案を重く受け止める」と五〇円で合意した。実は四五円程度が日本の許容できる下限であることを知っていた安倍は、「これはいける、食いついてやれ」と反射的に対応したのだった。

オバマは事情を十分に理解していなかったようであり、この後、米国はオバマの発言の取り消しを何度も求めたが、日本は押し切った。それほど首脳の合意は重要である（『宿命の子』上）。

翌四月二四日も午前一〇時半より約一時間四五分、迎賓館で日米首脳会談が行われた。この前月にロシアがウクライナのクリミア半島を併合したことを受け、安倍とオバマは力を背景とする現状変更は許されないことを確認した。冷戦終結から四半世紀が過ぎようとした頃、西側の結束が再び唱えられるようになっていく。

共同記者会見では、オバマが米大統領として初めて、尖閣諸島が対日防衛義務を定めた日米安保条約第五条の適用対象だと明言した。安倍曰く、日本が集団的自衛権の憲法解釈変更を進めていることを米国が評価し、日本の要求に応じたのだという（『安倍晋三回顧録』）。

ただし、オバマは「尖閣諸島の最終的な主権については、（特定の）立場を取らない」とも述べ、あくまで領有権は別問題だとする考えを強調した。米国は沖縄返還以来、尖閣諸島が日本の施政下にあると認める一方、尖閣の領有権がどこの国に属するかについては、中立的な立場を取ってきた。中国や台湾が領有権を主張しているためである。

この年の一一月には豪州ブリスベンでG20が開催された。その場でも安倍とオバマは、一六日午前九時四五分から約二五分間、会談を行っている。

安倍訪米と平和安全法制

オバマ来日から一年が経った二〇一五年四月、今度は安倍が昭恵《あきえ》夫人同伴で米国を公式訪問した。小泉以来九年ぶりに国賓待遇の厚遇を受けることになる。

四月二八日午前九時五〇分から約二時間、二人は外相なども交えてホワイトハウスで会談を行った。共同記者会見でオバマは、日米安保条約第五条が尖閣諸島を含む日本の施政下にあるすべての領域に適用される旨について、あらためて表明した。ただし、今回は前年の来日と違い、尖閣諸島の最終的な主権について特定の立場を取らないとの留保には言及しなかった。日本の要請に米国が応じたものだという。

会談の前日には、日米安全保障協議委員会で新たなガイドラインが了承、発出されていた。これは、集団的自衛権の行使を容認する憲法解釈の変更を前提としたものであり、日米がグローバルに協力し、宇宙やサイバー空間までをも射程に入れることなどが盛り込まれていた。

安倍は、日本の首相として初めて連邦議会上下両院合同会議での演説を行い、日米は「希望の同盟」と謳った。

また、オバマ自らガイド役を務めて安倍をリンカーン記念館に案内した。公式晩餐会でオバマは、日本語の「和やかに」を下五にした俳句を披露するなどし、安倍の地元山口県の日本酒「獺祭《だっさい》」で乾杯した。前回二〇一三年の訪米と打って変わった歓待ぶりである。

この背景には、南シナ海や東シナ海での中国の海洋進出など、安全保障環境が厳しさを増

日米首脳会談時のホワイトハウス晩餐会，2015年４月28日　小泉首相以来９年ぶりの国賓待遇の厚遇．安倍晋三は日本の首相として初めて連邦議会上下両院合同会議でも演説．対中国で日本重視の流れが米国にあった．右２人目からバラク・オバマ，安倍晋三，ミシェル夫人，昭恵夫人

していたことがある。安全保障のパートナーとして、日本の地政学的な重要性についての認識が、ワシントンの関係者に拡がっていた（『日本の戦略外交』）。

なお、晩餐会の白ワインには「涼風シャルドネ13年」が出された。日本出身の女性と米国人の夫が、カリフォルニア州に設立したワイナリーのものである。今回も、ゲストの国からの移民が関係するワインが饗宴で出された（「日本外交をワインで読み解く」）。

この訪米で安倍は、アーリントン国立墓地や第二次世界大戦メモリアル、ホロコースト記念博物館なども訪れている。さらに、カリフォルニア州知事のジェリー・ブラウンに、同州が高速鉄道の建設を計画していることを踏まえ、新幹線技術のトップセールスも行った。日米経済フォーラムにも出席し、自ら対米・対日双方向の投資促進を呼びかけた。「商業外交」である。

この五ヵ月後、日本では九月に平和安全法制関連二法が成立し、集団的自衛権の限定的行使が容認された。非対称な日米同盟を少しでも対称な関係に近づけようとする試みである。

その二ヵ月後、フィリピン・マニラのAPEC首脳会議の機に、一一月一九日に約一時間半、首脳会談が行われ、オバマは「平和安全法制の成立は歴史的業績」と評価した。

翌二〇一六年三月三一日、五二ヵ国と四国際機関が参加した核セキュリティ・サミットが、ホワイトハウスで開催された。会合直前の同日午後〇時七分から約三〇分間、再び日米首脳会談が行われている。

ちなみに、この訪米で安倍はウィラード・インターコンチネンタル・ワシントンに宿泊した。一八六〇年に日米修好通商条約の批准書を交換しに訪れた遣米使節団が滞在したホテルである。

伊勢志摩サミット

二〇一六年五月二五日にオバマが来日し、三重県賢島《かしこじま》の志摩観光ホテルで開かれた伊勢志摩サミットに出席した。同日夜、安倍はオバマと午後九時四〇分から約二〇分間、少人数での会談を行い、一〇時から約三五分間、全体会談を行った。初の東海地方での日米首脳会談である。

少人数会合ではすべての時間を割いて、この前月に米軍属の男が沖縄県うるま市で女性を殺害した事件について議論をした。安倍が強い抗議を表明し、オバマは心からの哀悼と深い遺憾の意を示した。その後の記者会見でも両首脳から同様の発言があった。

翌五月二六日、伊勢神宮の内宮入口の宇治橋で、安倍は各国首脳を出迎えた。遅刻をしてきたオバマは「不機嫌だった」と安倍は振り返る。宇治橋を歩いている間、オバマは、うるま市の事件に関する安倍の言い方に不満を述べていたという。通訳はいなかった。

オバマは「私が安倍さんの立場だったら、ああいう表現は使わなかった。我々米国人は、非常に傷ついた」と述べた。逮捕された軍属は黒人だったため、「黒人だから、特別厳しく対応しているんじゃないか」との疑念もオバマにはあった。

それに対して安倍は、「傷ついたとしたら、申し訳なかった。しかし、日本にとっては大切な問題だ。譲れない。黒人かどうかは関係ない。全くの誤解だ」と説明した。だが、オバマは納得しなかったようである（『安倍晋三回顧録』）。

広島、ハワイ真珠湾への相互訪問へ

サミット終了後の五月二七日、オバマは中部国際空港から岩国基地に飛び、米大統領専用のヘリコプター、マリーンワンで広島中心部の原爆ドームへ向かった。現職の米大統領として初めて広島の地に降り立ったのである。

この前年、米国からオバマの広島訪問を実現したいとの意向が、日本にもたらされていた。米国務省は、この広島訪問と安倍の真珠湾訪問を合わせて実現しようとしていた。だが安倍は、真珠湾攻撃は軍隊同士の戦いであり、広島は民間人を対象とした無差別攻撃だとして、両者のセットに反対する。そして、広島にオバマが来るのであれば、その後、別途安倍も真珠湾訪問を計画すると伝え、米国もそれに理解を示したという(『安倍晋三回顧録』)。

オバマ政権は、ローマ教皇やカナダ政府の仲介で二〇一五年七月に五四年ぶりにキューバとの国交を回復した。そして、翌二〇一六年三月には八八年ぶりに現職の米大統領としてオバマがキューバを訪問するなど、歴史的な懸案の解決に精を出していた。広島と真珠湾の相互訪問もこうした文脈で理解できよう。

平和記念資料館でオバマは、岸田文雄外相から資料館や、被爆し白血病で亡くなった佐々木禎子《さだこ》の折り鶴などの展示物について説明を受けた。その後オバマは、人の助けを借りて折ったという折り鶴を、広島の二人の子どもたちに手渡した。安倍とオバマは芳名録に記帳し、オバマはさらに二羽の折り鶴を添えた。両首脳は原爆死没者慰霊碑に進み、花輪を献花し、黙禱《もくとう》を捧げた。二人は「核兵器のない世界」の実現に向けた演説をした後、被爆者と言葉を交わした。

それから約七ヵ月が経った一二月、安倍はハワイを訪れた。二六日にえひめ丸慰霊碑を訪

米ハワイ・真珠湾のアリゾナ記念館で献花，黙禱する安倍とオバマ，2016年12月27日　米大統領初の広島訪問から７ヵ月後，日米緊密化のなか両国首脳による戦後和解が進んだ

問している。

翌一二月二七日、オバマにとっては最後となる日米首脳会談が米太平洋軍基地で行われた。日米の首脳がともに真珠湾に赴くのは史上初だった。

安倍が日米同盟の協力深化に感謝する旨を述べ、オバマは「同盟の中核は友情である」と語った。そして、両者はアリゾナ記念館を訪問した。慰霊の間へ進み、戦死した戦艦アリゾナの乗組員の氏名が刻まれている大理石の壁に面して献花するとともに、黙禱を捧げた。その後、花びらを水面に散らし慰霊した。それから両首脳は、真珠湾攻撃の生存者に歩み寄り、言葉を交わした。

こうして、日米首脳による広島と真珠湾の相互訪問が実現した。約七〇年前には戦火を交えた両国による和解の一つの到達点だった。

2　揺らぐ国際秩序――安倍とトランプ

ドナルド・トランプの登場

両首脳の真珠湾訪問の前月、二〇一六年一一月の大統領選の結果が波紋を拡げていた。民主党ヒラリー・クリントンの勝利が確実視される報道のなか、共和党ドナルド・トランプが勝利したのである。

トランプは一九四六年六月一四日、ニューヨーク市クイーンズで生まれた。ビル・クリントン、ジョージ・W・ブッシュ、菅直人と同年生まれである。熱心ではないものの長老派の信徒だったが、特定の教派に属さないと大統領在任時に宣言した。それでも福音派に接近し、その支持を勝ちとることになる。なお、酒も煙草も嗜《たしな》まない。

ペンシルベニア大学ウォートン・スクールで経済学を学んだ後、父と同じく不動産開発業者の道に進んだ。二〇〇四年から一五年までは、テレビの人気リアリティ番組「ジ・アプレンティス」のホストおよびプロデューサーも務めた。テレビの業界で活躍したトランプは、大統領としても新たなメディアにも柔軟に順応した。既存のマスメディアを忌避し、SNSのツイッター（現X）を用いて国民に直接訴えかけたのだ。

トランプは、いかなる行政経験も従軍経験もない初の米大統領である。たしかにジミー・

カーターやロナルド・レーガン、クリントン、ジョージ・W・ブッシュも、米国の中央政界からは距離があり、それゆえにアウトサイダーとして期待された。だが、彼らはそれぞれ州知事を務めた経験を持っていた。

トランプは就任演説で「アメリカ第一」を宣言し、いち早くTPPからの離脱を表明した。もっとも、前任のオバマもシリア内戦への対応をめぐり「米国は世界の警察官ではない」と明言しており、すでに米国は内向きになりつつあった。

この異色の大統領の登場は、図らずも日米間の認識のギャップをあらためて浮き彫りにする。先に少し触れたが、トランプは一九八七年のイラン・イラク戦争時に、日本を批判する広告を米国の主要紙に掲載したことがある。日本は石油を中東に依存しペルシャ湾の安全航行から利益を享受しているにもかかわらず、その負担は米国などに押しつけているとの主張である。トランプはこうした話を大統領選でも繰り返していた。日米同盟の対等性をあからさまに否定する人物の大統領就任である。

日本にも、日米同盟が対等ではないとの批判がある。その一方で、米国にも日本との同盟が対等ではないとの批判がある。すなわち、米国は自分たちが日米同盟からもっぱら利益を得て満足している、というわけではないのだ。

大統領就任前の異例会談——ドナルド・シンゾーへ

一一月八日の大統領選挙でトランプの当選が決まると、安倍は早くも一一月一〇日午前七時五五分から約二〇分間、トランプと電話会談を行った。その際、当選への祝意を伝え、早期の直接会談を求め、一一月一九日から始まるペルー・リマでのAPEC首脳会議の途上にと決まる。トランプの政権移行チームの幹部だったアド・マチダによると、同チームも安倍を受け入れる態勢ではなく、トランプの決定に慌てたという。

就任前に次期大統領のトランプに会うのは、オバマ政権に非礼となるため異例だった。この会談の予定を日本がオバマ政権に伝えると、会食や報道陣を入れての撮影は不可にすべきだとの注文がついた。

一一月一七日午後五時前から約一時間半、安倍とトランプとの会談がニューヨークのトランプタワーで行われた。安倍六二歳、トランプ七〇歳である。トランプが大統領に当選してから、初めて会った外国の首脳が安倍だった。

安倍は「トランプは、予想していたよりも謙虚でした。私の話をずっと真剣な表情で聞いていました」、「ケミストリー（相性）も合った」と回想する。結果的には両者は個人的な信頼関係を確立し、「ドナルド」、「シンゾー」とファーストネームで呼び合う仲となる。安倍は「最初の会談が、信頼関係の基礎になったのは間違いありません」と語る（『安倍晋三回顧録』）。

二〇一七年一月にトランプは大統領に就任し、米国を公式実務訪問した安倍と二月一〇日午後〇時一〇分頃から約四〇分間、大統領執務室で会談した。トランプ政権で安倍は三番目の外国首脳の公式訪米だった。

安倍・トランプ会談，2017年2月10日，ホワイトハウス
大統領当選直後の会談から3ヵ月，両者による初の首脳会談

安倍が気にかけていたのは、首脳会談後の記者会見だった。安倍は会見会場に向かう前に、トランプがトヨタを名指しで批判していたため、特定の企業の名前を挙げて非難することと、市場の過剰反応を避けるべく為替の話をすることをやめてほしいと話した。結局、トランプはそうした言及はせず信頼関係を守ったと安倍は回想する。

午後一時四〇分過ぎから約一時間、ワーキングランチの機会が持たれ、その後共同声明が発出される。そこでは、「日本の防衛に対する米国のコミットメントは揺るぎない」ことや、「日米安全保障条約第五条が尖閣諸島に適用されること」などが明記された。内閣官房幹部は

「文書にしないとツイッターで放言されて危ない」と、日本が文書化を重視した意図を解説している。

安倍は、「この共同声明は画期的ですよ」と振り返る。拡大抑止について明確にし、日米安保条約第五条を尖閣に適用する方針を合意文書に初めて盛り込んだ。実は、拡大抑止、つまり日本への攻撃に対して核兵器も含めて米国が反撃する意図を示し他国の攻撃を思いとどまらせることについて、トランプは会談で言及しなかったという。それでも、事務レベルの調整によって日本に寄り添う形になっていたのである。

その後、一行はエアフォースワンで、フロリダ州パームビーチにあるトランプの別荘マーラ・ラゴに向かった。二月一〇日午後八時から約二時間、安倍夫妻はトランプ夫妻と夕食をともにした。大統領のトランプがこの別荘に外国の首脳を招待するのは、安倍が初めてだった。翌二月一一日、二人はゴルフもともにプレーし、二七ホールを回っている。岸・アイゼンハワーの再現である。トランプは「人間関係を築く上では二〇回食事するより、一度のゴルフの方がはるかに効果的だ」と語った（『宿命の子』下）。

その後の夕食会のさなか、北朝鮮が弾道ミサイルを発射した。報せを受け、二人は会場脇の特設テントでインテリジェンスの説明を受けた。その後、記者会見が開かれる。トランプは安倍に「何と言えばいいか」と尋ねた。安倍は「同盟国の日本を一〇〇%支持する」と言ってほしいと伝え、トランプはそのまま発言したという（『安倍晋三回顧録』）。

安倍とトランプは、その後も多国間外交の場を利用し、繰り返し二国間の会談を行った。たとえば、イタリアのシチリア島タオルミーナでG7サミットの際に五月二六日に約五五分間、ドイツでG20ハンブルク・サミットのときも七月八日に約三〇分間、さらにニューヨークの国連総会の機会を捉えて九月二一日に約一時間、それぞれ会談している。

安倍は、「お互いが同じ場所に行ったら、とにかく会おう、という話をよくしていました」と証言する。安倍は、父である安倍晋太郎外相がレーガン政権のジョージ・シュルツ国務長官とできるだけ外相会談の機会を持とうとしたことを見ており、会談の大切さを認識していたという。

ただし、トランプとの会談は外交の一般常識から外れたことが多かった。安倍は、「日米に限らず、通常、首脳会談は、テーマや話す内容について事前に事務レベルで綿密に詰めた上で行うのですが、トランプとの会談は、対面にしても電話にしても、想定通りにはいかないのです。彼は（事務レベルで詰めた）発言要領を持っていないので、こちらの資料が全く役に立たない」と回想する。

電話会談も同様だった。オバマとは長くて三〇分程度だったが、トランプは一時間から一時間半ほど電話をした。本題は一五分で終わり、後半の七、八割がゴルフの話や他国の首脳の批判だったという（『安倍晋三回顧録』）。安倍・トランプの電話会談は三六回にも及んだ。

トランプ来日――「自由で開かれたアジア太平洋」の採用

二〇一七年一一月五日から七日にかけて、トランプは日本を公式実務訪問した。

初日の一一月五日午後〇時一五分から、安倍とトランプは埼玉県川越市のゴルフ場霞ヶ関カンツリー倶楽部で、芝公園の「マンチズバーガーシャック」の「コルビージャックチーズバーガー」を食した。米国産牛肉一〇〇%のパティが使用され、トランプはウェルダンだった。

その後、松山英樹選手を交えてゴルフを行う。先述したように、ゴルフはゲームの性質上、時間がかかるため、多忙な大統領の時間を拘束できるというメリットもある。このゴルフの合間、トランプが歩きながら、「我々にはさまざまなシミュレーションがある」と切り出したという。北朝鮮への軍事的な選択肢を含めた行動計画などを明かしたのである。

その後、銀座の鉄板料理店「銀座うかい亭」で、午後七時四〇分から約一時間二五分、安倍夫妻はトランプ夫妻を招待して夕食会を開いた。

翌一一月六日午後〇時一〇分頃から約一時間一〇分、安倍とトランプはワーキングランチを行い、午後一時三〇分頃から約三五分間、外相や国務長官らを交えて日米首脳会談を迎賓館で行った。

ここで合意されたのが、法の支配、航行の自由などの基本的価値の普及・定着などを柱にした「自由で開かれたインド太平洋（Free and Open Indo-Pacific：ＦＯＩＰ）」の推進である。

国家安全保障局長を務めた谷内正太郎によると、トランプ政権から「われわれも賛成なのでＦＯＩＰという言葉を使いたい」との申し出があったという（谷内氏へのインタビュー）。ＦＯＩＰは、日本発の概念としては珍しく、米国や欧州、アジアなどでもその後使われるようになる。

この日には、日本の注文に米国が応じ、トランプと拉致被害者が面会し写真撮影も認められた。オバマも拉致被害者と会ったが、面会する家族は数人に限定され立ったままだった。それに対してトランプは、着席し人数も一七人だった（『安倍晋三回顧録』）。

こうして順調に進んだように見えたが、トランプは一筋縄ではいかない。一一月六日の会談後の記者会見でトランプは、「私が大事だと思うのは、安倍総理大臣がアメリカから大量の兵器を購入することだ」と切り出したのである。

それに対し安倍は、具体的な装備品の名前を挙げつつ「さらに購入する」と応じた。ただし、防衛省幹部はこれについて「すでに決まっている購入計画に改めて言及しただけだ」と解説している（「アメリカ製兵器もっと買え？」）。自国民にアピールするためイメージを勝ち取ろうとした、象徴的機能をめぐる駆け引きだった。

米朝首脳会談へのコミット

翌二〇一八年三月、トランプは再び世界を驚かす。北朝鮮との対立が深まっていたなか、

「金正恩《キムジョンウン》に会う」と、米朝首脳会談の開催を明言したからだ。

この翌月、四月一七日から一九日にかけて、安倍は米国を公式実務訪問し、トランプの別荘で会談を行った。一七日午後三時から約五五分間、通訳のみが同席するテタテが、三時五五分から約一時間一〇分、少人数会合が行われた。翌一八日にも午後二時五〇分頃から約一時間五〇分間、ワーキングランチが行われている。

安倍はトランプに、「米朝首脳会談をやるならば、拉致問題解決の必要性もしっかり言ってもらいたい」と求め、日本に不利益をもたらす取引が行われないよう、釘を刺した。

さらに、「CVID（完全、検証可能かつ不可逆的な非核化）は、日米共通の目標であり、しっかり実現しなければならない」と強調した。実は、米NSCのメンバーから、「ミスター安倍からトランプに、しっかりCVIDを守るように言ってほしい」との要請が繰り返しあったという。米国政府の一部が日本からの「外圧」を求めたのである。

このとき、トランプは「分かった」と言わなかったと安倍は証言する（『安倍晋三回顧録』）。もっとも、外務省は両首脳はCVIDが必要と確認したと発表している。実際にどのような会話が交わされたのかについては、今後検証が必要だろう。

その後も、日米首脳は電話会談を繰り返した。くわえて、六月八日からのフランスのシャルルボワ・サミットへの途次に、安倍は米国を公式実務訪問している。六月七日、ホワイトハウスでテタテが午後〇時一〇分頃から約四五分間、ワーキングランチが〇時五五分頃から約五五分間行われた。

安倍によると、米朝首脳会談の直前に安倍は作戦を変えて、CVIDをトランプへの要請から外し、拉致問題の提起を優先した。安倍は、「拉致問題を解決できなければ、北朝鮮支援の金を出せといわれても、日本は出せない」と述べた。こうしたやり取りのなかで、トランプは、日本が北朝鮮を支援するという話に興味を示したという（『安倍晋三回顧録』）。

いままでの日米首脳会談を振り返ってもわかるように、利害が基本的に一致している場合の会談で大きな決定がされることは多くない。だが、緊張関係にある国家同士のイレギュラーな首脳会談では、何らかの取引が期待される。米朝首脳会談はまさにその典型である。

米朝首脳会談は六月一二日にシンガポールで開催された。結局、CVIDは米朝の共同声明には盛り込まれることはなかった。だが、拉致問題の追及を安倍に約束したトランプは、金正恩と顔を合わせるたびに、この約束を忠実に守ったという（ボルトン、梅原監訳『ジョン・ボルトン回顧録』）。

翻弄される安倍と日本当局者たち

それから約三ヵ月後、国連総会の機に、九月二三日午後六時半頃から約二時間半、ニューヨークのトランプタワーで、二人は通訳のみを交えて夕食をともにした。

トランプがいきなり部屋の電気を消して、ろうそくを立てたケーキを持ってきて、「ハッピーバースデー」を歌い出した。安倍の誕生日は九月二一日だった。そのとき安倍は、翌二〇一九年五月に即位する新しい天皇の最初の国賓としてトランプを迎えたい旨を打診した（『安倍晋三回顧録』）。

その三日後の九月二六日午後一時四五分頃から約一時間一五分、ニューヨークのホテル、ロッテ・ニューヨーク・パレスで日米首脳会談が行われた。このときの記者会見でトランプは、対日貿易赤字についての不満を安倍に伝えたと明かし、「日本はすごい量の防衛装備品を買うことになった」と語る。このときも首相官邸幹部は、「必要なものを買うという従来方針を伝えただけ」と記者に説明した。

その後、アルゼンチン・ブエノスアイレスでG20サミットが開催された際にも、一一月三〇日に約三五分、日米首脳会談が行われている。同日には、安倍とトランプに、インドのナレンドラ・モディ首相をくわえ、初の日米印首脳会談も開かれた。

翌二〇一九年四月二六日から二七日にかけて、再び安倍は米国を公式実務訪問した。その後、両者は三ヵ月連続で首脳会談を行うことになる。

四月二六日、安倍はトランプとホワイトハウスで日米首脳会談を行った。午後四時三五分頃から通訳だけを入れたテタテ会合を約四五分間、少人数会合を約二五分間、拡大会合を約三五分間行っている。

記者団に公開されたテタテの冒頭で、トランプは再び日本側を動揺させる発言を行った。

米メディアから日米貿易交渉の合意時期を問われ、「（五月末の）訪日の際に日本でサインするかもしれない」と答えたのだ。安倍は首をかしげ、顔を一瞬顰《しか》めた。残り一ヵ月での合意は現実性が乏しいうえに、日本側が聞いていない話だったからだ。

このとき、トランプが離脱を決めたＴＰＰが米国抜きで発効し、日本と欧州連合（ＥＵ）の経済連携協定（ＥＰＡ）も発効していた。米国の農産物は豪州や欧州より関税面で不利になっていた。くわえて、トランプ政権が中国などに鉄鋼やハイテク製品の追加関税をかけたことへの報復として、農産物が標的にされ、米国の農家は打撃を受けていた。したがって、日本の関税が下がれば、農業界にアピールできるという米国の事情があった。

記者団が退室してから安倍は、日米貿易交渉の五月末合意は難しいとトランプに伝え、トランプは茂木敏充《もてぎとしみつ》経済再生相とＵＳＴＲのロバート・ライトハイザー代表に任せようと応じたという。外務省関係者によると、「三ヵ月連続で日米首脳会談を開くのは、トランプ氏が困ったことを言い出さないようにするため」だったというが、それでもトランプはコントロールしづらかった。

他方、米国が交渉を急ぎ対象範囲を狭めたら、「大幅な譲歩を迫られる包括的な自由貿易協定（ＦＴＡ）」との印象を避けられるという、したたかな思惑が日本にはあった。そして、茂木とライトハイザーとの貿易交渉初会合では、当面、農産物や自動車といった物品などに対象を絞り、早期合意を目指すこととなる。

翌四月二七日午前一〇時頃から約三時間四〇分、トランプ・ナショナル・ゴルフ・クラブ・ワシントンで、安倍とトランプらはゴルフをプレーし、計一八ホールを回った。

安倍とトランプの自撮り，2019年5月26日，千葉県茂原カントリー倶楽部　安倍晋三はSNSにアップ．ドナルド・トランプとの親密さをアピール

令和初の国賓として――二〇一九年来日

二〇一九年五月二五日、トランプがメラニア夫人同伴で来日した。トランプにとっては初の国賓としての訪日であり、また五月より日本の元号は令和に代わっていた。トランプは令和初の国賓だった。

五月二六日午前九時四五分頃から約二時間半、安倍とトランプは、プロゴルファーの青木功を交え、千葉県の茂原《もばら》カントリー倶楽部で五回目となるゴルフを行った。このとき、安倍はトランプとの「自撮り」のツーショット写真をSNS上にアップした。ホワイトハウスに自撮りの許可を取り、トランプにも直接了解を得たうえでのことだった。

ゴルフの前後にクラブハウスで朝食と昼食をともにし、昼食には紀尾井町の「THE BURGER SHOP」の特製ハンバーガーが提供された。普段は豪州産牛肉を使用するが、外務省から米国産を使ってほしいと要請があったという。パンは通常の一・二倍で、チーズも米国産、焼き具合はトランプにはやはりウェルダンである。

国家安全保障問題担当大統領補佐官だったジョン・ボルトンは、「私はトランプと各国首脳の個人的関係について、安倍が最も良好であるとみていた（安倍とトランプは仕事仲間であるだけでなく、ゴルフ友達でもある）」と回想する（『ジョン・ボルトン回顧録』）。

両国国技館で大相撲観戦後、午後六時一五分頃から約一時間一五分、安倍夫妻はトランプ夫妻を招待して、六本木の炉端焼き店「六本木田舎家東店」で夕食会を行った。その移動に際して、安倍はトランプの大統領専用車に同乗している（『安倍晋三回顧録』）。

「破棄は全く考えてないが不公平な条約だ」

翌五月二七日、迎賓館で日米首脳会談が開かれた。テタテが午前一一時五分頃から約四五分間、少人数会合が一一時五〇分頃から約一時間一五分、ワーキングランチが午後一時一五分頃から約三五分間である。全体で予定より約一時間長く会談を行った。同席したボルトンによると、テタテで「トランプは本格的に眠りに落ちつつあった」という。

一連の会談で安倍は、中国は中長期的に見て最大の戦略的な課題だと語った。既存のルールや秩序を完全に無視しており、東・南シナ海における現状を一方的に変更するのは許せないとして、日米の結束を堅持し中国に対抗しようとしたわけである。ボルトンは、「これこそ近しい同盟国との戦略的な対話のお手本だ」と評価する（『ジョン・ボルトン回顧録』）。

先述のとおり、貿易交渉についてトランプは五月末合意に言及していた。しかし、米国の要求に合わせて農産物の輸入を増やせば、日本国内の農家から反発が出る。そのため、七月の参院選への影響を懸念する日本政府は先送りを求め、米国が受け入れた形となった。

だが、トランプは会談で「おそらく八月に両国にとって素晴らしいことが発表されると思う」と新たな期限を設定した。それに対して日本は、八月決着を全面否定したと報道される。

こうした点は、安倍の回顧録とやや食い違う。回顧録によれば、参院選前に交渉をまとめるよりも、冷静な状況で合意した方がよいとして、安倍が依頼して、トランプに「八月には非常にいい発表ができるだろう」と発言してもらったという（『安倍晋三回顧録』）。

この後、G20大阪サミット出席のためにトランプは六月に再び訪日し、三ヵ月続けて日米首脳会談が行われた。六月二八日午前八時三五分頃から約三五分間、大阪市内のインテックス大阪でだ。

この頃トランプは、米国の同盟国に対し貿易問題と安全保障問題をリンクさせて、「米国の負担が大きく不公平」という批判を強めていた。二日前の六月二六日には、米FOXビジネスネットワークのインタビューで、「日本が攻撃されれば、米国は第三次世界大戦を戦う。でも我々が攻撃されても、日本は我々を助ける必要はない」と語り、日米安保条約は対等ではないと不満を明らかにしている。トランプは近い人物との私的な会話で、日米安保条約の破棄に言及したとも報じられた。さらに、翌六月二七日夜には、スコット・モリソン豪首相との会談の冒頭で、「私は同盟国との間の巨額の貿易赤字を引き継ぎ、我々は同盟国の軍隊を手助けさえしている」と批判した。

こうしたトランプの考えについて、六月二八日の安倍との会談で米国から言及はなく、日本からも真意を確認することはなかったという。

翌六月二九日の記者会見でトランプは、「（日米安全保障条約の破棄は）全く考えていない。不公平な条約だと言っているだけだ」と語った。ただし、「もし、日本が攻撃されたら、米国は全力で戦う。戦闘に入らざるを得ず、日本のために戦うことを約束している。もし、米国が攻撃されても、日本はそうする必要はない。それは不公平だ」と主張している。防衛面での対称かつ対等な関係をトランプは言い続けていた。

トランプのスタンドプレーと日米貿易交渉

この二ヵ月後の八月、フランス南西部ビアリッツでサミットが開催された。このときも、二五日午前一一時半頃から約五〇分間、日米首脳会談が行われた。

その後、米国の控え室に茂木経済再生相が赴き、カウンターパートであるUSTRのライトハイザー代表と対外的な発表内容の擦り合わせを行った。日米貿易交渉について「両首脳は九月末の『合意』を目指すことで一致した」というものである。

そのとき、トランプの娘婿のジャレド・クシュナー上級顧問が現れ、「トランプがもう一度、安倍と会いたいと言っている」として、イレギュラーな共同発表の「打ち合わせ」が行われた。

その場でトランプは安倍に、「『九月末にサイン（署名）する』と言おう」と持ちかけた。異例の申し出に安倍と茂木は虚を突かれ、二人は数秒間、目を見合わせたという。

「合意」であれば、貿易交渉の内容についてお互いの意見が一致したというだけである。だが、「署名」となると事情は違う。協定文書は国会に提出、審議されるため、法技術的なチェックも必要であり、残り一ヵ月ではとても間に合わない。

しかし、茂木はトランプにこうした話が通じるとは思わず、「署名を目指す」との表現を提案し、安倍も了承した。そして、予定になかった共同発表が急遽、設定される。日本のメディアが会場に間に合わないほどの慌ただしさだった（『トウモロコシ、アベが全部買う！』の真相とは」）。

また実は、同日の首脳会談で米国産牛肉の輸入の条件について折り合えず、トランプが一度機嫌を損ねていた。トランプは、「TPP参加国が北朝鮮や他国から日本を守るため日本まで来てくれるとでもいうのか。米国は数十億ドルを費やして日本を守っている」と安全保障と経済をリンクさせ、怒りを露わにした。

再度セットされた「打ち合わせ」で安倍は、米国産トウモロコシを日本が前倒しして購入する案を伝えて、「スイング・ステート〔大統領選の激戦州〕からも買い入れましょう」と、あらかじめ検討していた「隠し玉」を出した。中国が米国のトウモロコシに追加関税を課したため、米国内では余剰が生じていた。トランプは、とたんに上機嫌になったという（『宿命の子』下）。

安倍は、「これはトランプへのサービスですが、トウモロコシの前倒し購入で、自動車の制裁関税が避けられるなら、費用対効果として悪くはないと思いました」と回想する（『安倍晋三回顧録』）。

翌九月、国連総会の機に安倍は再び訪米して、九月二五日に日米貿易協定および日米デジタル貿易協定に最終合意し、日米共同声明を発出した。引き続き、約一時間一〇分、インターコンチネンタル・ニューヨーク・バークレイで日米首脳会談が行われている。

二〇二〇年に入ると、新型コロナウイルス感染症が世界的に蔓延《まんえん》し始めた。対策に追われるなか、安倍内閣の支持率は低下していった。そして八月二八日、安倍は持病の潰瘍性大腸炎が再発したと説明し辞意を表明した。

その三日後の八月三一日午前一〇時頃から約三〇分間、安倍はトランプとの電話会談を行っている。トランプは、「安倍さんには、貿易交渉で譲りすぎたかもしれない」と、「半ばお世辞のようなこと」を話していたという（『安倍晋三回顧録』）。

安倍とトランプの対面の会談は計一四回、二〇時間に及んだ。日米首脳会談史上最多回数かつ最長時間である。

3　「ハブ」としての日米首脳会談へ――菅・岸田とバイデン

菅義偉とジョー・バイデン

二〇二〇年九月一六日に安倍の後を継いだ菅義偉《すがよしひで》は、一九四八年一二月六日、秋田県雄勝《おがち》郡秋ノ宮村（現湯沢市秋ノ宮）のイチゴ農家の長男として生まれた。高校卒業後に上京して段ボール製造工場に就職した後、法政大学法学部政治学科を卒業した。小此木《おこのぎ》彦三郎衆院議員の秘書、横浜市会議員などを経て衆院議員に当選する。第一次安倍政権では総務相を、第二次安倍政権で約七年八ヵ月官房長官を務めた。これは官房長官の最長在任記録である。

こうしたバックグラウンドもあり、菅は自著で最優先課題の一つとして地方創生を掲げている。その反面、外交・安全保障分野は菅の弱点と見られていた（『政治家の覚悟』）。

首相就任後間もない九月二〇日、トランプと午後九時三五分から約二五分間、電話会談をしている。だが、二ヵ月後の一一月の大統領選でトランプは民主党ジョー・バイデンに敗れ、菅とトランプの対面の首脳会談が開かれることはなかった。

バイデンは一九四二年一一月二〇日、ペンシルベニア州スクラントンで生まれた。小泉と同年生まれである。同地はアイルランド系カトリックの多い街であり、バイデン自身もジョン・ケネディに次ぐ二人目のカトリックの大統領だ。なお、トランプと同じく、酒も煙草も嗜まない。

デラウェア大学とシラキュース法科大学を卒業し、二九歳のときデラウェア州選出上院議員に当選した。だが、その上院選挙から約四〇日後、妻ネイリアと長女ナオミを自動車事故で亡くし、長男ボーと次男ハンターが重傷を負うという悲劇に見舞われている。

その後、英語教師ジル・ジェイコブスと再婚し、上院議員を三六年務めた。オバマ政権では副大統領に就任した。そのとき、再び悲しみが襲う。デラウェア州の検事総長を務めた息子のボーが、二〇一五年に脳腫瘍で亡くなったのである。四六歳だった。政治に携わり続けることを息子に約束したバイデンは、二〇二一年一月、大統領に就任した（バイデン、長尾ほか訳『約束してくれないか、父さん』）。

二〇二〇年一一月一二日午前八時二〇分から約一五分間、菅は大統領就任前のバイデンと電話会談を行った。バイデンと女性初となるカマラ・ハリス副大統領の選出に、菅は祝意を伝えた。これに対しバイデンからは、日米安保条約第五条の尖閣諸島への適用についてコミットする旨の表明があった。まずは継続性の担保である。

バイデンが大統領に就任して約一週間後の二〇二一年一月二八日にも、午前〇時四五分から約三〇分間電話会談が行われた。また、三月一二日に約一時間四五分間、オンラインで日米豪印の首脳会合が開かれている。テレビ会議とはいえ、初の日米豪印首脳会合である。

ジョー・ヨシとFOIPへの党派を超えた支持

四月に菅は訪米し、ワシントンで一六日午後一時四〇分から計二時間半、対面で日米首脳会談を行った。菅の首相就任から七ヵ月も経過していた。第一次安倍政権以降、首相就任から約三ヵ月以内には日米首脳会談が行われていたが、この当時はコロナ禍で対面の会談が控えられていたこともある。菅七二歳、バイデン七八歳である。

日米双方の首脳が初の日米会談に臨んだのは、鈴木善幸とロナルド・レーガン以来だった。ただし、菅は官房長官、バイデンは副大統領だったため、勝手を知らぬ二人ではなかった。

菅は、バイデン政権発足後、最初に訪米する外国首脳となり、「バイデン政権がわが国との関係を極めて重要視している証《あかし》だ」と強調した。二人は「ジョー」「ヨシ」とファーストネームで呼び合うことにもなる。また両首脳は、FOIPの実現に向けて協力を強化していくことも確認した。こうしてFOIPは、党派を超えて引き継がれていく。

ここで発表された共同声明では、「台湾海峡の平和と安定の重要性」が盛り込まれた。日米首脳間の共同声明に「台湾」が明記されたのは、一九六九年一一月以来、五二年ぶりだった。これについて台湾の総統府報道官は、謝意を表明する談話を発表している。

台湾に言及することに消極的な声も日本政府にはあったが、米国は危機感を共有するよう求めた。台湾部分の表現は官僚レベルで決着がつかず、首脳同士の調整にまで持ち込まれたという（『中国「見えない侵略」を可視化する』）。

ただし、コロナ禍だったこともあり、日本が強く求めた夕食会は開催されず、昼食会もハンバーガー一個だけだった。菅はハンバーガーに「全く手をつけないで終わってしまった。そのぐらい熱中していた」と語った。

その後、コロナ禍にあって支持率が低迷した菅は、九月の自民党総裁任期満了をもっての退任を発表する。初の対面の日米豪印首脳会合に合わせ菅が訪米した際、九月二四日に約一〇分間、バイデンとジル夫人と別れの挨拶を交わしている。だが、これは、あくまで短時間の「懇談」であり、外務省のウェブサイトは「首脳会談」と表現していない。

岸田文雄——「ジョー・フミオ」関係へ

二〇二一年九月、自民党総裁選で選出されたのは岸田文雄だった。岸田は広島県出身の通産省官僚でのちに衆院議員となる文武《ふみたけ》を父として、一九五七年七月二九日に東京で生まれた。野田佳彦、後任の首相となる石破茂と同年生まれである。父の赴任にともないニューヨークに居住し、小学校一年生から三年生までの間、現地のパブリックスクールに通った。早稲田大学法学部卒業後、日本長期信用銀行に入行し、父文武の秘書を経て、広島から衆院議員に当選する。安倍内閣では外相を担った。

岸田は、池田勇人、大平正芳、鈴木善幸、宮澤喜一各首相を輩出した名門派閥、宏池会の会長だった。自著でもそのことを強調し、経済成長を優先し米国との関係を軸とする「吉田ドクトリン」の後継者を自認している（『岸田ビジョン』）。

岸田とバイデンは、一〇月五日午前八時一五分から約二〇分間、電話会談を行った。岸田六四歳、バイデン七八歳である。

冒頭、岸田は「自分の内閣の下でも日米同盟が日本外交・安全保障の基軸であることに変わりはない」旨を述べた。バイデンからは、日米安保条約第五条の尖閣諸島への適用を含む、対日防衛コミットメントについて発言があった。おなじみの継続性の担保である。

岸田は国連気候変動枠組条約第二六回締約国会議（COP26）に出席するため渡英し、一一月二日に岸田とバイデンは「懇談」した。

翌二〇二二年二月二四日にはロシアがウクライナに侵攻し、国際秩序が動揺した。そうしたなかでの五月、バイデンが来日した。岸田の首相就任から七ヵ月を経て、ようやく岸田とバイデンによる対面の日米首脳会談が行われる。

まず、五月二三日午前一一時から三〇分程度、迎賓館で少人数の会談が開催され、続いて少人数会合が一一時半から約五〇分間開催された。バイデンは岸田に「フミオ」と呼びかけ、目を合わせて笑顔で握手したという。「ジョー・フミオ」関係である。拡大会合としてのワーキングランチも午後〇時二五分から約五五分間開かれた。

その後、白金台の「八芳園《はっぽうえん》」の日本料理「壺中庵」で約一時間、夕食をともにした。デザートには宮城県名取市の専門店「ナチュリノ」のジェラートが出された。三・一一後の二〇一一年八月に、副大統領だったバイデンが名取市を訪問したことを踏まえたものである。

増加する多国間首脳会談

岸田とバイデンは、この後もことあるごとに対面の会談や懇談、電話会談などを重ねた。たとえば、七月八日に安倍晋三が銃撃を受け死去した際、バイデンは見舞いの電話をかけている。米国では、追悼の印として、ホワイトハウスをはじめとして各地で半旗が掲揚された。

なお、トランプ、オバマ、ジョージ・W・ブッシュなども追悼のコメントを発表している。また、九月二七日に執り行われた国葬儀には、カマラ・ハリス副大統領が参列した。

近年、日本は、日米同盟にくわえ、韓国や豪州、インドなどとの協力関係を強化している。これは首脳会談にもあてはまる。先述のバイデン来日でも、日米豪印の首脳会議が開かれている。

また、二〇二三年八月一八日には昼食会を含め約二時間、キャンプ・デーヴィッドで日米韓首脳会合が開催された。バイデンが同地に外国首脳を招くのも、三首脳が国際会議以外の場で集ったのもこれが初めてである。この機に、約三〇分間、日米二ヵ国の会談も行われた。

ほかにも、二〇二四年四月一一日には約五〇分間、日米首脳にくわえフィリピンのフェル

日米比首脳会談，2024年４月11日，ホワイトハウス　日米だけではない多国間の安全保障協力が進み，豪比などをくわえた首脳会議が頻繁に行われている．右から岸田文雄首相，ジョー・バイデン米大統領，フェルディナンド・マルコス・ジュニア比大統領

ディナンド・マルコス・ジュニア大統領を入れて、初めて日米比三ヵ国の首脳会合を行った。発出された声明には、「自由で開かれたインド太平洋と国際法に基づく国際秩序」の共有が盛り込まれていた。

最後の岸田・バイデン会談は、九月二一日にデラウェア州ウィルミントンのバイデン邸で約一時間行われた。このときも、日米豪印首脳会合があわせて開かれている。

日米首脳会談は、実質的にも象徴的にも、もはや日米だけのものではない。そこでの言動が他国に注目されることにくわえ、日米をいわばハブとして、日米韓、日米豪印、日米比などの首脳会談も開催されるようになっている。協力関係はより拡がりを見せ、展開し続けているのである。

終章　変化する首脳会談と日米同盟

首脳外交の時代

Ｇ７しかりＧ20しかり、いまや首脳外交の時代である。外交官だけではなく「素人」である政治家抜きに、もはや外交は成立しない。

さらに、民主主義を破壊し得る強権的な政治指導者《ストロングマン》の登場も、首脳会談に重みをくわえている。ドナルド・トランプはその典型だろう。この傾向を一過性のものと看過すべきではない。

冷静ではなくパフォーマンスに走りがちな「素人」によって外交が担われる。――まさに、序章で触れたハロルド・ニコルソンの批判の再来である。

この背景には、インターネットをはじめとする情報環境の拡大によって、象徴的機能の重要性が増大したことがある。たとえば、ロシアのウラジーミル・プーチン大統領は首脳会談で影武者も使っているとの報道がある。これが事実であれば、自らによる交渉よりも、人前に出るといった象徴的機能が重視されていると言えよう。権威主義国家もまた、国内外からどのように見られているかに気を配らねばならない時代なのだ。

これは、しばしば日米関係の理想形のように語られる、英国と米国との関係でも同じである。

第二次世界大戦後の英国は、米ソ二大超大国の台頭にともなう相対的な国力の低下に直面した。これによって、とくに米国との関係で、二国間首脳会談の意義が低下しかねなかった。経済的に存在感を増していく戦後日本とは対照的だ。

それでも米英は、核やインテリジェンス分野をはじめとして、実務レベルでの関係は高度に制度化されている。しかし、これは顔が見えない関係でもある。だからこそ、首脳会談では両首脳の親密さがたびたび強調される。両国民や他国に対する象徴的機能を首脳会談が担っていると言えよう。

また英国は、欧州との関係、とくにNATOやECなどの多国間枠組みにも活路を見出していった。結果として、国際会議の拡大によって二国間首脳会談が頻繁に開かれるようになる。

そのため、米国は別格としても、とくに西欧諸国との首脳会談のペースについてバランスをとる必要があった。たとえば、首相が西ドイツを訪問するのであれば、仏大統領との会談もセッティングする方が望ましいといったものである（*Twentieth-Century Diplomacy*）。会談を開催すること自体に、象徴的機能があるからだ。首脳外交の時代には、どこの国とどのくらいの間隔で首脳会談を行うかも考慮しなければならない。

三つの変化

そうしたなか、本書がたどってきた日米首脳会談はどうか。その歴史を俯瞰《ふかん》すると、相互に関連する三つの変化が進行していることがわかる。

第一に、頻度の増加である。

対面の日米二国間の首脳会談は、一九五〇年代には三回、六〇年代には六回しか行われなかった。だが、一九七〇年代は一五回、八〇年代は二四回と次第に増加し、九〇年代以降は一〇年間に約三〇回のペースで、会談が行われている。日米首脳会談の合計は約一五〇回を数える。もちろん国際的に首脳会談は増加しているが、それ以上に日本の存在感が大きくなった。くわえて、電話会談やテレビ会談も、より頻繁に開催されるようになっている。

初期の日米首脳会談は、顔を合わせる機会が少なかったため、数時間にわたるものが多く、共同声明も基本的に出して会談の成果を強調していた。会談はもっぱら米国で行われ「参勤交代」とも揶揄された。

他方、今日の首脳会談では三〇分程度のものも珍しくない。とりあえず機会を見つけて会うという姿勢が顕著だ。毎年開催される国際会議などの機に、日米首脳会談が定期的に開かれる。会談が頻繁に行われるため、共同声明も新政権発足時の会談だけになりつつある。開催場所も、一九七四年のジェラルド・フォード来日を皮切りに日本での開催も増え、日米の首脳が第三国で顔を合わせることも多くなっている。

第二に、首脳会談の議題の対象が拡がり、その内容が多様化している。

これは、キャッチ・フレーズの変遷に表れている。冷戦の頃は「イコール・パートナーシップ」や「相互信頼と相互依存」など、日米二ヵ国の関係を謳った表現が目立った。首脳会談での主な議題は二国間の懸案だったからである。当初は日本が大きな課題を抱えていたため日本からの要望が多かった。戦後復興への援助、旧日米安保条約の改定、沖縄返還などが典型例だ。だが、次第に米国からの要望も増えていく。ベトナム戦争への協力、韓国条項、繊維問題、国際収支改善、西側の一員としての負担分担などである。

冷戦後には「グローバル・パートナーシップ」が掲げられるようになり、世界的な課題について両国が協力する姿勢を強調するようになる。つまり、両国は互いの言動ばかりを見る関係ではなく、ともに同じ方向を見る関係となっていったのだ。

第三は、関連するアクターの拡大である。これは内容の多様化と密接に関係する。たとえば、吉田茂や岸信介は、具体的な交渉も一定程度担った。だが、内容がより専門的になると、閣僚や実務レベルで議論されることが多くなる。

官僚でも、外務省や国務省以外の省庁の関与が増えてきた。とくに一九七〇年代頃から分野ごとに国際交渉が行われ、省庁間の権限争いも目立ってきた。日米各政府内ですら一枚岩ではありえない。いわんや、各々の国家内ではなおさらだ。

これは、日米首脳会談の関係者が増大したことを意味する。そして、政治家、官僚たちが、政権を問わず日米関係に関与する。人的継続性は、首脳会談の開催を安定させる側面がある。日米同盟自体も多様な形で制度化され、日米安全保障協議委員会をはじめ、さまざまな政策協議が開催されている。

いまや日米同盟は政府の上層部だけによるエリート間のものではない。政府内で携わるアクターが増大し、自衛隊と米軍の「人と人との協力」の進展も顕著である。くわえて、国民のレベルでも経済・社会・文化的交流が深まり、同盟の裾野がより拡がってきた。

わかりにくい関係

他方で、こうした三つの変化が進行していることの弊害も出てきている。日米首脳会談や日米同盟が複雑になり、全貌が見えづらくなっていることだ。

会談は頻繁に開催され、議題は多岐にわたり、関係者も多い。したがって、すべての議論に精通することは難しい。たとえば、冷戦終焉期、緊密で友好的な安全保障だけを見るのと、不満が渦巻く経済摩擦をもっぱら観察するのとでは、日米関係への印象が大きく異なる。

そのため、専門家の議論と一般国民の理解との間には乖離《かいり》も生まれ、国民不在のまま日米同盟の深化が進んでいるとの批判も出てくる。わかりにくいからこそ、日本が米国に従属しているという単純な議論が拡がってもいる。

もちろん、わかりにくいのは政府の説明が足りないからでもある。ややもすれば過去の方針との整合性を気にするあまり、技術的に過ぎ難解だ。不誠実との謗《そし》りを免れないこともある。冷戦期に比べればイデオロギー対立は緩和され、意を尽くして説明できる土壌はかつてより整っている。それゆえ、政府には努力が求められる。

ただし、国民が十全に理解できるまで、手取り足取り説明を政府に求めるのは酷だろう。政府は家庭教師ではない。政府の説明を補足したり、場合によっては政府の姿勢を改めさせたりするには、国会やメディア、研究者を含む国民が尽力する必要もある。

そうしたなか重要となってきたのが、本書が着目した象徴的機能である。日米首脳会談の大きな役割は、抽象的な同盟関係を目に見える形で体現することだからだ。日米首脳会談は、両国の行政府の方針を説明し一般の理解を得るための、格好の機会であるだけではない。日米同盟について人びとの興味や関心を喚起する手段ともなっている。

また、実質的機能について言えば、日米首脳会談は、どちらかの国が一方的に圧力をかけ、他方が意のままになるという関係ではない。そもそも両首脳は議会や国民に配慮せざるを得ず、苦悩を重ねる。

対米従属という観点からだけ日米首脳会談を捉えてしまっては実相を見誤る。そこには言葉の応酬があり、事務レベルではより激しい。双方ともに不満がまったく残らない会談は多くないだろう。だがそれが表に出ないように努めている。これが実態だ。

これは事実の隠蔽《いんぺい》だろうか。記録を残し将来的に公開するのであれば、そうではあるまい。むしろ、日米両政府の関係が険悪であるとのイメージが流布し、感情的なしこりを両国民の間に残すことのマイナス面は大きすぎる。

対等性を求め続けて

先の三つの変化とは対照的に、日米首脳会談のなかで変わらない問題意識もある。それは、対等な関係を求め続けてきたことだ。

フランスの思想家アレクシ・ド・トクヴィルは、「不平等が社会の共通の法であるとき、最大の不平等も人の目に入らない。すべてがほぼ平準化するとき、最小の不平等に人は傷つく」と喝破《かっぱ》した（トクヴィル、松本訳『アメリカのデモクラシー』）。

かつて、人類は不平等だった。厳然たる身分制が存在していた。だが、平等の理念が次第に拡がり、差別的な制度が次々に撤廃されていく。

ただし、平等化は望ましいことばかりをもたらすわけではない。平等化以前は、さまざまな身分を隔てる壁を自明と捉え、その存在を意識すらしなかった。だが平等化によって、それまで当然と理解していた権威や支配−服従関係が見えてくる（『トクヴィル』）。

これは日米関係にも当てはまる。

被占領国と占領国という厳然たる差があれば、両国が対等でないことは所与のものとして受け止められる。そこから日本は脱却し、さらに対等ではないとされた旧日米安保条約の改定にも成功した。

では、日米は対等な関係に落ち着いたのか。否、ここにはトクヴィルが唱えた逆説がある。国力の差こそあれ、対等な主権国家の関係を意識し始めると、対等ではない点が目につくのだ。

日本の民主党政権は「対等な日米関係」を標榜し、安倍晋三も米国との対等な関係を目指した。対等が叫ばれ続けていること自体が、日米関係が対等ではないと考えられている証左である。日本は米国に従属しているとの言説はつねに一定の支持を得ている。

では、米国は従属している日本に負担を押し付け、一方的に利益だけを享受し、満足しているのか——。決してそうではない。米国では、トランプが主張したように、有事の際に日本は人を出さず、血を流すのは米国の若者との不満が燻《くすぶ》り続けている。日本が米国に従属しているという言説だけでは、米国に日本への不満が蓄積していることを説明できない。

日米関係の権利と義務関係は非対称である。日本は基地を提供するという多大な負担を負うことで、米国は有事の際の日本防衛に命を懸けてコミットすることで、役割は非対称だが対等な関係を担保しようとしているのだ。だが、その結果、日米双方にとって、自らの負担が目につき自国が利益を損ねているとの認識が生まれる。

こうした構造を無視し、日本が米国に従属していると単純に喧伝《けんでん》することは、従属しているのだから基地に付随する問題に目をつぶらねばならない、との虚無感を拡げることにはならないだろうか。あえて基地を負担していることの重みを毀損しないだろうか。

ここで忘れてはならないのは、日米双方ともに不満はありつつも、総体として有用性を見出しているからこそ、同盟が存続していることだ。ともに損をするような同盟は持たない。

ただし、これは負担を沖縄など一部の地域の人びとに押しつけてよいことを意味しない。全体の利益を強調するだけで、負担を強いられる少数の人びとにそれを甘受せよと迫る姿勢は、多数派の専制と言っても過言ではない。負担は、浅く広く分担されるのではなく、往々にして一部に集中しがちだからだ。

関係者全員が満足できる解決策が存在するほど、現実は甘くない。そもそも政治とは、有限な資源をどのように分配するかを考えることである。説明を尽くし最大限の努力をしたうえで、一定の反対は覚悟をしつつ、その責任を引き受けるのが政治家の使命だろう。

その政治家の最高峰が言葉を交わす場こそ、日米首脳会談なのだ。

なぜ信頼が強調され続けるのか

最後にあらためて着目したいのが、日米首脳会談で繰り返しキーワードとなってきた「信頼」である。

信頼が強調され続けているのはなぜか。それは、両国が信頼に一抹の不安を抱くからだろう。実際にニクソン・ショックでは日本に衝撃が走り、湾岸戦争や北朝鮮核危機で、米国には日本が非協力的に映った。

日本が米国に従属しているとの議論には、日本が米国に何かをさせられる、何かをさせてもらえないという構図がある。ここでは、ともに何かを行うという視点が稀薄であり、信頼の要素が見えない。

だが、日米同盟を形作っているのは、首脳をはじめとする人間である。そして、日米同盟が深化するにつれ、信頼関係はますます不可欠になっている。有事の際、信頼できない相手と共同作戦を遂行できるだろうか。

人類の歴史を見れば、同盟というものは総じて短命だった。だが、朝鮮戦争の頃から民主的な国家では、同盟が長期化するようになった。政治学者のケント・カルダーは、こうした同盟の安定をもたらしたのが「同盟の自己資本」だったと論じる（カルダー、渡辺訳『日米同盟の静かなる危機』）。その要素の一つが人的ネットワークであり、その要諦は信頼と言える。日米安保条約はあるが、最終的に米国民が日本のために犠牲を払うかは、日本を信頼しているかにもよる。

このことは、それぞれの国内にも当てはまる。外交は「素人」の政治家だけでは失敗することも多い。だが、これは「玄人」の官僚に任せれば万事成功することを意味しない。両者が信頼し合い、協同できるかが重要なのである。

国民との関係も同様である。とくに、基地問題などをめぐり、相手に見下され人格を持たないモノのように扱われていると感じれば、国民が憤るのはもっともである。たとえ「フィクション」と揶揄されようとも、各レベルで信頼を涵養《かんよう》し、それを広くアピールすることが求められている。すなわち、日米同盟は、日米首脳会談をはじめとして、信頼関係が重層的に積み上げられて構成されているのだ。

信頼しているから同盟があるのではないし、何の苦労もなく、たまたま信頼関係ができあがっていたのでもない。しばしば信頼を損ないつつも、同盟を維持する努力を示すことで、能動的に信頼関係を築くべく尽力してきたのである。信頼が行動を形成するだけではない。行動が信頼を形作るものだ。

そうであるからこそ、日米同盟の運営に責任を持つ両国の首脳は、わざとらしかろうがファーストネームで呼び合い、信頼関係を構築しようと奮闘しているのである。

同盟がある限り、この努力はこれからも続く。

あとがき

二〇二四年四月に岸田文雄首相が訪米した。その際、国賓待遇で訪米した日本の首相は少なくとも五人目だと報じられた（ほかは一九八七年の中曽根康弘、九九年の小渕恵三、二〇〇六年の小泉純一郎、一五年の安倍晋三）。つまり、外務省によると、中曽根より前の首相訪米が国賓待遇だったかはわからないという。つまり、外務省は過去の日米首脳会談を体系的に整理しているわけではないようだ。

他方、米国務省のウェブサイトは、国賓待遇と報道される日本の首相の米国公式訪問は、一九五七年の岸信介首相から数えて岸田首相で一八回目にあたるとする。だが、そのウェブサイトの情報と外務省の資料には齟齬もあるため実数は未解明だ。

日米首脳会談は、年に数回開催されるたびにニュースになるなじみのある言葉だろう。だが、その実態は歴史に埋もれてしまっている。

本書はそうした実態を可能なかぎり掘り起こして、首脳の言葉を中心に首脳会談の軌跡を描いた。そのため米国政府開示文書を参照しつつも、日本語での発言のニュアンスを重視し、できるだけ日本政府の開示文書を中心に引用した。近年、外務省を中心に文書の開示状況が大幅に改善されている恩恵を受け、本書の執筆が可能になった。

外交官たちの残した政府機密解除文書にアクセスしやすくなったため、最近の外交史の研究は政策過程を詳細に描き出すものが主流だ。まさに「玄人」たちの歴史である。詳細であるがゆえに、単著としての対象は比較的短期間になる傾向がある。

本書はそうした研究に緻密《ちみつ》さでは劣るかもしれないが、「素人」たる首脳に着目して首脳会談の歴史を長いスパンで見ることで、日米関係の別の側面を描いた。

報道では「今回の首脳会談は異例だ」としばしば言及される。では、「普通」の首脳会談とは何か。「異例」と言われても、その度合いにピンとこなければ、象徴的機能の効果は低い。本書がそうした〝相場観〟を養う一助にもなれば望外の喜びだ。

*

「これを見てくれたまえ、私は全部読んだのだ」――首相に就任した中曽根康弘は、赤線を引いた大平正芳元首相の政策研究会の報告書を、大平の女婿で秘書官だった森田一に見せた。そして「これを中曽根内閣で使わせてもらいたい」と依頼したという。

これをわざとらしい演技だと一蹴するのは容易である。だが、少なくとも、中曽根はそうした振る舞いをできる人物だった。

――このエピソードを筆者は思い出していた。二〇二一年六月に新宿の英國屋で中公新書編集部の白戸直人さんに初めてお目にかかったとき、テーブルの上にはびっしりとマーキングされた筆者の複数の論文が置かれていたからだ。当時単著もなく面識もない人物にお声をかけていただいたうえに、その文章を丁寧に読んで下さったことに、心を深く揺り動かされた。もちろん、白戸さんは演技でなかったと信じている。

高校生の頃から、本棚に中公新書の深緑色《ヴィリジアン》のマークが増えるたびに、新しい世界への扉が少し開かれた気がした。その末席に加わることができると思い、率直にとてもうれしかった。うれしすぎて、予定の分量を大幅に超過して執筆してしまい、文字数を四割も削減することになる。もっとも、結果的に本書の文章は引き締まったと思う。

日米首脳会談については、これまでの筆者の研究でも扱ってきた。ある程度の「土地勘」を持っているつもりだった。調べた範囲では、第一回首脳会談から中曽根政権までの三六年間に四一回である。その程度のペースを何となくイメージし書き始めた。

だが、日米首脳会談の頻度は上がる。七三年間で一五〇回近くにも及ぶとは、見通しが甘かった。数が多いことにくわえ、より複雑でわかりにくくもなっている。

それでも何とか書き上げることができたのは、多くの方々に支えられたからにほかならない。

まず白戸さんには、テーマの選定から校正まで手取り足取り導いていただいた。学部生の頃からご指導いただいている同志社大学の村田晃嗣先生には、本書の構想段階からアドバイスを賜った。外務省の亀田政之首席事務官も本書の一部についてコメントを下さった。

また、筆者がユニット長を務める東京大学先端科学技術研究センター創発戦略研究オープンラボ（ROLES）「国際政治とリーダーシップ」の研究会で本書の内容を発表し、有益なコメントを得た。コメンテーターを務めていただいた帝京大学の中谷直司先生、早稲田大学の藤田吾郎先生をはじめ、参加者に御礼申し上げる。

微に入り細を穿つ校閲の方にも助けていただいた。もちろん、本書の至らぬ点は筆者の責任である。

本書執筆にあたり、JSPS科研費20K13434の助成を受けたことに記して謝意を表する。

最後に、筆者の人生を支えてくれている家族にも感謝を伝えたい。

日本では二〇二四年一〇月、石破茂が首相に就任した。翌一一月には、米大統領選でドナルド・トランプがカマラ・ハリスを降した。大統領の返り咲きは実に一三二年ぶりであり、もちろん日米首脳会談が始まってから初めてのことだ。本書が論じた日米の「対等性」はこれからも争点になっていくだろう。

一五〇回目の記念すべき日米首脳会談が近づいている。今後どのような歴史が紡がれていくのだろうか。

二〇二四年一一月九日　東京・世田谷の寓居にて

山口　航

主要参考文献

情報公開法に基づき筆者が情報公開請求をして開示された政府文書は、外務省二〇二一―〇〇八七五のように開示番号を記した。JACAR はアジア歴史資料センター、DNSA は Digital National Security Archives の略である。

ウェブサイトの最終アクセス日は、二〇二四年一〇月一〇日である。

全体

外務省職員とのインタビュー（二〇二三年一二月一四日、東京）
『外交青書』各年版
データベース「世界と日本」https://worldjpn.net
内閣府「自衛隊・防衛問題に関する世論調査」https://survey.gov-online.go.jp/r04/r04-bouei/
首相官邸、外務省、ホワイトハウス、国務省、各大統領図書館、アメリカンセンターJAPANの各ウェブサイト
青野利彦『冷戦史』上下、中公新書、二〇二三年
青野利彦・倉科一希・宮田伊知郎編『現代アメリカ政治外交史――「アメリカの世紀」から「アメリカ第一主義」まで』ミネルヴァ書房、二〇二〇年
浅野一弘『日米首脳会談と「現代政治」』同文舘出版、二〇〇〇年
浅野一弘『日米首脳会談の政治学』同文舘出版、二〇〇五年
浅野一弘『日米首脳会談と戦後政治』同文舘出版、二〇〇九年
五百旗頭真編『日米関係史』有斐閣、二〇〇八年
片山慶隆・山口航編『Q&Aで読む日本外交入門』吉川弘文館、二〇二四年
鈴木健二『歴代総理、側近の告白――日米「危機」の検証』毎日新聞社、一九九一年
千々和泰明『大使たちの戦後日米関係――その役割をめぐる比較外交論 一九五二～二〇〇八年』ミネルヴァ書房、二〇一二年
豊田恭子『アメリカ大統領と大統領図書館』筑摩選書、二〇二四年
畠山圭一編『テキスト日米関係論――比較・歴史・現状』ミネルヴァ書房、二〇二二年
藤本一美・浅野一弘『日米首脳会談と政治過程――一九五一年～一九八三年』龍渓書舎、一九九四年
蓑原俊洋『大統領から読むアメリカ史』第三文明社、二〇二三年
宮城大蔵編『平成の宰相たち――指導者一六人の肖像』ミネルヴァ書房、二〇二一年
村田晃嗣『大統領たちの五〇年史――フォードからバイデンま

で』新潮選書、二〇二四年
山口航「日米関係史――ペリー来航から一七〇年」渡邊啓貴編『トピックからわかる国際政治の基礎知識』芦書房、二〇二三年
山口航「日米同盟をめぐる対立軸」佐藤史郎・川名晋史・上野友也・齊藤孝祐・山口航編『日本外交の論点〔新版〕』法律文化社、二〇二四年
吉次公介『日米安保体制史』岩波新書、二〇一八年
渡邉昭夫編『戦後日本の宰相たち』中公文庫、二〇〇一年
Berridge, G. R. *Diplomacy: Theory and Practice*. New York: Palgrave Macmillan, 2022.
Holmes, David L. *The Faiths of the Postwar Presidents: From Truman to Obama*. Athens: The University of Georgia Press, 2012.
Huntington, Samuel P. "The U.S.: Decline or Renewal?" *Foreign Affairs* 67, no. 2（Winter 1988-1989）: 76-96.
Smith, Gary Scott. *Faith and the Presidency: From George Washington to George W. Bush*. New York: Oxford University Press, 2006.
Smith, Gary Scott. *Religion in the Oval Office: The Religious Lives of American Presidents*. New York: Oxford University Press, 2015.
『朝日新聞』『産経新聞』『日本経済新聞』『毎日新聞』『読売新聞』
The New York Times, *The Washington Post*

まえがき

秦正樹『陰謀論――民主主義を揺るがすメカニズム』中公新書、二〇二二年

序章

E・H・カー、原彬久訳『危機の二十年――理想と現実』岩波文庫、二〇一一年
河東哲夫『新・外交官の仕事』草思社文庫、二〇一五年
H・ニコルソン、斎藤眞・深谷満雄訳『外交』UP選書、一九六八年
平林博『首脳外交力――首相、あなた自身がメッセージです！』生活人新書、二〇〇八年
細谷雄一『外交――多文明時代の対話と交渉』有斐閣、二〇〇七年
Dunn, David H. "What is Summitry?" In *Diplomacy at the Highest Level: The Evolution of International Summitry*, edited by David H. Dunn. New York: Palgrave, 1996.

第1章

「アイゼンハウアー・アメリカ合衆国大統領訪日日程案（米側案）」一九六〇年六月九日、外交史料館 A'.1.6.2.1-1
「アイゼンハウアー大統領に対する日大名誉学位授与に関する件」一九六〇年三月二四日、外交史料館 A'.1.6.2.1-1
「アイゼンハウアー大統領の略歴とその家庭」外交史料館 A'.1.5.2.4
「アメリカ合衆国大統領の日本国公式訪問 注釈付日程及び図表 一九六〇年六月一九日～二二日」外交史料館 A'.1.6.2.1-1-1
「岸元総理及び池田前総理訪米の際の対外啓発工作の概要」外交史料館 A'.1.5.2.12
「佐藤総理・ジョンソン大統領会談録（第一回会談）」外交史料館二〇一一―〇〇二八
「佐藤総理・ジョンソン大統領第二回会談記録」外交史料館二

〇一一—〇〇二八
「佐藤総理とニクソン大統領との会談要旨」一九七二年一月六日、外交史料館二〇一九—〇五六〇
「総理と大統領との第二回会談要旨」外交史料館二〇一九—〇五六〇
「総理訪米に対する米政府の意向」一九五七年四月一二日、外交史料館 A'.1.5.2.4
「第一回岸、アイゼンハウアー会談要旨」外交史料館 A'.1.5.2.4-3
「第一回岸、ダレス会談要旨」外交史料館 A'.1.5.2.4-3
「第一回ジョンソン大統領、佐藤総理会談要旨」外交史料館二〇一一—〇〇二八
「ニクソン大統領より佐藤総理へ（要旨）」一九七一年三月一二日、外交史料館二〇一四—二七三二
「日米共同声明（案）」一九五七年六月六日、外交史料館 A'.1.5.2.4-1
「日米協力に対する日本政府の決意」一九五七年五月一〇日、外交史料館 A'.1.5.2.4-1
「日米協力関係を阻害しおる諸原因の分析」一九五七年四月一〇日、外交史料館 A'.1.5.2.4-1
「日米予備会談資料三」外交史料館 A'.1.5.2.4-1
「吉田総理、アイゼンハウアー大統領会談要旨」「四．米国訪問／分割1」JACAR B21010016400
「吉田総理、ダレス国務長官第二回会談要旨」「四．米国訪問／分割1」JACAR B21010016400
朝海米国大使発外相宛一四〇六号「岸総理の訪米日程に関する件」一九五七年六月一三日、外交史料館 A'.1.5.2.4
朝海米国大使発外相宛一六二一号「池田総理訪米に関する件」一九六一年六月一八日、外交史料館 A'.1.5.2.10-1
朝海米国大使発外相臨時代理宛二〇八号「岸総理・アイゼンハワー大統領会談の件」一九六〇年一月二一日、外交史料館 A'.1.5.2.7
朝海米国大使発外相臨時代理宛一五〇四号「総理訪米に関する件」一九五七年六月二〇日、外交史料館 A'.1.5.2.4
朝海米国大使発外相臨時代理宛一五〇五号「総理訪米に関する件」一九五七年六月二〇日、外交史料館 A'.1.5.2.4
朝海米国大使発外相臨時代理宛一五〇七号「岸総理・米大統領会談に関する件」一九五七年六月二〇日、外交史料館 A'.1.5.2.4
朝海米国大使発外相臨時代理宛一五一三号「岸総理訪米の件」一九五七年六月二一日、外交史料館 A'.1.5.2.4
朝海米国大使発外相臨時代理宛一五五三号「総理訪米に関する件」一九五七年六月二三日、外交史料館 A'.1.5.2.4
朝海米国大使発外相臨時代理宛一六五五号「総理訪米（中共問題）の件」一九六一年六月二一日、外交史料館 A'.1.5.2.10-1
朝海米国大使発外相臨時代理宛一六八四号「総理訪米に関する件」一九六一年六月二二日、外交史料館 A'.1.5.2.10-1
朝海米国大使発外相臨時代理宛一七一一号「総理訪米の件（沖縄における日本国旗掲揚の件）」一九六一年六月二三日、外交史料館 A'.1.5.2.10-1
アメリカ局「佐藤総理・ニクソン大統領会談（第一回 一一月一九日午前）」一九六九年一一月二七日、外交史料館二〇一〇—六四三五
アメリカ局「佐藤総理・ニクソン大統領会談（第二回 一一月二〇日午前）」一九六九年一一月二七日、外交史料館二〇一〇—六四三五
アメリカ局「佐藤総理・ニクソン大統領会談（第三回 一一月二一日午前）」一九六九年一一月二七日、外交史料館二〇一

○—六四三五
アメリカ局長「総理に対する報告（沖縄関係）」一九六九年一〇月七日、一九七二年の沖縄返還時の有事の際の核持込みに関する「密約」調査関連文書三―一〇四
アメリカ局北米第二課「愛知大臣とマイヤー大使の会談」一九七一年三月一六日、外交史料館二〇一四―二七三一
牛場米国大使発外相宛三九九〇号「総理訪米」一九七一年一二月五日、外交史料館二〇二二―〇〇一三
外相発在外公館長宛北米合二二〇号「総理訪米の際の各種会談記録送付」一九六五年一月二九日、外務省二〇二一―〇〇八七五
外相発原田イタリア大使宛二三四号「吉田総理略歴送付に関する件」一九五四年九月一四日、JACAR B21010014000
外務省「昭四七．八総理訪米資料」一九七二年八月、外交史料館 A'.1.5.2.24
外務省『日本外交文書デジタルコレクション　サンフランシスコ平和条約　調印・発効』二〇一七年一〇月二三日、https://www.mofa.go.jp/mofaj/ms/da/page25_001058.html
条約局「安保条約改正案に関する擬問擬答」一九五七年五月六日、外交史料館 A'.1.5.2.4-2
土屋ニューヨーク総領事発外相宛六四九号「吉田総理一行の当地における終了日程に関する件」一九五四年一一月一二日、JACAR B21010016500
文書課長「岸総理・マッカーサー米大使会談要旨」一九五七年三月一四日、外交史料館 A'.1.5.2.4-1
文書課長「岸総理・マッカーサー米大使会談要旨」一九五七年五月一八日、外交史料館 A'.1.5.2.4-1
文書課長「岸総理・マッカーサー米大使会談要旨（訪米予備会談第一回）」一九五七年四月一〇日、外交史料館 A'.1.5.2.4-1
文書課長「岸総理・マッカーサー米大使会談要旨（訪米予備会談第九回）」一九五七年六月六日、外交史料館 A'.1.5.2.4-1
"Eisaku Sato," folder "V-88B Visit of Prime Minister Sato of Japan November 19-21, 1969 (1 of 3)," box 23, Visit Files, Record Group 59, National Archives at College Park
"Remarks at the Signing of the Treaty of Mutual Cooperation and Security Between Japan and the United States," January 19, 1960, https://www.presidency.ucsb.edu/documents/remarks-the-signing-the-treaty-mutual-cooperation-and-security-between-japan-and-the
"Third Annual Report to the Congress on United States Foreign Policy," February 9, 1972, https://www.presidency.ucsb.edu/documents/third-annual-report-the-congress-united-states-foreign-policy
"Visit of the Prime Minister of Japan Members of the Official Party" folder "Buffet Lunch for Japanese Cabinet Officers & Members of Diet Accompanying P.M. Japan by Mr. Henderson, Dep. Under Sec., June 19, 1957," box 1, Records Relating to State Luncheons and Dinners, Record Group 59, National Archives at College Park
Foreign Relations of the United States, 1961-1963, Volume XXII, Northeast Asia, Document 336, https://history.state.gov/historicaldocuments/frus1961-63v22/d336
Foreign Relations of the United States, 1961-1963, Volume XXII, Northeast Asia, Document 385, https://history.state.gov/historicaldocuments/frus1961-63v22/d385
Foreign Relations of the United States, 1969-1976, Volume XIX, Part 2, Japan, 1969-1972, Document 27, https://history.state.gov/historicaldocuments/frus1969-76v19p2/d27

Foreign Relations of the United States, 1969-1976, Volume XIX, Part 2, Japan, 1969-1972, Document 35, https://history.state.gov/historicaldocuments/frus1969-76v19p2/d35

Foreign Relations of the United States, 1969-1976, Volume XIX, Part 2, Japan, 1969-1972, Document 58, https://history.state.gov/historicaldocuments/frus1969-76v19p2/d58

Memorandum of Conversation, "President Nixon's Meeting with Prime Minister Sato at San Clemente," DNSA JU01504

Memorandum of Conversation, "Ryukyus and Bonins," November 15, 1967, folder "V-52B Visit of Prime Minister Eisaku Sato of Japan November 14-15, 1967 Vol. 1 Briefing Book (1 of 2)," box 36, Visit Files, Record Group 59, National Archives at College Park

アイゼンハワー、仲晃・佐々木謙一・渡辺靖訳『アイゼンハワー回顧録』二、みすず書房、一九六八年

朝海浩一郎『司町閑話——一外交官の回想』朝海浩一郎回想録編集部、一九八六年

池田慎太郎『日米同盟の政治史——アリソン駐日大使と「一九五五年体制」の成立』国際書院、二〇〇四年

池田直隆『日米関係と「二つの中国」——池田・佐藤・田中内閣期』木鐸社、二〇〇四年

池宮城陽子『沖縄米軍基地と日米安保——基地固定化の起源 一九四五－一九五三』東京大学出版会、二〇一八年

伊奈久喜「首相は米国務長官の同格者？」『日本経済新聞』ウェブサイト、二〇一二年八月四日、https://www.nikkei.com/article/DGXNASFK25026_W2A720C1000000/

井上正也『日中国交正常化の政治史』名古屋大学出版会、二〇一〇年

川名晋史『在日米軍基地——米軍と国連軍、「二つの顔」の八〇年史』中公新書、二〇二四年

菅英輝『冷戦と「アメリカの世紀」——アジアにおける「非公式帝国」の秩序形成』岩波書店、二〇一六年

岸信介『岸信介回顧録——保守合同と安保改定』廣済堂出版、一九八三年

岸信介・矢次一夫・伊藤隆『岸信介の回想』文春学藝ライブラリー、二〇一四年

楠綾子『吉田茂と安全保障政策の形成——日米の構想とその相互作用 一九四三～一九五二年』ミネルヴァ書房、二〇〇九年

黒崎輝『核兵器と日米関係——アメリカの核不拡散外交と日本の選択 一九六〇－一九七六』有志舎、二〇〇六年

坂元一哉『日米同盟の絆——安保条約と相互性の模索〔増補版〕』有斐閣、二〇二〇年

佐藤栄作『佐藤栄作日記』第三巻、朝日新聞出版、一九九八年

佐藤寛子『佐藤寛子の宰相夫人秘録』朝日文庫、一九八五年

U・アレクシス・ジョンソン、増田弘訳『ジョンソン米大使の日本回想——二・二六事件から沖縄返還・ニクソンショックまで』草思社、一九八九年

鈴木宏尚『池田政権と高度成長期の日本外交』慶應義塾大学出版会、二〇一三年

政策研究大学院大学C・O・Eオーラル・政策研究プロジェクト『海原治（元内閣国防会議事務局長）オーラルヒストリー』下、政策研究大学院大学、二〇〇一年

高橋和宏『ドル防衛と日米関係』千倉書房、二〇一八年

玉置敦彦『帝国アメリカがゆずるとき——譲歩と圧力の非対称同盟』岩波書店、二〇二四年

土田宏『ケネディ——「神話」と実像』中公新書、二〇〇七年

東郷文彦『日米外交三十年——安保・沖縄とその後』中公文庫、

一九八九年
豊田祐基子『日米安保と事前協議制度――「対等性」の維持装置』吉川弘文館、二〇一五年
H・S・トルーマン、堀江芳孝訳『トルーマン回顧録』Ⅰ・Ⅱ、恒文社、一九九二年
永野信利編『下田武三 戦後日本外交の証言――日本はこうして再生した』行政問題研究所出版局、一九八五年
中島琢磨『沖縄返還と日米安保体制』有斐閣、二〇一二年
中島信吾『戦後日本の防衛政策――「吉田路線」をめぐる政治・外交・軍事』慶應義塾大学出版会、二〇〇六年
R・ニクソン、松尾文夫・斎田一路訳『ニクソン回顧録 第一部 栄光の日々』小学館、一九七八年
野添文彬『沖縄返還後の日米安保――米軍基地をめぐる相克』吉川弘文館、二〇一六年
服部龍二『大平正芳――理念と外交〔増補版〕』文春学藝ライブラリー、二〇一九年
原彬久編『岸信介証言録』中公文庫、二〇一四年
藤田直央『徹底検証 沖縄密約――新文書から浮かぶ実像』朝日新聞出版、二〇二三年
アーミン・H・マイヤー著、浅尾道子訳『東京回想』朝日新聞社、一九七六年
真崎翔『核密約から沖縄問題へ――小笠原返還の政治史』名古屋大学出版会、二〇一七年
御厨貴・中村隆英編『聞き書 宮澤喜一回顧録』岩波書店、二〇〇五年
宮澤喜一『戦後政治の証言』読売新聞社、一九九一年
村井良太『佐藤栄作――戦後日本の政治指導者』中公新書、二〇一九年
山本章子『米国と日米安保条約改定――沖縄・基地・同盟』吉田書店、二〇一七年
吉田茂『回想十年』上中下、中公文庫、二〇一四〜二〇一五年
吉田真吾『日米同盟の制度化――発展と深化の歴史過程』名古屋大学出版会、二〇一二年
吉次公介『池田政権期の日本外交と冷戦――戦後日本外交の座標軸一九六〇－一九六四』岩波書店、二〇〇九年
若泉敬『他策ナカリシヲ信ゼムト欲ス』文藝春秋、一九九四年
Frattolillo, Oliviero. *Reassessing Japan's Cold War: Ikeda Hayato's Foreign Politics and Proactivism, During the 1960s*. New York: Routledge, 2021.
French, Mary Mel. *United State Protocol: The Guide to Official Diplomatic Etiquette*. Lanham, Maryland: Rowman & Littlefield Publishers, 2010.
Hoey, Fintan. Satō, America and the Cold War : US - Japanese Relations, 1964-72. New York: Palgrave Macmillan, 2015.
Kapur, Nick. *Japan at the Crossroads: Conflict and Compromise after Anpo*. Cambridge MA: Harvard University Press, 2018.
Komine, Yukinori. *Negotiating the U.S.-Japan Alliance: Japan Confidential*. New York: Routledge, 2017.
Reeves, Richard. *President Kennedy: Profile of Power*. New York: Simon & Schuster, 1993.

第2章
「大平総理・カーター大統領第一回会談」外務省二〇一〇―〇〇六六四
「大平総理・カーター大統領第二回会談」外務省二〇一〇―〇〇六六四
「事務次官の対総理ブリーフィング（第九回）」外交史料館二〇一八―〇八五二

主要参考文献

「主要閣僚夫人の略歴、横顔（中曽根総理訪米日程、諸行事関係資料別冊）」一九八三年一月一二日、外交史料館二〇二二—〇〇二〇

「昭和四九年一一月一九日の田中総理フォード大統領第一回会談における核問題詳録」一九七四年一二月三日、外交史料館二〇一〇—六四三八

「第一回合同会談」外交史料館二〇二一—〇三九三

「田中総理・ニクソン大統領会談の模様（要旨）」一九七三年八月二三日「田中総理訪米関係（一九七三・七）第二巻」外交史料館 A'1-5-2-18

「日米首脳会談（第一回会談）」外交史料館二〇二一—〇三九三

「日米首脳会談（第二回会談）」外交史料館二〇二一—〇三九三

「六月二六日大磯旧吉田邸午餐会における大平総理・カーター大統領発言」外交史料館二〇一五—二一一一

アメリカ局北米第一課「大平総理とカーター大統領の電話会談」一九七八年一二月六日、外交史料館二〇一五—二一一七

アメリカ局北米第一課「カーター大統領主催ワーキング・ディナーの模様（メモ）」一九七七年三月二二日、外交史料館二〇二一—〇五九六

アメリカ局北米第一課「三木総理・フォード大統領首脳会談」一九七六年七月一日、外交史料館二〇一五—二一一七

大河原米国大使発外相宛七二三号「総理訪米（首のう会談・テタテート）」一九八三年一月一九日、外務省二〇一〇—〇〇一三九

大河原米国大使発外相宛七二六号「総理訪米（首のう会談）」一九八三年一月一九日、外務省二〇一〇—〇〇一三九

大河原米国大使発外相宛七二九号「総理訪米（首のう会談）」一九八三年一月一九日、外交史料館二〇一六—一一九八

大河原米国大使発外相宛七三三号「総理訪米（首のう会談）」一九八三年一月一九日、外務省二〇一〇—〇〇一三九

大河原米国大使発外相宛七五四号「総理訪米（レーガン大統領との内わの朝食会）」一九八三年一月二〇日、外交史料館二〇二二—〇〇一五

大河原米国大使発外相宛二八四二号「総理訪米（防衛問題）」一九八〇年四月二二日、外務省二〇一四—〇〇三六六

大河原米国大使発外相宛三一五五号「総理訪米（首のう会談・国際情勢）」一九八〇年五月三日、外務省二〇一〇—〇〇六六四

大河原米国大使発外相宛三一五六号「総理訪米（首のう会談、防衛問題）」一九八〇年五月二日、外務省二〇一四—〇〇三六六

大河原米国大使発外相宛三一六四号「総理訪米（第一回首のう会談・テタテート部分）」一九八一年五月八日、外交史料館二〇二二—〇〇〇九

大河原米国大使発外相宛三一六五号「総理訪米（第一回首のう会談、全体会談）」一九八一年五月八日、外交史料館二〇二二—〇〇〇九

大河原米国大使発外相宛四四六四号「日米首のう会談・テタテート」一九八三年五月二八日、外交史料館二〇一五—二二〇二

大河原米国大使発外相宛四四六六号「日米首のう会談・ちゅう食会」一九八三年五月二八日、外交史料館二〇一五—二二〇二

大河原米国大使発外相宛九一五四号「事務連絡」一九八二年一二月二三日、外交史料館二〇二二—〇〇二〇

外務省「昭四七．八総理訪米資料」一九七二年八月、外交史料館 A'1-5-2-24

外務省北米局北米第一課「総理が大河原大使に述べられた要点

（一二月一八日）」一九八二年一二月一八日、外交史料館二〇一五―二一〇五
外務省北米局北米第一課「総理訪米：第二回首脳会談（在米大使館からの電話連絡）」一九八一年五月九日、外務省二〇一〇―〇〇六六四
外務省北米局北米第一課「日米首脳会談（昼食を共にしながらの会談）」一九八〇年五月二日、外交史料館二〇一六―一七二六
外務省北米局北米第一課長発経済企画庁調整局国際経済第二課長宛公信二六一号「総理訪米への貴庁よりの同行について」一九八二年一二月二五日、外交史料館二〇二二―〇〇二〇
外相発大河原米国大使宛五一号「総理訪米（一行名簿）」一九八三年一月五日、外交史料館二〇二二―〇〇二〇
外相発大河原米国大使宛二〇二号「レーガン大統領よりの鈴木総理宛の電話連絡」一九八一年一月二二日、外交史料館二〇一五―二一一七
外相発大河原米国大使宛一六二六号「総理訪米（防衛問題）」一九八〇年四月一六日、外務省二〇一四―〇〇三六六
外相発大河原米国大使宛五一三三号「新総理の訪米」一九八二年一一月二四日、外交史料館二〇一五―二一〇五
外相発大河原米国大使宛五一五〇号「新総理就任の際の電話会談」一九八二年一一月二五日、外交史料館二〇一七―〇二七三
外相発大河原米国大使宛五一七八号「新総理とレーガン大統領の電話会談」一九八二年一一月二七日、外交史料館二〇一七―〇二七三
外相発東郷米国大使宛二五号「カーター次期大統領の福田総理に対する電話連絡」一九七七年一月六日、外交史料館二〇一五―二一一七
外相発東郷米国大使宛四六号「カーター次期大統領の福田総理に対する電話連絡」一九七七年一月八日、外交史料館二〇一五―二一一七
外相発東郷米国大使宛四七号「カーター次期大統領の福田総理に対する電話連絡」一九七七年一月八日、外交史料館二〇一五―二一一七
外相発東郷米国大使宛一二九七号「カーター大統領の訪日問題」一九七九年三月三〇日、外交史料館二〇一四―四八五四
外相発松永米国大使宛三五八号「シュルツ国務長〔ママ〕宛本大臣礼状」一九八六年一月一七日、外務省二〇一五―〇〇六七七
外相発松永米国大使宛一〇六一号「日米首脳会談」一九八九年二月二四日、外務省二〇一〇―〇〇六六六
外相発溝口米国臨時代理大使宛五五三二号「総理訪米」一九八二年一二月二〇日、外交史料館二〇二二―〇〇二〇
外相発村田米国大使宛FAX信「事務連絡」一九九〇年二月二八日、外交史料館二〇二一―〇五二三
木内フランス大使発外相宛三三一四号「アルシュ・サミット（総理・ブッシュ立話―一五日）」一九八九年七月一五日、外交史料館二〇二〇―〇五五六
木内フランス大使発外相宛三三四三号「アルシュ・サミット（首のう・外相・蔵相ちゅう食―総理関係）」一九八九年七月一七日、外交史料館二〇二〇―〇五四七
菊地国連大使発外相宛三一八五号「日米首のう会談」一九八七年九月二二日、外務省二〇一〇―〇〇一三九
菊地国連大使発外相宛三一八八号「日米首のう会談（ペルシャ湾、イ・イ紛争）」一九八七年九月二二日、外務省二〇〇九―〇〇三三七
菊地国連大使発外相宛三一九二号「日米首のう会談（経済関

係)」一九八七年九月二二日、外交史料館二〇一九―一一三七
北原フランス大使発外相宛二八六五号「三木総理・フォード大統領こん談（仏大統領主催ディナー）」一九七五年一一月一七日、外交史料館二〇一四―四九八七
国広「日米首脳会談」一九八五年一〇月二五日、外交史料館二〇一九―〇一二二
警察庁警備局『レーガン米国大統領訪日警備』警察庁令和三年警大発第八九五―三号
国内広報課「フォード米大統領歓迎国内広報」一九七四年一一月八日、外交史料館二〇一四―三〇四九
沢田「八月三一日ニクソン大統領主催晩餐会における総理と大統領の会話（要点のみ）」一九七二年九月二日、外交史料館二〇二一―〇三九三
静岡県警察本部『カーター米国大統領下田訪問警備の記録』一九七九年一二月、警察庁令和四年警大発第八九五―四号
東郷米国大使発外相宛二三号「カーター次期大統領のフクダ総理に対する電話連絡」一九七七年一月六日、外交史料館二〇一五―二一一七
東郷米国大使発外相宛四四号「カーター次期大統領のフクダ総理に対する電話連絡」一九七七年一月八日、外交史料館二〇一五―二一一七
東郷米国大使発外相宛七〇号「カーター次期大統領のフクダ総理に対する電話連絡」一九七七年一月九日、外交史料館二〇一五―二一一七
東郷米国大使発外相宛一二八六号「総理訪米（第一回首のう会談）」一九七七年三月二二日、外交史料館二〇一四―四九八七
東郷米国大使発外相宛一三〇四号「総理訪米（第二回首のう会談）」一九七七年三月二三日、外交史料館二〇一四―四九八七
東郷米国大使発外相宛一三〇六号「総理訪米（第三回首のう会談）」一九七七年三月二三日、外交史料館二〇一四―四九八七
東郷米国大使発外相宛一三四九号「テレビ対米輸出に関する大統領発言」一九七七年三月二五日、外交史料館二〇一四―四九八七
東郷米国大使発外相宛二七九八号「総理訪米（第一回首のう会談経済問題部分）」一九七九年五月三日、外交史料館二〇一五―一四四七
東郷米国大使発外相宛二七九九号「総理訪米（第一回首のう会談、経済部分）」一九七九年五月三日、外交史料館二〇一五―一四四七
東郷米国大使発外相宛二八〇〇号「総理訪米（第一回首のう会談・政治問題部分）」一九七九年五月三日、外交史料館二〇一四―四九三〇
中村ホノルル総領事発外相宛一一号「日米首のう会談（拡大）」一九八五年一月五日、外交史料館二〇一六―一二五二
中村ホノルル総領事発外相宛一六号「日米首のう会談（拡大）」一九八五年一月五日、外交史料館二〇一六―一二五二
中村ホノルル総領事発外相宛一九号「日米首のう会談（ちゅう食会）」一九八五年一月五日、外交史料館二〇一六―一二五二
中山フランス大使発外相宛一〇一〇号「タナカ総理・ニクソン大統領会談（大統領訪日問題）」一九七四年四月八日、外交史料館二〇一六―二一七四
西田イタリア大使発外相宛一一一号「VSⅡ（日米首のう会談―経済）」一九八七年六月九日、外交史料館二〇一八―〇

八五六
野口トロント総領事発外相宛六三〇号「日米首のう会談」一九八八年六月二一日、外務省二〇一〇—〇〇六六六
北米局長「日米首脳会談について」一九八四年一二月二七日、外交史料館二〇一六—一三二六
北米局北米第一課「近年における総理訪米と贈りもの」一九八一年二月二六日、外交史料館二〇二二—〇〇〇九
北米局北米第一課「鈴木総理大臣のナショナルプレスクラブにおける演説後の質疑応答（要旨）」一九八一年五月八日、外交史料館二〇二二—〇〇〇九
北米局北米第一課「総理訪米」一九八四年一二月四日、外交史料館二〇一五—二二〇四
北米局北米第一課「総理訪米訪加（企画庁参加問題）」一九八〇年四月二三日、外交史料館二〇二二—〇〇〇二
北米局北米第一課「園田—ヴァンス会談（オフ・レコ部分概要）」一九七九年六月二四日、外交史料館二〇二一—〇五四三
北米局北米第一課「中曽根総理訪米について」一九八二年一二月六日、外交史料館二〇二二—〇〇一八
北米局北米第一課「日米首脳会談（メモ）（一月一八日）」一九八三年一月一九日、外交史料館二〇二二—〇〇一五
北米局北米第一課「日米首脳会談におけるテータ・テート部分設定の経緯」一九八三年五月二九日、外交史料館二〇一五—二二〇二
北米局北米第一課「日米首脳会談の準備について（一）」一九七七年二月二八日、外交史料館二〇二一—〇五九六
北米局北米第一課「福田・カーター会談（II）」一九七七年五月一二日、外交史料館二〇一四—四九八七
北米局北米第一課「福田総理・カーター次期大統領電話会談（記録）」一九七七年一月一三日、外交史料館二〇一五—二一一七
北米局北米第一課「福田総理・カーター大統領第一回会談」一九七七年三月二二日、外交史料館二〇二一—〇五九六
北米局北米第一課「レーガン大統領の訪日（評価）」一九八三年一一月一二日、外交史料館二〇一五—〇八〇三
北米局北米第一課「レーガン大統領訪日と米国の内政外交」一九八三年一一月一五日、外交史料館二〇一五—二一〇六
北米局編「米国次期政権に対する説明要領」一九八八年一一月一一日、外務省二〇二一—〇〇二〇五
報道課「鈴木総理の同行記者に対する内政懇談」外交史料館二〇二二—〇〇〇九
松永米国大使発外相宛三四六号「日米外相会談」一九八八年一月一三日、外交史料館二〇一九—一二一六
松永米国大使発外相宛三九三号「日米首のう会談（その三、全体会合）」一九八八年一月一四日、外務省二〇一〇—〇〇六六六
松永米国大使発外相宛九八一号「総理訪米」一九八六年二月五日、外交史料館二〇二二—〇一〇一
松永米国大使発外相宛一一六七号「日米首のう会談」一九八九年二月四日、外務省二〇一〇—〇〇六六六
松永米国大使発外相宛一一六八号「日米首のう会談（テタテート）」一九八九年二月四日、外務省二〇一〇—〇〇六六六
松永米国大使発外相宛二五四七号「総理訪米」一九八六年三月二一日、外交史料館二〇二二—〇一〇一
松永米国大使発外相宛三三〇四号「総理訪米」一九八六年四月九日、外交史料館二〇二二—〇一〇一
松永米国大使発外相宛三三九八号「第一回日米首のう会談（経済問題）」一九八六年四月一四日、外交史料館二〇二二—〇

一〇二
松永米国大使発外相宛三四二一号「第二回日米首のう会談（経済問題）」一九八六年四月一五日、外交史料館二〇二二—〇一〇二
松永米国大使発外相宛四二三四号「総理訪米（第一回首のう会談—テタテ）」一九八七年五月一日、外交史料館二〇一八—〇八五四
松永米国大使発外相宛四二三八号「総理訪米（第一回首のう会談—全体会合）」一九八七年五月一日、外交史料館二〇一八—〇八五四
溝口米国臨時代理大使発外相宛八八〇六号「総理訪米（食物等の好み）」一九八二年一一月一五日、外交史料館二〇二二—〇〇二〇
宮崎ドイツ大使発外相宛一二七五号「日米首のう会談」一九八五年五月三日、外交史料館二〇一六—一八八七
本野フランス大使発外相宛「総理表敬（レーガン大統領に対する総理発見まい電についてのはり出し）」一九八五年七月一五日、三一四三号、外交史料館二〇一八—〇八四六
安川米国大使発外相宛三二一一号「ニクソン大統領の訪日問題（意見具申）」一九七四年八月一日、外交史料館二〇一六—二一七四
安川米国大使発外相宛四一六五号「フォード大統領の訪日」一九七四年九月二二日、外交史料館二〇一六—二一七四
安川米国大使発外相宛四六〇四号「フォード大統領の訪日（意見具申）」一九七四年一〇月一二日、外交史料館二〇一六—二一七四
吉野ドイツ大使発外相宛一四九六号「主要国首のう会談（総理・カーター大統領会談）」一九七八年七月一八日、外交史料館二〇一五—二〇九一
"Biographic Information Takeo Miki Minister of Foreign Affairs," folder "V-52B Visit of Prime Minister Eisaku Sato of Japan November 14-15, 1967 Vol. 1 Briefing Book (2 of 2)," box 36, Visit Files, Record Group 59, National Archives at College Park
"White House Diaries," Ronald Reagan Presidential Foundation and Institute, https://www.reaganfoundation.org/ronald-reagan/white-house-diaries/
Briefing Memorandum, Gaston Sigur to the Secretary, "Briefing the President in Preparation for his Meeting with Prime Minister Takeshita, Wednesday, January 13 at 11:00 a.m." January 4, 1988, DNSA JA01502
Foreign Relations of the United States, 1969-1976, Volume E-12, Documents on East and Southeast Asia, 1973-1976, Document 195, https://history.state.gov/historicaldocuments/frus1969-76ve12/d195
Foreign Relations of the United States, 1969-1976, Volume XIX, Part 2, Japan, 1969-1972, Document 131, https://history.state.gov/historicaldocuments/frus1969-76v19p2/d131
Letter, Nancy Reagan to Mrs. Nakasone, September 19, 1984, 外交史料館二〇一六—一二一七
Letter, Nancy to Ivy, November 30, 1983, 外交史料館二〇一六—一二一七
Memorandum, Alexander M. Haig, Jr. to the President, May 12, 1981, folder "Prime Minister Suzuki's Visit, May 7-8, 1981 (1 of 4)," box 10, Donald P. Gregg Files, Ronald Reagan Presidential Library
Memorandum, Brent Scowcroft [to the President], February 1, 1989, folder "PM Takeshita Visit 2/2/89 [1]," OA/ID

CF00307-012, Karl Jackson, Subject Files, National Security Council, George Bush Presidential Library
Memorandum, Brent Scowcroft [to the President], February 1, 1989, folder "PM Takeshita Visit 2/2/89 [1]," OA/ID CF00307-012, Karl Jackson, Subject Files, National Security Council, George Bush Presidential Library
Memorandum, Gaston J. Sigur to William P. Clark, "US-Japanese Relations," December 30, 1982, DNSA JT00411
Memorandum, Zbigniew Brzezinski to the President, "Your Meeting with Masayoshi Ohira, Prime Minister of Japan," April 27, 1979, DNSA JA00529
Memorandum of Conversation, "Luncheon Meeting - President Reagan and Prime Minister Nakasone," May 27, 1983, DNSA JT00444
Memorandum of Conversation, "Luncheon with Prime Minister Noboru Takeshita of Japan," George Bush Presidential Library, https://bush41library.tamu.edu/files/memcons-telcons/1989-02-02–Takeshita%20[3].pdf
Memorandum of Conversation, "Meeting with Prime Minister Sosuke Uno of Japan," George Bush Presidential Library, https://bush41library.tamu.edu/files/memcons-telcons/1989-07-14–Uno.pdf
Memorandum of Conversation, "President Ford - Prime Minister Tanaka - First Meeting," November 23, 1974, DNSA JT00154
Memorandum of Conversation, "President's First Meeting with Prime Minister Miki," DNSA JT00178
Memorandum of Conversation, "President's Second Meeting with Prime Minister Miki," DNSA JT00179
Memorandum of Conversation, "President's Tete-a-Tete with Prime Minister," August 6, 1975, DNSA JT00178
Memorandum of Conversation, "Second Meeting between the President and Prime Minister," August 1, 1973, DNSA JU01792
Memorandum of Conversation, August 6, 1975, https://www.fordlibrarymuseum.gov/library/document/0314/1553202.pdf
Memorandum of Conversation, July 31, 1973, DNSA JU01791
Memorandum of Conversations, September 21, 1974, https://www.fordlibrarymuseum.gov/library/document/0314/1552798.pdf

東根千万億『等しからざるを憂える。――元首相鈴木善幸回顧録』岩手日報社、二〇〇四年
阿部武司編『通商産業政策史2』経済産業調査会、二〇一三年
有馬龍夫『対欧米外交の追憶 一九六二－一九九七』下、藤原書店、二〇一五年
飯山雅史『アメリカの福音派の変容と政治――一九六〇年代からの政党再編成』名古屋大学出版会、二〇一三年
五百旗頭真監修『評伝福田赳夫――戦後日本の繁栄と安定を求めて』岩波書店、二〇二一年
板山真弓『日米同盟における共同防衛体制の形成――条約締結から「日米防衛協力のための指針」策定まで』ミネルヴァ書房、二〇二〇年
牛場信彦『外交の瞬間――私の履歴書』日本経済新聞社、一九八四年
大平正芳回想録刊行会編『永遠の今』鹿島出版会、一九八〇年
岡本行夫『危機の外交――岡本行夫自伝』新潮社、二〇二二年
奥山俊宏『秘密解除ロッキード事件――田中角栄はなぜアメリカに嫌われたのか』岩波書店、二〇一六年
神田豊隆『冷戦構造の変容と日本の対中外交――二つの秩序観

一九六〇―一九七二』岩波書店、二〇一二年
國廣道彦『回想「経済大国」時代の日本外交――アメリカ・中国・インドネシア』吉田書店、二〇一六年
齋木昭隆「オバマ広島訪問の功労者、岸田大臣とケネディ大使」『外交』五八号、二〇一九年一一月
白鳥潤一郎『「経済大国」日本の外交』千倉書房、二〇一五年
政策研究大学院大学C・O・Eオーラル・政策研究プロジェクト『栗山尚一オーラルヒストリー――転換期の日米関係』政策研究大学院大学、二〇〇五年
添谷芳秀『日本の外交――「戦後」を読みとく』ちくま学芸文庫、二〇一七年
竹内桂『三木武夫と戦後政治』吉田書店、二〇二三年
竹下登『証言保守政権』読売新聞社、一九九一年
武田悠『「経済大国」日本の対米協調――安保・経済・原子力をめぐる試行錯誤、一九七五～一九八一年』ミネルヴァ書房、二〇一五年
田中慎吾・高橋慶吉・山口航『アメリカ大統領図書館――歴史的変遷と活用ガイド』大阪大学出版会、二〇二四年
長史隆『「地球社会」時代の日米関係――「友好的競争」から「同盟」へ 一九七〇―一九八〇年』有志舎、二〇二二年
鳥飼玖美子『通訳者と戦後日米外交』みすず書房、二〇〇七年
中曽根康弘『政治と人生』講談社、一九九二年
中曽根康弘『中曽根康弘が語る戦後日本外交』新潮社、二〇一二年
中曽根康弘『自省録――歴史法廷の被告として』新潮文庫、二〇一七年
野添文彬『沖縄返還後の日米安保――米軍基地をめぐる相克』吉川弘文館、二〇一六年
長谷川和年『首相秘書官が語る中曽根外交の舞台裏』朝日新聞出版、二〇一四年
波多野澄雄『歴史としての日米安保条約――機密外交記録が明かす「密約」の虚実』岩波書店、二〇一〇年
服部龍二『大平正芳――理念と外交〔増補版〕』文春学藝ライブラリー、二〇一九年
服部龍二『田中角栄――昭和の光と闇』講談社現代新書、二〇一六年
服部龍二『中曽根康弘――大統領的首相の軌跡』中公新書、二〇一五年
早野透『田中角栄――戦後日本の悲しき自画像』中公新書、二〇一二年
春名幹男『ロッキード疑獄――角栄ヲ葬リ巨悪ヲ逃ス』角川書店、二〇二〇年
ジェラルド・R・フォード、堀内宏明ほか訳『フォード回顧録――私がアメリカの分裂を救った』サンケイ出版、一九七九年
福田赳夫『回顧九十年』岩波書店、一九九五年
藤井宏昭『国際社会において、名誉ある地位を占めたいと思ふ――藤井宏昭外交回想録』吉田書店、二〇二〇年
村田晃嗣『レーガン――いかにして「アメリカの偶像」となったか』中公新書、二〇一一年
村田晃嗣『銀幕の大統領ロナルド・レーガン――現代大統領制と映画』有斐閣、二〇一八年
村田良平『村田良平回想録――祖国の再生を次世代に託して』下、ミネルヴァ書房、二〇〇八年
山口航「ロン・ヤス関係――個人的信頼関係と日米外交」筒井清忠編『昭和史講義【戦後篇】』下、ちくま新書、二〇二〇年
山口航『冷戦終焉期の日米関係――分化する総合安全保障』吉

川弘文館、二〇二三年
ロナルド・レーガン、尾崎浩訳『わがアメリカンドリーム』読売新聞社、一九九三年
若月秀和『「全方位外交」の時代――冷戦変容期の日本とアジア 一九七一～八〇年』日本経済評論社、二〇〇六年
渡邊満子『祖父 大平正芳』中央公論新社、二〇一六年
NHK放送世論調査所編『図説戦後世論史［第二版］』NHKブックス、一九八二年
Carter, Jimmy. *White House Diary*. New York: Farrar, Straus and Giroux, 2010.

第3章

「ブッシュ大統領訪日（第一回及び第二回テタテート首脳会談）」一九九二年一月一四日、外交史料館二〇二三―〇六一三
荒船ロスアンジェルス総領事発外相宛一八三号「海部総理の訪米（テタテ）」一九九〇年三月四日、外交史料館二〇二一―〇五二四
荒船ロスアンジェルス総領事発外相宛一八九号「海部総理の訪米（第二回首のう会談）（三の三）」一九九〇年三月四日、外交史料館二〇二一―〇五二四
荒船ロスアンジェルス総領事発外相宛三五七号「日米首のう会談（テタテート：湾がん後の日米関係）」一九九一年四月五日、外務省二〇一〇―〇〇六六六
荒船ロスアンジェルス総領事発外相宛三五九号「日米首のう会談（テタテート：多国籍軍に対するわが国の支援）」一九九一年四月五日、外務省二〇一〇―〇〇六六六
外相発村田米国大使宛九六号「第一回日米首脳会談（全体会合）（別電一・日米関係一般）」一九九二年一月八日、外交史料館二〇二三―〇六一三
外相発村田米国大使宛一〇八三号「日米首脳会談」一九九〇年二月二四日、外交史料館二〇二一―〇五二三
栗山米国大使発外相宛一四五六号「日米首のう会談（少人数会合）（二の一）」一九九四年二月一三日、外務省二〇二三―〇〇〇六九
栗山米国大使発外相宛一四六八号「日米首のう会談（少人数会合）（二の二）」一九九四年二月一三日、外務省二〇二三―〇〇〇六九
栗山米国大使発外相宛七五八七号「日米首のう会談（全体会合：日本の内需拡大策）」一九九二年七月三日、外交史料館二〇二三―〇六一六
国際報道課「総理外遊海外報道振り（訪米を中心に）」一九九二年七月五日、外交史料館二〇二三―〇六一六
佐藤北米局長「日米関係について」一九九二年一月二七日、外交史料館二〇二三―〇六一五
佐藤北米局長「宮澤総理訪米について」一九九二年七月一三日、外交史料館二〇二三―〇六一六
波多野国連大使発外相宛四九五号「ミヤザワ総理安保理サミット出席（日米首のう会談：総理訪米）」一九九二年一月三一日、外交史料館二〇二三―〇六一五
波多野国連大使発外相宛三八二〇号「日米首のう会談（湾がん情勢及びわが国の対中東こうけん策）」一九九〇年九月三〇日、外務省二〇一〇―〇〇六六六
波多野国連大使発外相宛三八二一号「日米首のう会談（HNS）」一九九〇年九月三〇日、外交史料館二〇二一―〇五三二
波多野国連大使発外相宛五五一四号「日米首のう会談」一九九三年九月二八日、外務省二〇二三―〇〇〇六七

波多野国連大使発外相宛五五二二号「日米首のう会談（別電九）」一九九三年九月二八日、外務省二〇二三―〇〇六七

英駐イタリア大使発外相宛八六号「日米首のう会談（首のう同士のかお合わせ）（別電三：日本の政局と経済政策）」一九九四年七月一〇日、外務省二〇二三―〇〇七〇

法眼ボストン総領事発外相宛六五二号「日米首のう会談（討議項目）」一九九一年七月一三日、外務省二〇一〇―〇〇六六六

法眼ボストン総領事発外相宛六五五号「日米首のう会談（「九〇億ドル」問題）」一九九一年七月一三日、外務省二〇一〇―〇〇六六六

北米第一課「日米首脳会談」一九九三年四月、外務省二〇一四―〇〇五三八、データベース日本外交史、https://sites.google.com/view/databasejdh/

堀ヒューストン総領事発外相宛六五九号「ヒューストン・サミット（日米首のう会談―テタテート、対ソ支援）」一九九〇年七月八日、外務省二〇一〇―〇〇六六六

松永米国大使発外相宛七六九六号「総理訪米（事前打合せ）」一九八九年八月三一日、外交史料館二〇二〇―〇五三七

松永米国大使発外相宛七六七〇号「総理訪米（首のう会談事前打合せ・HNS）」一九八九年八月三一日、外交史料館二〇二〇―〇五三七

松永米国大使発外相宛七七八九号「総理訪米（日米首のう会談―小人数会合）」一九八九年九月三日、外務省二〇一〇―〇〇六六六

村田米国大使発外相宛一七五三号「日米首のう会談」一九九〇年二月二四日、外交史料館二〇二一―〇五二二三

村田米国大使発外相宛一七八六号「日米首のう会談」一九九〇年二月二四日、外交史料館二〇二一―〇五二二三

村田米国大使発外相宛一七八七号「日米首のう会談（対外発表）」一九九〇年二月二四日、外交史料館二〇二一―〇五二三

村田米国大使発外相宛四二六七号「オワダ外審とキミット国務次官との会談」一九九一年四月一一日、外交史料館二〇二二―〇六〇九

村田米国大使発外相宛七九四号「ワタナベ大臣のブッシュ大統領表けい」一九九二年一月二三日、外交史料館二〇二三―〇六一五

Memorandum of Conversation, “Meeting with Prime Minister Kiichi Miyazawa of Japan,” George Bush Presidential Library, https://bush41library.tamu.edu/files/memcons-telcons/1992-07-01-Miyazawa.pdf

Memorandum of Conversation, “Meeting with Prime Minister Ryutaro Hashimoto of Japan,” April 25, 1997, National Security Council and NSC Records Management System, “Declassified documents concerning President Kim Young-sam and Prime Minister Ryutaro Hashimoto,” Clinton Digital Library, https://clinton.presidentiallibraries.us/items/show/118513

Memorandum of Conversation, “Meeting with Prime Minister Ryutaro Hashimoto of Japan,” November 24, 1997, Declassified Documents concerning Japan, Clinton Digital Library, https://clinton.presidentiallibraries.us/items/show/16193

Memorandum of Conversation, “Plenary Meeting with Toshiki Kaifu, Prime Minister of Japan,” George Bush Presidential Library, https://bush41library.tamu.edu/files/memcons-telcons/1989-09-01-Kaifu%20[2].pdf

Memorandum of Conversation, “Telcon with Prime Minister

Kaifu of Japan on August 29, 1990," George Bush Presidential Library, https://bush41library.tamu.edu/files/memcons-telcons/1990-08-29--Kaifu%20[2].pdf
Memorandum of Telephone Conversation, "Telcon with Kiichi Miyazawa, Prime Minister of Japan on December 20, 1991," George Bush Presidential Library, https://bush41library.tamu.edu/files/memcons-telcons/1991-12-20–Miyazawa.pdf
Memorandum of Telephone Conversation, "Telcon with Prime Minister Miyazawa of Japan," George Bush Presidential Library, https://bush41library.tamu.edu/files/memcons-telcons/1992-06-28–Miyazawa.pdf
Memorandum of Telephone Conversation, "Telcon with Toshiki Kaifu of Japan on January 25[24], 1991," George Bush Presidential Library, https://bush41library.tamu.edu/files/memcons-telcons/1991-01-24–Kaifu.pdf
Memorandum of Telephone Conversation, "Telcon with Toshiki Kaifu, Prime Minister of Japan on August 3, 1990," George Bush Presidential Library, https://bush41library.tamu.edu/files/memcons-telcons/1990-08-03–Kaifu.pdf
Memorandum of Telephone Conversation, "Telcon with Toshiki Kaifu, Prime Minister of Japan on August 5, 1990," George Bush Presidential Library, https://bush41library.tamu.edu/files/memcons-telcons/1990-08-05–Kaifu.pdf
Memorandum of Telephone Conversation, "Telcon with Toshiki Kaifu, Prime Minister of Japan on August 13, 1990," George Bush Presidential Library, https://bush41library.tamu.edu/files/memcons-telcons/1990-08-13–Kaifu.pdf)
Memorandum of Telephone Conversation, "Telecon with Ryutaro Hashimoto, Prime Minister of Japan," January 12, 1998, National Security Council and NSC Records Management System, "Declassified documents concerning President Kim Young-sam and Prime Minister Ryutaro Hashimoto," Clinton Digital Library, https://clinton.presidentiallibraries.us/items/show/118513
Memorandum of Telephone Conversation, "Telephone Conversation with Toshiki Kaifu, Prime Minister of Japan," George Bush Presidential Library, https://bush41library.tamu.edu/files/memcons-telcons/1990-02-23–Kaifu.pdf
阿部武司編『通商産業政策史二――通商・貿易政策』経済産業調査会、二〇一三年
マイケル・H・アマコスト、読売新聞社外報部訳『友か敵か』読売新聞社、一九九六年
五百旗頭真・伊藤元重・薬師寺克行編『宮澤喜一――保守本流の軌跡』朝日新聞社、二〇〇六年
五百旗頭真・伊藤元重・薬師寺克行編『森喜朗――自民党と政権交代』朝日新聞社、二〇〇七年
五百旗頭真・宮城大蔵編『橋本龍太郎外交回顧録』岩波書店、二〇一三年
江藤淳『一九四六年憲法――その拘束』文春学藝ライブラリー、二〇一五年
大田昌秀『沖縄の決断』朝日新聞社、二〇〇〇年
折田正樹『外交証言録 湾岸戦争・普天間問題・イラク戦争』岩波書店、二〇一三年
海部俊樹『政治とカネ――海部俊樹回顧録』新潮新書、二〇一〇年
垣見洋樹編『海部俊樹回想録――自我作古』人間社、二〇一五年
加藤博章『自衛隊海外派遣の起源』勁草書房、二〇二〇年

栗山尚一『日米同盟――漂流からの脱却』日本経済新聞社、一九九七年
ビル・クリントン、楡井浩一訳『マイライフ――クリントンの回想』上下、朝日新聞社、二〇〇四年
マイケル・J・グリーン、上原裕美子訳『安倍晋三と日本の大戦略――二一世紀の「利益線」構想』日本経済新聞出版、二〇二三年
谷口将紀『日本の対米貿易交渉』東京大学出版会、一九九七年
西川賢『ビル・クリントン――停滞するアメリカをいかに建て直したか』中公新書、二〇一六年
林貞行「普天間返還交渉に踏み出す」『外交』五三号、二〇一九年
船橋洋一『同盟漂流』岩波書店、一九九七年
ジョージ・W・ブッシュ、伏見威蕃訳『決断のとき』上下、日本経済新聞出版社、二〇一一年
ウィリアム・J・ペリー、春原剛訳『核なき世界を求めて――私の履歴書』日本経済新聞出版社、二〇一一年
細川護熙『内訟録――細川護熙総理大臣日記』日本経済新聞出版社、二〇一〇年
松浦晃一郎『歴史としての日米関係――日米同盟の成功』サイマル出版会、一九九二年
御厨貴・中村隆英編『聞き書 宮澤喜一回顧録』岩波書店、二〇〇五年
村田晃嗣『現代アメリカ外交の変容――レーガン、ブッシュからオバマへ』有斐閣、二〇〇九年
村田良平『村田良平回想録――祖国の再生を次世代に託して』下、ミネルヴァ書房、二〇〇八年
村山富市『村山富市が語る「天命」の五六一日』KKベストセラーズ、一九九六年
村山富市『そうじゃのう…――村山富市「首相体験」のすべてを語る』第三書館、一九九八年
薬師寺克行編『村山富市回顧録』岩波現代文庫、二〇一八年
山口航「価値外交の系譜における『自由で開かれたインド太平洋』――紐帯としての価値と普遍としての価値」浅野亮編『国際秩序のなかの「一帯一路」（仮）』法律文化社、近刊
Bush, George H. W. and Brent Scowcroft. *A World Transformed.* Vintage Books: New York, 1998.
Wit, Joel S., Daniel B. Poneman and Robert L. Gallucci. *Going Critical: The First North Korean Nuclear Crisis.* Brookings Institution Press: DC, 2005.

第4章

福田康夫氏へのインタビュー（福田康夫・山口航・小南有紀「日米同盟とアジア外交の共鳴」『外交』八五号、二〇二四年五月）
谷内正太郎氏へのインタビュー（谷内正太郎・山口航「日本外交の地平を広げる」上『外交』八二号、二〇二三年一一月、谷内正太郎・山口航「日本外交の地平を広げる」下『外交』八三号、二〇二四年一月）
「オバマ大統領のサントリーホールでの演説」二〇〇九年一一月一四日、https://americancenterjapan.com/wp/wp-content/uploads/2015/09/president-obama-remarks-suntory-hall-japanese.pdf
安倍晋三『安倍晋三回顧録』中央公論新社、二〇二三年
五百旗頭真・伊藤元重・薬師寺克行編『外交激変――元外務省事務次官柳井俊二』朝日新聞社、二〇〇七年
バラク・オバマ、山田文ほか訳『約束の地――大統領回顧録I』下、集英社、二〇二一年

加藤良三『日米の絆――元駐米大使加藤良三回顧録』吉田書店、二〇二一年
マイケル・J・グリーン、上原裕美子訳『安倍晋三と日本の大戦略――二一世紀の「利益線」構想』日本経済新聞出版、二〇二三年
小泉純一郎『決断のとき――トモダチ作戦と涙の基金』集英社新書、二〇一八年
竹内行夫『外交証言録 高度成長期からポスト冷戦期の外交・安全保障 国際秩序の担い手への道』岩波書店、二〇二二年
西川恵『ワインと外交』新潮新書、二〇〇七年
西川恵『歴代首相のおもてなし――晩餐会メニューに秘められた外交戦略』宝島社新書、二〇一四年
蓮實重彥・阿部和重「アメリカ映画の知性を擁護する」『文學界』五八巻一号、二〇〇四年一月
鳩山友紀夫・白井聡・木村朗『誰がこの国を動かしているのか――一握りの人による、一握りの人のための政治を変える』詩想社新書、二〇一六年
福田康夫「政権中枢からみた『対テロ戦争』と日米関係」『外交』六九号、二〇二一年九月
ジョージ・W・ブッシュ、伏見威蕃訳『決断のとき』上下、日本経済新聞出版社、二〇一一年
船橋洋一『同盟漂流』岩波書店、一九九七年
ハワード・ベーカー、春原剛訳『ハワード・ベーカー――超党派の精神』日本経済新聞出版社、二〇〇九年
ジェフリー・A・ベーダー、春原剛訳『オバマと中国――米国政府の内部から見たアジア政策』東京大学出版会、二〇一三年
ウィリアム・J・ペリー、春原剛訳『核なき世界を求めて――私の履歴書』日本経済新聞出版社、二〇一一年
増田剛『日朝極秘交渉――田中均と「ミスターX」』論創社、二〇二三年
民主党「Manifesto 2009」http://archive.dpj.or.jp/special/manifesto2009/pdf/manifesto_2009.pdf
谷内正太郎『外交の戦略と志』産経新聞出版、二〇〇九年
薮中三十二『外交交渉四〇年 薮中三十二回顧録』ミネルヴァ書房、二〇二一年
山口二郎・中北浩爾編『民主党政権とは何だったのか――キーパーソンたちの証言』岩波書店、二〇一四年
読売新聞政治部『外交を喧嘩にした男――小泉外交二〇〇〇日の真実』新潮社、二〇〇六年

第5章

谷内正太郎氏へのインタビュー（谷内正太郎・山口航「日本外交の地平を広げる」上『外交』八二号、二〇二三年一一月、谷内正太郎・山口航「日本外交の地平を広げる」下『外交』八三号、二〇二四年一月）
朝日新聞取材班『自壊する官邸――「一強」の落とし穴』朝日新書、二〇二一年
安倍晋三『新しい国へ――美しい国へ完全版』文春新書、二〇一三年
安倍晋三『安倍晋三回顧録』中央公論新社、二〇二三年
岸田文雄『岸田ビジョン――分断から協調へ』講談社＋α新書、二〇二一年
菅義偉『政治家の覚悟』文春新書、二〇二〇年
鈴木美勝『日本の戦略外交』ちくま新書、二〇一七年
西井建介「アメリカ製兵器もっと買え？」二〇一七年一一月一四日、https://www.nhk.or.jp/politics/articles/feature/1486.html

西川恵「日本外交をワインで読み解く」『中央公論』一二九巻一〇号、二〇一五年一〇月
ジョー・バイデン、長尾莉紗ほか訳『約束してくれないか、父さん――希望、苦難、そして決意の日々』早川書房、二〇二一年
船橋洋一『宿命の子――安倍晋三政権クロニクル』上下、文藝春秋、二〇二四年
ジョン・ボルトン、梅原季哉監訳『ジョン・ボルトン回顧録――トランプ大統領との四五三日』朝日新聞出版、二〇二〇年
山本雄太郎「『トウモロコシ、アベが全部買う!』の真相とは」二〇一九年九月一八日、https://www.nhk.or.jp/politics/articles/feature/22805.html
読売新聞取材班『中国「見えない侵略」を可視化する』新潮新書、二〇二一年

終章

宇野重規『トクヴィル』講談社学術文庫、二〇一九年
ケント・E・カルダー、渡辺将人訳『日米同盟の静かなる危機』ウェッジ、二〇〇八年
トクヴィル・松本礼二訳『アメリカのデモクラシー』第二巻上、岩波文庫、二〇〇八年
中谷直司「国際関係史から見た日英同盟の終焉――二つの同盟政治の狭間で」『近代日本研究』三九号、二〇二三年
Young, John W. *Twentieth-Century Diplomacy: A Case Study of British Practice, 1963-1976*. Cambridge University Press, 2008.

図版出典一覧

AP／アフロ　28、33、44、51、79、109、215、225、277、295、320頁
ロイター／アフロ　209、280、291頁
Shutterstock/アフロ　177頁
Yonhap/アフロ　286頁
ZUMA Press/アフロ　26頁
読売新聞社　149、244、267、271、299頁
朝日新聞社　13（上）、18、93、126頁
時事通信社　107、120、195頁
時事通信社＝AFP　101頁
時事通信社＝EPA　256頁
共同通信社　141、197、205頁
米国立公文書館　13（下）頁
Richard Nixon Presidential Library and Museum　62頁
https://x.com/AbeShinzo/status/1132467086607802368　308頁

ハワイ州ホノルル	米太平洋軍基地	真珠湾訪問
ワシントンDC	ホワイトハウス	マーラ・ラゴでゴルフ
シチリア島	ホテル・ビラ・ディオドロ	G7タオルミーナ・サミット
ハンブルク	ハンブルクメッセ	G20ハンブルク・サミット、日米韓首脳会談
ニューヨーク	ロッテ・ニューヨーク・パレス	国連総会、日米韓首脳会談
東京	迎賓館赤坂離宮	霞ヶ関カンツリー倶楽部でゴルフ
パームビーチ	マーラ・ラゴ	ゴルフ
ワシントンDC	ホワイトハウス	G7シャルルボワ・サミット
ニューヨーク	ロッテ・ニューヨーク・パレス	国連総会
ブエノスアイレス	コスタ・サルゲロ	G20ブエノスアイレス・サミット、日米印首脳会談
ワシントンDC	ホワイトハウス	トランプ・ナショナル・ゴルフ・クラブでゴルフ
東京	迎賓館赤坂離宮	茂原カントリー倶楽部でゴルフ
大阪	インテックス大阪	G20大阪サミット、日米印首脳会談
ビアリッツ	ベルビュー・コンベンションセンター	G7ビアリッツ・サミット
ニューヨーク	インターコンチネンタル・ニューヨーク・バークレイ	国連総会
ワシントンDC	ホワイトハウス	
東京	迎賓館赤坂離宮	日米豪印首脳会議
エルマウ	エルマウ城	G7エルマウ・サミット、NATO首脳会合、日米韓首脳会談
プノンペン	ソカ・プノンペン・ホテル	プノンペンASEAN関連首脳会議、日米韓首脳会合
ワシントンDC	ホワイトハウス	
広島	リーガロイヤルホテル広島	G7広島サミット、日米豪印首脳会合
メリーランド	キャンプ・デーヴィッド	日米韓首脳会合
サンフランシスコ	モスコーニ・センター	サンフランシスコAPEC首脳会議
ワシントンDC	ホワイトハウス	日米比首脳会合
ウィルミントン	バイデン邸	国連総会、日米豪印首脳会合
リマ	リマ・コンベンションセンター	リマAPEC首脳会議、日米韓首脳会合

浅野一弘『日米首脳会談と戦後政治』(同文館出版、2009年)、新聞各紙を参照。外

日米首脳会談一覧（1951〜2024年）

124	2016年12月27日	安倍	オバマ	米国
125	2017年２月10日	安倍	トランプ	米国
126	2017年５月26日	安倍	トランプ	イタリア
127	2017年７月８日	安倍	トランプ	ドイツ
128	2017年９月21日	安倍	トランプ	米国
129	2017年11月６日	安倍	トランプ	日本
130	2018年４月17〜18日	安倍	トランプ	米国
131	2018年６月７日	安倍	トランプ	米国
132	2018年９月26日	安倍	トランプ	米国
133	2018年11月30日	安倍	トランプ	アルゼンチン
134	2019年４月26日	安倍	トランプ	米国
135	2019年５月27日	安倍	トランプ	日本
136	2019年６月28日	安倍	トランプ	日本
137	2019年８月25日	安倍	トランプ	フランス
138	2019年９月25日	安倍	トランプ	米国
139	2021年４月16日	菅(義)	バイデン	米国
140	2022年５月23日	岸田	バイデン	日本
141	2022年６月27日	岸田	バイデン	ドイツ
142	2022年11月13日	岸田	バイデン	カンボジア
143	2023年１月13日	岸田	バイデン	米国
144	2023年５月18日	岸田	バイデン	日本
145	2023年８月18日	岸田	バイデン	米国
146	2023年11月16日	岸田	バイデン	米国
147	2024年４月10日	岸田	バイデン	米国
148	2024年９月21日	岸田	バイデン	米国
149	2024年11月15日	石破	バイデン	ペルー

出典：筆者作成。外務省ウェブサイト、『外交青書』、各大統領図書館ウェブサイト、務省発表の対面の二国間会談に限る（懇談・立ち話などは除く）。

ワシントンDC	ホワイトハウス	メンフィス訪問
ハノイ	シェラトン	ハノイＡＰＥＣ首脳会議、日米韓首脳会談
メリーランド	キャンプ・デーヴィッド	
ハイリゲンダム	ケンピンスキ・グランド・ホテル	Ｇ８ハイリゲンダム・サミット
シドニー	インターコンチネンタル	シドニーAPEC首脳会議
ワシントンDC	ホワイトハウス	
北海道虻田郡洞爺湖町	ザ・ウィンザーホテル洞爺	Ｇ８北海道洞爺湖サミット
リマ	JWマリオット	リマAPEC首脳会議、日米韓首脳会談
ワシントンDC	ホワイトハウス	
ラクイラ	財務警察幹部学校	Ｇ８ラクイラ・サミット
ニューヨーク	ウォルドーフ・アストリア	国連総会
東京	首相官邸	シンガポールAPEC首脳会議
トロント	インターコンチネンタル	Ｇ８ムスコカ・サミット、Ｇ20トロント・サミット
ニューヨーク	ウォルドーフ・アストリア	国連総会
横浜市	パシフィコ横浜会議センター	横浜APEC首脳会議
ドーヴィル	ホテル・ロワイヤル・バリエール	Ｇ８ドーヴィル・サミット
ニューヨーク	国連本部	国連総会
ホノルル	ハレ・コア・ホテル	ホノルルAPEC首脳会議
ワシントンDC	ホワイトハウス	
プノンペン	首相府	プノンペンASEAN関連首脳会議
ワシントンDC	ホワイトハウス	
サンクトペテルブルク	コンスタンチン宮殿	G20サンクトペテルブルク・サミット
東京	迎賓館赤坂離宮	
ブリスベン	ブリスベン会議・展示センター	G20ブリスベン・サミット、日米豪首脳会談
ワシントンDC	ホワイトハウス	
マニラ	ソフィテル・フィリピン・プラザ	マニラAPEC首脳会議
ワシントンDC	ホワイトハウス	核セキュリティ・サミット
志摩市	志摩観光ホテル	Ｇ７伊勢志摩サミット、広島平和記念公園訪問

96	2006年6月29日	小泉	ブッシュ(子)	米国
97	2006年11月18日	安倍	ブッシュ(子)	ベトナム
98	2007年4月27日	安倍	ブッシュ(子)	米国
99	2007年6月6日	安倍	ブッシュ(子)	ドイツ
100	2007年9月8日	安倍	ブッシュ(子)	豪州
101	2007年11月16日	福田(康)	ブッシュ(子)	米国
102	2008年7月6日	福田(康)	ブッシュ(子)	日本
103	2008年11月22日	麻生	ブッシュ(子)	ペルー
104	2009年2月24日	麻生	オバマ	米国
105	2009年7月8日	麻生	オバマ	イタリア
106	2009年9月23日	鳩山	オバマ	米国
107	2009年11月13日	鳩山	オバマ	日本
108	2010年6月27日	菅(直)	オバマ	カナダ
109	2010年9月23日	菅(直)	オバマ	米国
110	2010年11月13日	菅(直)	オバマ	日本
111	2011年5月26日	菅(直)	オバマ	フランス
112	2011年9月21日	野田	オバマ	米国
113	2011年11月12日	野田	オバマ	米国
114	2012年4月30日	野田	オバマ	米国
115	2012年11月20日	野田	オバマ	カンボジア
116	2013年2月22日	安倍	オバマ	米国
117	2013年9月5日	安倍	オバマ	ロシア
119	2014年4月24日	安倍	オバマ	日本
118	2014年11月16日	安倍	オバマ	豪州
120	2015年4月28日	安倍	オバマ	米国
121	2015年11月19日	安倍	オバマ	フィリピン
122	2016年3月31日	安倍	オバマ	米国
123	2016年5月25日	安倍	オバマ	日本

ワシントンDC	ホワイトハウス	
ハリファックス	ダルハウジー大学	G7ハリファックス・サミット
サンタモニカ	シェラトン・ミラマー	
東京	迎賓館赤坂離宮	
リヨン	ソフィテル	G7リヨン・サミット
ニューヨーク	国連米代表部	国連総会
マニラ	フィリピン中央銀行	マニラAPEC首脳会議
ワシントンDC	ホワイトハウス	
デンバー	ハイアット・リージェンシー・テック・センター	G7デンバー・サミット
バンクーバー	ウォーター・フロント・センター・ホテル	バンクーバーAPEC首脳会議
バーミンガム	スワロー・ホテル	G8バーミンガム・サミット
ニューヨーク	ウォルドーフ・アストリア	国連総会
東京	迎賓館赤坂離宮	
ワシントンDC	ホワイトハウス	
ケルン	ハイアット・リージェンシー	G8ケルン・サミット
ワシントンDC	ホワイトハウス	
東京	迎賓館赤坂離宮	小渕恵三前首相葬儀
名護市	ザ・ブセナテラス	G8九州・沖縄サミット
バンダルスリブガワン	ジュルドンポロクラブ	バンダルスリブガワンAPEC首脳会議
ワシントンDC	ホワイトハウス	
メリーランド	キャンプ・デーヴィッド	
ワシントンDC	ホワイトハウス	
上海	リッツカールトン	上海APEC首脳会議
東京	外務省飯倉公館	
カナナスキス	デルタ・ロッジ	G8カナナスキス・サミット
ニューヨーク	ウォルドーフ・アストリア	国連総会、米国同時多発テロ追悼式典
クロフォード	ブッシュ邸	
東京	迎賓館赤坂離宮	バンコクAPEC首脳会議
シーアイランド	ダンバー・ハウス	G8シーアイランド・サミット
ニューヨーク	ウォルドーフ・アストリア	国連総会
サンティアゴ	ハイアット・リージェンシー	サンティアゴAPEC首脳会議
京都	京都迎賓館	釜山APEC首脳会議

日米首脳会談一覧（1951～2024年）

64	1995年1月11日	村山	クリントン	米国
65	1995年6月15日	村山	クリントン	カナダ
66	1996年2月23日	橋本	クリントン	米国
67	1996年4月17日	橋本	クリントン	日本
68	1996年6月27日	橋本	クリントン	フランス
69	1996年9月24日	橋本	クリントン	米国
70	1996年11月24日	橋本	クリントン	フィリピン
71	1997年4月25日	橋本	クリントン	米国
72	1997年6月19日	橋本	クリントン	米国
73	1997年11月24日	橋本	クリントン	カナダ
74	1998年5月15日	橋本	クリントン	英国
75	1998年9月22日	小渕	クリントン	米国
76	1998年11月20日	小渕	クリントン	日本
77	1999年5月3日	小渕	クリントン	米国
78	1999年6月18日	小渕	クリントン	ドイツ
79	2000年5月5日	森	クリントン	米国
80	2000年6月8日	森	クリントン	日本
81	2000年7月22日	森	クリントン	日本
82	2000年11月16日	森	クリントン	ブルネイ
83	2001年3月19日	森	ブッシュ（子）	米国
84	2001年6月30日	小泉	ブッシュ（子）	米国
85	2001年9月25日	小泉	ブッシュ（子）	米国
86	2001年10月20日	小泉	ブッシュ（子）	中国
87	2002年2月18日	小泉	ブッシュ（子）	日本
88	2002年6月25日	小泉	ブッシュ（子）	カナダ
89	2002年9月12日	小泉	ブッシュ（子）	米国
90	2003年5月23日	小泉	ブッシュ（子）	米国
91	2003年10月17日	小泉	ブッシュ（子）	日本
92	2004年6月8日	小泉	ブッシュ（子）	米国
93	2004年9月21日	小泉	ブッシュ（子）	米国
94	2004年11月20日	小泉	ブッシュ（子）	チリ
95	2005年11月16日	小泉	ブッシュ（子）	日本

ロンドン	駐英米国大使公邸	G7ロンドン・サミット
ロサンゼルス	センチュリー・プラザ・ホテル	
ボン	駐西ドイツ米大使館次席公邸	G7ボン・サミット
ニューヨーク	ウォルドーフ・アストリア	
メリーランド、ワシントンDC	キャンプ・デーヴィッド、ホワイトハウス	
東京	首相官邸	G7東京サミット
ワシントンDC	ホワイトハウス	
ヴェネチア	チプリアーニ・ホテル	G7ヴェネチア・サミット
ニューヨーク	国連米国代表部	国連総会
ワシントンDC	ホワイトハウス	
ロンドン	駐英米国大使公邸	
トロント	ロイヤル・ヨーク・ホテル	G7トロント・サミット
ワシントンDC	ホワイトハウス	
東京	迎賓館赤坂離宮	昭和天皇の大喪の礼
ラ・デファンス	駐仏米国大使公邸	G7アルシュ・サミット
ワシントンDC	ホワイトハウス	
パーム・スプリングス	モーニングサイド・カントリー・クラブ	
ヒューストン	ヒューストニアン・ホテル	G7ヒューストン・サミット
ニューヨーク	ウォルドーフ・アストリア	子供のための世界首脳会議
ニューポート・ビーチ	フォーシーズンズ	
ケネバンクポート	ブッシュ邸	G7ロンドン・サミット
東京	迎賓館赤坂離宮	
ニューヨーク	ウォルドーフ・アストリア	国連安全保障理事会首脳会議
ワシントンDC	ホワイトハウス	G7ミュンヘン・サミット
ワシントンDC	ホワイトハウス	
東京	外務省飯倉公館	G7東京サミット
ニューヨーク	ウォルドーフ・アストリア	国連総会
シアトル	レーニエ・クラブ	シアトルAPEC首脳会議
ワシントンDC	ホワイトハウス	
ナポリ	グランド・ヴェスヴィオ	G7ナポリ・サミット
ジャカルタ	米大使公邸	ジャカルタAPEC首脳会議、日米韓首脳会談

33	1984年6月7日	中曽根	レーガン	イギリス
34	1985年1月2日	中曽根	レーガン	米国
35	1985年5月2日	中曽根	レーガン	西ドイツ
36	1985年10月25日	中曽根	レーガン	米国
37	1986年4月13～14日	中曽根	レーガン	米国
38	1986年5月3日	中曽根	レーガン	日本
39	1987年4月30日～5月1日	中曽根	レーガン	米国
40	1987年6月8日	中曽根	レーガン	イタリア
41	1987年9月21日	中曽根	レーガン	米国
42	1988年1月13日	竹下	レーガン	米国
43	1988年6月3日	竹下	レーガン	英国
44	1988年6月20日	竹下	レーガン	カナダ
45	1989年2月2日	竹下	ブッシュ（父）	米国
46	1989年2月23日	竹下	ブッシュ（父）	日本
47	1989年7月14日	宇野	ブッシュ（父）	フランス
48	1989年9月1日	海部	ブッシュ（父）	米国
49	1990年3月2～3日	海部	ブッシュ（父）	米国
50	1990年7月7日	海部	ブッシュ（父）	米国
51	1990年9月29日	海部	ブッシュ（父）	米国
52	1991年4月4日	海部	ブッシュ（父）	米国
53	1991年7月11日	海部	ブッシュ（父）	米国
54	1992年1月8～9日	宮澤	ブッシュ（父）	日本
55	1992年1月30日	宮澤	ブッシュ（父）	米国
56	1992年7月1日	宮澤	ブッシュ（父）	米国
57	1993年4月16日	宮澤	クリントン	米国
58	1993年7月6日	宮澤	クリントン	日本
59	1993年9月27日	細川	クリントン	米国
60	1993年11月19日	細川	クリントン	米国
61	1994年2月11日	細川	クリントン	米国
62	1994年7月8日	村山	クリントン	イタリア
63	1994年11月14日	村山	クリントン	インドネシア

開催地	場　所	備考・関連イベント
サンフランシスコ	パレスホテル	サンフランシスコ講和会議
ワシントンDC	ホワイトハウス	
ワシントンDC	ホワイトハウス	バーニング・ツリー・クラブでゴルフ
ワシントンDC	ホワイトハウス	日米安全保障条約調印
ワシントンDC	ホワイトハウス	ヨット会談
ワシントンDC	国務省	ケネディ前大統領葬儀
ワシントンDC	ホワイトハウス	
ワシントンDC	ホワイトハウス	
ワシントンDC	ホワイトハウス	
ワシントンDC	ホワイトハウス	国連創設25周年記念会議
サンクレメンテ	西ホワイトハウス（ニクソン邸）	
ホノルル	クイリマ・ホテル	
ワシントンDC	ホワイトハウス	
パリ	駐仏米国大使公邸	ポンピドゥー仏大統領葬儀
ワシントンDC	ホワイトハウス	
東京	迎賓館赤坂離宮	現職米国大統領の初来日
ワシントンDC	ホワイトハウス	
ワシントンDC	ホワイトハウス	G7サンファン・サミット
ワシントンDC	ホワイトハウス	
ロンドン	英国首相官邸	G7ロンドン・サミット
ワシントンDC	ホワイトハウス	
ボン	西ドイツ旧首相官邸	G7ボン・サミット
ワシントンDC	ホワイトハウス	
東京、大磯町	首相官邸、旧吉田茂邸	G7東京サミット
ワシントンDC	ホワイトハウス	
東京	迎賓館赤坂離宮	大平正芳首相葬儀
ワシントンDC	ホワイトハウス	
オタワ	シャトー・モンテベロ	G7オタワ・サミット
パリ	駐仏米国大使公邸	G7ヴェルサイユ・サミット
ワシントンDC	ホワイトハウス	
ワシントンDC	ホワイトハウス	G7ウィリアムズバーグ・サミット
東京	首相官邸	日の出山荘訪問

日米首脳会談一覧（1951〜2024年）

回	開催日	首相	大統領	開催国
1	1951年9月4日	吉田	トルーマン	米国
2	1954年11月9日	吉田	アイゼンハワー	米国
3	1957年6月19・21日	岸	アイゼンハワー	米国
4	1960年1月19〜20日	岸	アイゼンハワー	米国
5	1961年6月20〜21日	池田	ケネディ	米国
6	1963年11月25日	池田	ジョンソン	米国
7	1965年1月12〜13日	佐藤	ジョンソン	米国
8	1967年11月14〜15日	佐藤	ジョンソン	米国
9	1969年11月19〜21日	佐藤	ニクソン	米国
10	1970年10月24日	佐藤	ニクソン	米国
11	1972年1月6〜7日	佐藤	ニクソン	米国
12	1972年8月31日〜9月1日	田中	ニクソン	米国
13	1973年7月31日〜8月1日	田中	ニクソン	米国
14	1974年4月7日	田中	ニクソン	フランス
15	1974年9月21日	田中	フォード	米国
16	1974年11月19〜20日	田中	フォード	日本
17	1975年8月5〜6日	三木	フォード	米国
18	1976年6月30日	三木	フォード	米国
19	1977年3月21〜22日	福田（赳）	カーター	米国
20	1977年5月7日	福田（赳）	カーター	英国
21	1978年5月3日	福田（赳）	カーター	米国
22	1978年7月16日	福田（赳）	カーター	西ドイツ
23	1979年5月2日	大平	カーター	米国
24	1979年6月25〜26日	大平	カーター	日本
25	1980年5月1日	大平	カーター	米国
26	1980年7月9日	（伊東）	カーター	日本
27	1981年5月7〜8日	鈴木	レーガン	米国
28	1981年7月21日	鈴木	レーガン	カナダ
29	1982年6月4日	鈴木	レーガン	フランス
30	1983年1月18日	中曽根	レーガン	米国
31	1983年5月27日	中曽根	レーガン	米国
32	1983年11月9〜10日	中曽根	レーガン	日本

山口 航（やまぐち・わたる）

1985年兵庫県生まれ．同志社大学法学部３年次退学（飛び級同大学院入学）．2014年同大学院法学研究科博士後期課程単位取得満期退学．博士（政治学）．スタンフォード大学客員研究員，同志社大学アメリカ研究所助教などを経て，帝京大学法学部専任講師．専攻・日米関係史，安全保障論，国際政治学．

著書『冷戦終焉期の日米関係――分化する総合安全保障』（吉川弘文館，2023年）第40回大平正芳記念賞，第９回猪木正道賞正賞受賞

共編著『Q&A で読む日本外交入門』（吉川弘文館，2024年）

『日本外交の論点〔新版〕』（法律文化社，2024年）

共著『トピックからわかる国際政治の基礎知識――理論・歴史・地域』（芦書房，2023年）

『国際安全保障がわかるブックガイド』（慶應義塾大学出版会，2024年）

『アメリカ大統領図書館――歴史的変遷と活用ガイド』（大阪大学出版会，2024年）他多数

日米首脳会談《にちべいしゅのうかいだん》
中公新書 *2834*

2024年12月25日発行

著　者　山口　航
発行者　安部順一

本文印刷　三晃印刷
カバー印刷　大熊整美堂
製　本　小泉製本

発行所　中央公論新社
〒100-8152
東京都千代田区大手町 1-7-1
電話　販売 03-5299-1730
　　　編集 03-5299-1830
URL https://www.chuko.co.jp/

Published by CHUOKORON-SHINSHA, INC.
Printed in Japan　ISBN978-4-12-102834-1 C1231

中公新書

現代史

f2

2570 佐藤栄作 村井良太
2186 田中角栄 早野透
1976 大平正芳 福永文夫
2351 中曽根康弘 服部龍二
2726 田中耕太郎―闘う司法の確立者、世界法の探究者 牧原出
2512 高坂正堯―戦後日本と現実主義 服部龍二
2710 日本インテリジェンス史 小谷賢
1574 海の友情 阿川尚之
1875 「国語」の近代史 安田敏朗
2075 歌う国民 渡辺裕
2332 「歴史認識」とは何か 大沼保昭 江川紹子
2624 「徴用工」問題とは何か 波多野澄雄
2359 竹島―もうひとつの日韓関係史 池内敏
1820 丸山眞男の時代 竹内洋
2714 国鉄―「日本最大の企業」の栄光と崩壊 石井幸孝
2237 四大公害病 政野淳子
1821 安田講堂 1968-1969 島泰三
2110 日中国交正常化 服部龍二
2150 近現代日本史と歴史学 成田龍一
2196 大原孫三郎―善意と戦略の経営者 兼田麗子
2317 歴史と私 伊藤隆
2627 戦後民主主義 山本昭宏
2342 沖縄現代史 櫻澤誠
2789 在日米軍基地 川名晋史
2543 日米地位協定 山本章子
2720 司馬遼太郎の時代 福間良明
2810 日本鉄道廃線史 小牟田哲彦
2649 東京復興ならず 吉見俊哉
2733 日本の歴史問題（改題新版） 波多野澄雄
2834 日米首脳会談 山口航